Klaus de Jong

Beziehungskompetenz

Band 1

Ein herzlicher Dank
gilt meiner Frau.

Viele meinen, so schnell
Klettern zu müssen,
dass sie Markierungen
übersehen und gar nicht
merken, dass sie auf den
falschen Gipfel steigen.

Beziehungskompetenz

Wahrnehmen, Achtsamkeit, Kommunikation, pädagogische Beziehungen, Gruppenprozesse

Band 1

Klaus de Jong

Autor: Klaus de Jong
Coverdesign: EDU-versum Verlag, lehrer-online; Bild: Klaus de Jong
ISBN:

Vorwort

In der pädagogischen Arbeit mit Kindern und Jugendlichen ist ein grundlegendes gegenseitiges Vertrauen von entscheidender Bedeutung. Eine pädagogische Beziehung baut auf einem solchen Vertrauen auf. Ohne eine tragfähige oder belastbare pädagogische Beziehung sind weder Erziehungs- noch Bildungsprozesse gestaltbar. Nun lebt jedoch jeder Mensch in seiner eigenen, von ihm konstruierten Wirklichkeit. Diese Konstruktionen beruhen auf durch unsere Sinnesorgane aufgenommenen und an unser Gehirn weitergeleiteten Reize, die das Gehirn als autopoietisches System bewertet und interpretiert; denn es hat sonst keinen direkten Zugang zur wirklichen Realität. Damit ist meine gedachte Wirklichkeit verschieden zu der aller anderer Menschen; denn aus meinen Interpretationen generiert mein Gehirn meine Erfahrungsinhalte, die es zusammen mit jeweiligen Emotionen im Langzeitgedächtnis abspeichert. Diese Erfahrungen werden bei Interaktionen mit anderen Menschen oder der sonstigen Umwelt abgerufen, mit dem aktuell für mich erkennbaren Handeln sowie den situativen Kontexten verglichen und wirken dann handlungssteuernd.
Im Ersten Band stelle ich Ihnen Elemente und Ansätze vor, die grundlegend sind für gelingende pädagogische Beziehungen. Dabei erfahren Sie sowohl die fachlichen Bezüge und Wechselwirkungen, als auch erste Ansätze, Kriterien und Gesichtspunkte mit Anregungen und Hinweisen fürs Handeln in pädagogischen Institutionen, sei dies ein Kindergarten, ein Hort oder eine Grund- oder Sekundarschule I.

In der Sprache habe ich versucht, so weit als möglich gendergerecht zu formulieren. Soweit an einzelnen Stellen dies aus stilistischen Gründen unterlassen wurde, bitte ich sowohl die weibliche, als auch die männliche Form mit zu denken.

Inhaltsverzeichnis

1 Wahrnehmung - ein Konstruktionsprozess?

Wahrnehmen, was ist das? - eine Begriffsklärung

Beim Aufbau oder Anbahnen von menschlichen Beziehungen, so auch im pädagogischen Bereich, kommt dem Wahrnehmen z.B. einer Situation oder einer darin handelnden Person große Bedeutung zu. Doch was ist unter Wahrnehmen zu verstehen? In welchem Zusammenhang sprechen wir von „Wahrnehmung“ bzw. „Wahrnehmen“? Inwiefern sind dabei unsere Sinne konkret eingebunden?

Im Alltag sprechen wir z.B., davon, dass wir Birnen oder ein gedrucktes Wort sehen, dass wir ein Musikstück oder einen Traktor hören, dass wir den Saft einer Orange oder ein Gewürz schmecken, dass wir eine Holzoberfläche z.B. als rauh oder einen Steg der Gitarre als Erhebung fühlen, dass wir einen Stoff oder die Wärme eines Heizkörpers fühlen und dass wir eine Zitrone oder den Duft eines frisch gebackenen Brots riechen.

Dinge bezeichnen wir als sichtbar, z.B. Muster, Farben, Buchstaben. Anderes ist riechbar oder schmeckbar, z.B. Duftöle, Rauch bzw. Gewürze, Säfte. Geräusche, Gespräche oder Musik sind hörbar. Gegenstände und die meisten Flüssigkeiten sind tastbar. Bei all diesen Gegebenheiten ist uns das Wort „wahrnehmen“ fremd bzw. irgendwie unpassend. In der Literatur findet sich der Gedanke, dass „wahrnehmen“ oder „Wahrnehmung“ etwas Künstliches bzw. Abstraktes beinhaltet. Wir sprechen jedoch z.B. davon, dass wir z.B. Spannungen zwischen Mitarbeitenden (im Sinne von spüren) oder eine Alltagssituation als gefährlich (im Sinne von empfinden) wahrnehmen. In Lexika finden sich Beschreibungen von „wahrnehmen“, nämlich durch Sinnesorgane aufnehmen: Sehen, hören, fühlen und schmecken. Also wieder konkrete Ausformungen. Offensichtlich sind die konkreten Meldungen der Sinnesorgane ans Gehirn fürs Wahrnehmen mit entscheidend. „Ein wichtiger Punkt ist, dass wir über Wahrnehmungen zu Informationen über die Außenwelt kommen, indem wir sehen, hören, riechen, schmecken und fühlen, was sich um uns herum befindet, was um uns herum der Fall ist und was um uns herum geschieht.“ (Saller)

Das Wort „wahrnehmbar“ wird meist dann verwendet, wenn z.B. etwas „kaum mehr wahrnehmbar“ oder „gut wahrnehmbar“ ist. Das Wort „wahrnehmbar“ wird meist im Zusammenhang mit der Grenze des noch Erkennbaren oder eindeutig, klar Erkennbaren verwendet. Auch wird das

Wort „wahrnehmen" über all dort verwendet, wofür wir Menschen keine Sinne haben, z.B. Ultraschalltöne von Fledermäusen, radioaktive Strahlung, Funkwellen. Auch wird „das Wort ´wahrnehmen´ da gebraucht, wo die Bestimmung des genauen Sinnes – die Art und Weise, in der die Information gewonnen wurde offen bleiben kann." (Saller)
Alle Sinne sind beim ´Wahrnehmen´ eingeschlossen: Wir Menschen kommen nur über die von den Sinnen gelieferten Informationen i.d.R. zum Wissen, sowie zu Überzeugungen über die uns umgebende Welt.

1.1 Wahrnehmen - Überzeugungen gewinnen

Das Wahrnehmen hat nach Saller „für das Bilden von Überzeugungen über die Welt eine ganz besondere und grundlegende Funktion." Sie ist sozusagen „unser Tor zur Welt" und damit auch zum Lernen. Aufgrund von Lernen kann die Überzeugung gewonnen werden, dass ich z.B. einen bestimmten Gegenstand besitze und wo ich ihn abgelegt habe; ebenso, dass die Planeten kugelähnlich sind und um die Sonne kreisen, sowie Teile einer Galaxie sind. „ Dies sind offensichtlich Fälle, in welchen Wissen über die Welt erworben wird oder man zu Überzeugungen über die Welt gelangt und dies nicht durch Wahrnehmung bzw. nicht direkt durch Wahrnehmung." (Saller)
Wahrnehmen oder Wahrnehmung zeichnen sich dadurch aus, dass sie „es uns in gewisser Weise auch in Isolation ermöglichen, zu Überzeugungen zu gelangen. ... Die Besonderheit auf die ich hinweisen möchte, ist einzig, dass in der konkreten Situation keine speziellen weiteren Überzeugungen und keine weitere Personen involviert zu sein brauchen, damit ich mittels der Wahrnehmung zu einer Überzeugung über die Welt gelange." (Saller)
Dabei hat das Wahrnehmen eine besondere Stellung für das Erwerben von Überzeugungen: Wahrnehmen erscheint grundlegend, um Wissen und Überzeugungen über die Welt zu gewinnen; denn auch ein Wissen, z.B. vom Hörensagen oder erschlossenes Wissen benötigen Überzeugungen, die aus der Wahrnehmung stammen. (siehe Saller)
Voraussetzungen für ein konkretes Erschließen sind oft Überzeugungen, die durch Wahrnehmen gelernt wurden. Liegt z.B. eine Vielzahl von Dingen mit gemeinsamen Merkmalen vor, zu denen ich keine Überzeugung habe, so kann ich doch sagen, dass ich sie gesehen habe, weil „sie sichtbare Teile oder Elemente eines größeren Ganzen sind, worüber ich durch Wahrnehmung zu einer Überzeugung gelangte." (Saller)
Bei vielen, oft praktizierten Handlungen entwickeln Menschen

Automatismen, die sie ohne Nachdenken oder bewusstes Hören oder Sehen situationsgerecht handeln lassen. „Damit wir von jemandem sagen können, er habe eine Überzeugung aufgrund dessen, was er oder sie gesehen oder gehört hat, reicht es, wenn sich die Person so verhält, dass wir annehmen, sie habe diese Überzeugung, dass sich ihr Verhalten mit dieser Überzeugung gut erklären lässt. Dies ist in diesen Fällen der unbewussten Wahrnehmung der Fall (blindsight).“ (Saller)
Im menschlichen Miteinander kommt der sprachlichen Interaktion erhöhte Bedeutung zu, sodass z.B. auch ´Wissen´ erworben wird, das auf Hörensagen beruht, d.h. auf der Wahrnehmung anderer Menschen. Bei aus Hörensagen gewonnenen Überzeugungen können i.d.R. die Situation und Gründe als Wahrnehmung benannt werden (z.B. tatsächlich Gesehenes oder Plausibilitätsgründe).

1.1.1 Subjektwelt und Umwelt

Der Begriff „Welt“; Subjektwelt und Umwelt, muss präzisiert werden: Es gibt einen Unterschied von wahrnehmendem Subjekt und der dieses umgebenden Welt. „Wahrnehmung ist eine Weise zu Überzeugungen über öffentlich Beobachtbares zu gelangen, die jeder wahrnehmungsfähigen Person in gleicher Weise zu Verfügung steht (faktische Wahrnehmung). ... Bei einer Wahrnehmung gelange ich direkt zu Überzeugungen über die Welt, nicht erst über eine wie immer geartete Schlussweise.“ (siehe Saller)
Der Begriff „Wahrnehmung“ schließt Illusionen und Halluzinationen aus, u.a., da hier keine Sinnesorgane involviert sind bzw. kein Zusammenspiel der Sinnesorgane stattfindet: Wahrnehmen ist etwas Körperliches und steht in einem kausalen Zusammenhang zur wahrnehmenden Person (nach Saller).
Sinnesorgane werden meist von ihrer Funktion her bestimmt, was auf Augen und Ohren voll zutrifft. Beim Riechen (Nase) oder Schmecken (Zunge) sowie Tasten (Haut) ist der jeweilige Sinn in eine andere Funktion eingebettet. Beim Unterscheiden verschiedener Sinne steht in erster Linie der physikalische Teil des Wahrnehmungsvorgangs im Vordergrund. Die Art und Weise wie die Wahrnehmung physikalisch zu Stande kommt lässt offen, was wahrgenommen wird, ob dies eine Eigenschaft, eine Tatsache, ein Ereignis oder ein materieller Gegenstand ist. Der Blick auf die Sinne ist deshalb interessant, da wir nur so eine Vorstellung davon erhalten können, welche Informationen die wahrnehmende Person über ihre Umwelt hat.

Wahrnehmen umfasst alle mit den Sinnesorganen aufgenommenen nervlichen Reize, d.h. gesehene Dinge, gehörte Töne mit Wirkungen von Obertönen, gerochene Düfte und mit Hautnerven ertastete Dinge mit ihren jeweiligen Eigenschaften. Jedoch gibt es Dinge, z.B. das Sonnenlicht, das erst einen Gegenstand für die Augen sichtbar macht oder die Luft, die einen Ballon schweben lässt, die zwar kausal für eine Wahrnehmung sind, jedoch i.d.R. nicht (direkt) wahrgenommen werden. Will heißen, es gibt reale Dinge, die nur unter besonderen Voraussetzungen unserer Wahrnehmung zugänglich sind.

1.1.2 Wahrnehmungseindrücke - Was nehmen wir wahr?

„In derselben Weise, wie sich z.B. auditive Eindrücke in Abhängigkeit von einem faktiv aufgefassten Hören verstehen lassen, lassen sich auch Wahrnehmungs-Eindrücke in Abhängigkeit von einem faktiven Verständnis von Wahrnehmen verstehen. ... Auch wenn es Wahrnehmung ohne die Möglichkeit zur Täuschung nicht gibt, so ist es doch die Wahrnehmung, die den Standard vorgibt in diesem Gespann. ... Ein Wahrnehmungsfall und ein Täuschungsfall teilen mindestens etwas, nämlich, dass das Subjekt dabei ein Erlebnis hat, das sich aus seiner Perspektive nicht vom Erlebnis im Wahrnehmungsfall unterscheidet.“ (Saller) Am Beispiel des Hörens von Geräuschen fragt Saller, ob wir dabei auch andere Dinge ´hören´, z.B. das, was das Geräusch verursacht; die Art des Raums, in dem wir das Geräusch hören, die Richtung und Entfernung aus der das Geräusch kommt? Geräusche sind gekennzeichnet durch Beginn, Andauern und Ende. In der Literatur werden Geräusche ähnlich wie Individuen benannt, denen Eigenschaften zugeschrieben werden: Sie entstehen i.d.R. durch Veränderungen an Gegenständen, z.B. Zerbrechen eines Tellers nach dem Runterfallen, oder involvierten Ereignissen, z.B. Anschlagen des Klöppels an der Glocke, lauteres Sprechen aufgrund eines Verhaltens. Für verschiedene Autoren löst das Hören eines Geräuschs Vorstellungen oder Assoziationen aufgrund von damit verbundenen Erfahrungen und damit Empfindungen aus.

Zusammenfassend: Wahrnehmungen sind konkrete, beschreib- und benennbare Dinge, die wir durch das Zusammenspiel unserer Sinne gewinnen. Wir gelangen so zu Überzeugungen über die uns umgebende Welt durch Wahrnehmungen und dies auch ohne Mitmenschen oder weitere Überzeugungen. Das heißt „Wahrnehmen ist hinreichend dafür,

eine Überzeugung über die Welt zu bilden.“ (Saller) Dazu müssen die Wahrnehmungen durch unsere Sinne auf zuverlässigen Grundlagen oder realen Gegebenheiten beruhen, sodass wir den Ursprung der Wahrnehmung benennen können. Wahrnehmung ist von Empfindung zu unterscheiden. Eine Empfindung ist keine Informationsquelle z.B. über äußere Dinge oder Gegenstände.
Nehmen Sinne etwas wahr, zu dem ich bisher keine Überzeugung habe, so umschreibe ich dies unter Zuhilfenahme bisheriger Überzeugungen, z.B. sehe ich zum ersten Mal ein Zebra und kenne bisher nur Pferde und Esel, so werde ich an dem unbekannten Tier Zebra die Merkmale wahrnehmen und benennen können, die ich von Pferd oder Esel kenne und das schwarz-weiß gestreifte Fell auch so beschreiben. Danach kann ich z.B. durch Hörensagen oder durch Nachschlagen in einem Bestimmungsbuch die Überzeugung und den Begriff Zebra gewinnen. Bekäme ich keine sonstigen Informationen zum realen Tier Zebra, könnte ich die Überzeugung, z.B. ´gestreifter großer Esel´ für mich festlegen.
„Zu welchen Überzeugungen jemand dank einer Wahrnehmung gelangt, hängt unter anderem von seinem Vorwissen, seinen begrifflichen Fähigkeiten und davon, worauf er seine Aufmerksamkeit richtet, ab. ... So wie verschiedene Faktoren der Situation eine Rolle dafür spielen, zu was für Überzeugungen die wahrnehmende Person gelangt, können verschiedene Faktoren, wie zum Beispiel bereits vorhandene Überzeugungen, dazu führen, dass eine Wahrnehmung zu einer neuen Überzeugung oder gar keiner (neuen) Überzeugung führt.“ (Saller)

Das Unterscheiden von Wahrnehmung und Empfindung ist wichtig, um zu Lernen, nur auf konkret gegebene Fakten zu achten und allein diese festzuhalten. Dies ist besonders wichtig für Protokolle oder Beobachtungen z.B. bei Interaktionen von Menschen, aus denen ggf. Handlungsbedarfe abgeleitet werden sollen.

1.2 Wahrnehmung im pädagogischen Bereich

„Niemand vermag einen privilegierten Zugang zu einer externen Wirklichkeit oder Wahrheit zu beanspruchen.“ (Humberto Maturana in Maturana/Pörksen 2002)

Neuere philosophische, neurobiologische und psychologische Erkenntnisse (Kognitivismus) lassen den Schluss zu, dass Wahrnehmen, vor allem das darauf aufbauende Erkennen, Wissen und Schlussfolgern

stark von individuellen und sozial gelernten Konstruktionsprozessen beeinflusst wird. Auch Erkennen und Wissen sind danach keine voraussetzungsfreien Zugänge zur Wirklichkeit. Die von jedem von uns über ein Wahrnehmen erfahrene bzw. vermittelte Wirklichkeit ist kein reales Abbild derselben, sondern das Ergebnis von Verarbeitungsprozessen unseres Gehirns.
Der Konstruktivismus ist eine überfachliche Denkrichtung, die jeglichen Dogmatismus sowie überzeitliche absolute und endgültige Wahrheiten ablehnt und Erkenntnis jeweils rückbezieht auf den Entstehungsprozess, d.h. auf die Erkennenden und deren Kontexte sowie Intentionen. Er ist eine Erkenntnistheorie, die die Frage nach dem Entstehen von Wissen versucht zu beantworten.

Der radikale Konstruktivismus gründet seine Ideen auf der Beobachtung der Wahrnehmungsverarbeitung im menschlichen Gehirn. Aus dieser strengen Sicht ist das Gehirn weder darauf ausgerichtet noch in der Lage, die Welt in ihrer ureigentlichen Gestalt zu erkennen. Die Schnittstelle zur Außenwelt sind unsere Sinnesorgane. Gemäß Aufbau und Auflösungsbreite jeden Sinnesorgans findet hier schon eine Ereignisselektion statt. Werden wahrgenommene Ereignisse ans Gehirn weitergeleitet, so müssen diese ´übersetzt´ werden: Die neuronalen Impulse werden interpretiert und in Begriffe gefasst. Diese Interpretation ist wiederum von subjektiven Erfahrungen abhängig.
Die ‚Aneignung' von Wissen über die Welt stellt eine individuelle, sozialgeprägte, sowie aktive, kreative Tätigkeit dar. Wir machen uns die Welt ‚zu eigen', indem wir sie aufgrund subjektiver, interner Kriterien konstruieren. Vorstellungen von und Erfahrungen mit der uns umgebenden Welt gehen auf Wahrnehmungen und deren Interpretation zurück. Damit ist die Frage nach einer wahrnehmungsunabhängigen, einer objektiven Realität und der erlebten Wirklichkeit unbeantwortbar, da unsere Wahrnehmung mit all ihren Begrenzungen unser einziger Zugang zum Original, der Realität bzw. Welt ist. Schon Einstein sagte, dass Theorien nicht direkt auf Beobachtungen beruhen, sondern dass Theorien bestimmen, was wir beobachten können (in Pökensen). „Die Erfahrung handelt von dem, was man zu einem bestimmten Zeitpunkt als wahrnehmbares Geschehen erfährt und genau in diesem Moment unterscheidet." (Maturana/Pörksen) Jedes Beobachten und damit verbundene Erkennen unterliegt damit der „Aufhebung der Subjekt-Objekt-Spaltung" (Pörksen) und bedingt das Verabschieden vom Anspruch auf Objektivität.

Mit dem Hinweis auf „die Relativität eigener Wirklichkeitskonstruktionen, geschichtet aus individuellen Erfahrungen und verortet in einem spezifischen sozialen und kulturellen Umfeld, hebt und verstärkt sich die *Verantwortung* für die eigenen Denk- und Handlungsweisen ." (siehe King)

Dies ist kein Widerspruch zum im vorausgegangenen Teilkapitel Gesagten: Entscheidend ist, dass Überzeugungen auf von den Sinnesorganen faktisch Wahrgenommenem und von dort her auch Beschreibbarem beruhen, sollen sie einem Abbild der Wirklichkeit nahe kommen. Dies schließt ´Täuschungen´ bzw. ´Nichterkennen´, nämlich eine vorhandene Subjektivität mit ein. Für Schlussfolgerungen daraus, z.B. mit Blick auf Bewertungen, Beurteilungen oder jedwede Handlungsfolgerungen ist entscheidend, sich dieser Begrenzungen bewusst zu sein und daraus angemessene Konsequenzen zu ziehen.

1.3 Konstruieren von ´Wirklichkeit´ - Annähern an den Begriff

Schon Immanuel Kant (1724-1804) hat mit seiner kopernikanischen Wende postuliert, dass es uns nicht möglich sei, die objektive Natur der Gegenstände zu erkennen, da wir sie erst durch unsere Betrachtung konstituieren. Erkennen wird also schon bei Kant durch den Akt des Wahrnehmens zu einem Erzeugen. Damit kommen Wahrnehmen und Erkenntnis (Überzeugungen) allein durch Beobachten zustande, was heißt, „Realität" ist eine subjektive Sichtweise und damit an die beobachtende Person gebunden. Es gibt im Konstruktivismus keine unabhängige Wahrheit, die sich entdecken ließe! Konstruktionsprozesse dienen dazu, sich der tatsächlichen Realität (Wirklichkeit) anzunähern, um individuell handlungsfähig zu sein bzw. zu bleiben.

Grundsätzlich haben alle Menschen aufgrund des ähnlichen organischen Aufbaus der Sinnesorgane bzw. des Nervensystems gleiche Möglichkeiten des Wahrnehmens. Zugleich bewirken jedoch erfahrene Umweltgegebenheiten durch ein Ausdifferenzieren des Wahrgenommenen, dass Vergleiche und Bewertungen zu einem Unterscheiden im Wahrnehmen führen. Das Kriterium für solche Unterscheidungen ist, dass sie im jeweiligen Umweltkontext und damit Erfahrungsbereich als sinnvoll erlebt bzw. erkannt werden und somit für das Ausrichten des individuellen Lebens bedeutsam sind. Das will heißen, dass auch subjektive oder intersubjektive Erfahrungen mit der dabei vorgenommenen Bedeutungszuschreibung das je individuelle

Wahrnehmen stark beeinflussen. „Unterschiedliche Lebens - und Erfahrungsbereiche führen zu unterschiedlich differenzierter Wahrnehmung und bringen demnach auch verschiedene Unterscheidungen und Begriffe hervor." (King) Es hängt vollständig von der Struktur des/der Beobachtenden bzw. Wahrnehmenden ab, wie die physikalische oder soziale Welt in „Objekte" und „Ereignisse" eingeteilt wird.

Wiederholte Beobachtungen bzw. Erfahrungen sind Bausteine für erlebte Wirklichkeit, die wiederum Bedeutungen und Begriffsbildung maßgeblich beeinflussen. Im individuellen, sozialraum- oder umweltbezogenen Konstruktionsprozess ist neben der Konsistenz der aktuellen Wahrnehmung mit früheren Erfahrungen, auch eine Konsistenz bezüglich der Wahrnehmung durch betreffende Sinnesorgane hinsichtlich eines aktuellen Ereignisses gegeben. Diese Konstruktionsprozesse finden ohne unser bewusstes Zutun bzw. ohne bewusste Möglichkeiten der Einflussnahme in unserem Gehirn statt. Für unser Gehirn sind bei allen es erreichenden Sinneseindrücke, deren Verarbeitung sowie Einordnung die Gangbarkeit, Brauchbarkeit oder Durchhaltbarkeit die entscheidenden Aspekte. Es entscheidet in seiner Vorgehensweise nach dem Prinzip des 'Wahr' ist, was sich 'bewährt'. In der Literatur finden sich hierzu der Begriff der Valiabilität, was etwas frei formuliert als Anpassung oder Anpassungsbereitschaft mit dem Ziel des existentiellen Durchkommens bezeichnet werden kann.

Unser Gehirn ist ein Organ, das unseren Organismus und damit unser Leben sichern will und ist begierig auf Informationen, die es in diesem Zusammenhang sammeln, kategorisieren und im Langzeitgedächtnis abspeichern kann. Da jeder Mensch evolutionär grundlegend ein auf Gemeinschaft angelegtes Wesen ist, findet auch ein Konstruieren der Wirklichkeit im Gemeinsamsein statt, oder wie Martin Buber sagt: „Der Mensch wird am Du zum Ich." Das bedeutet konkret, dass Interaktionen mit anderen Menschen auf mich zurückwirken in der Weise, wie ich das interaktionelle „Wir" erfahre. Das essentielle Bedürfnis des Suchens und Findens von Gemeinsamsein, und dessen lebenswichtige Bedeutung zeigt sich insbesondere bei Kleinkindern: „Untersuchungen von Kleinkindern zeigen, dass die ersten kindlichen Handlungen nicht primär darauf abzielen, die eigene Persönlichkeit zu festigen, sondern konstant dazu dienen, eine Beziehung zu anderen Menschen aufzubauen. Man bildet das eigene Selbst in dem Maße aus, in dem andere Menschen bereits ein solches Ich oder Selbst ausgebildet haben; die Spiegelung im anderen macht das Bewusstsein dieses anderen zum eigenen Bewusstsein. (...) Es existiert eine wechselseitige Bestimmung; man kann nicht sagen, wer oder was am Anfang stand." (in Pörksen)

Das Wirkungsdreieck der Themenzentrierten Interaktion zeigt z.B. für eine reflektierte pädagogische Arbeit die wesentliche Bedeutung der Wechselbezogenheit von Ich und Wir mit Blick auf ein Thema, das Es, sowie diejenige der alles umfassenden, wahrgenommenen Wirklichkeit, den Globe.

Damit wird der konstruktivistische Ansatz um das integrative Moment erweitert zum ´integrativen Konstruktivismus´, in dem ein prozessuales Sozialbezogensein jeder Wirklichkeitskonstruktion integriert wird.

Reich benennt drei Elemente der Wirklichkeitskonstruktion:

- „Die *Konstruktion,* als Basis allen Lernens, d.h. Sinnstrukturen müssen immer selbst aufgebaut werden;
- die *Rekonstruktion,* als aktive Übernahme bereits vorhandener Konstruktionen von anderen, d.h., wir sind immer schon eingebunden in eine soziokulturelle Gemeinschaft, was sich auf unsere Konstruktionen (= aktive Rekonstruktion) auswirkt;
- die *Dekonstruktion,* als Potential kritischer Neuorientierungen, d.h., es könnte auch anders sein; Dekonstruktion setzt weitere, nicht bedachte Perspektiven von Konstruktionen frei; Dekonstruktion wird meist durch Störung bisheriger Konstruktionen ausgelöst und führt zu Abwandlung, Erweiterung oder neuen Konstruktion, was eine Parallele zu Piaget`s Begriff der Akkomodation nahelegt." (siehe Reich)

1.4 Neurobiologische und systemtheoretische Ansätze zur Konstruktivität

Es scheint, dass die menschliche Vernunft die Formen erst selbstständig konstruieren muss, ehe wir sie in den Dingen nachweisen können. (Albert Einstein)

Der radikale Konstruktivismus kann als eine biologische Theorie des Wissens bezeichnet werden, der sein Hauptaugenmerk auf die Funktionsweise von Nervenzellen und deren Reizverarbeitung richtet. „Jede Wahrnehmung verursacht eine Entladung der Nervenzellen, die verschieden stark ausfällt, je nach Intensität des Reizes. Das Gehirn empfängt ausschließlich, wie viel Erregung an einer bestimmten Stelle des Körpers stattfindet, aber nicht in welcher Form, beziehungsweise, was sie hervorruft oder verursacht." (Stachura) Ein wesentlicher Aspekt ist das Autopoiesekonzept, das besagt, dass das Nervensystem ein funktionales Netzwerk aus interagierenden Neuronen ist und sich nur auf sich selbst bezieht (nach Maturana). Jedoch wird auch im radikalen Konstruktivismus deutlich, dass jedes Individuum in einen sozialen Kontext eingebettet ist und für sein Denken und Handeln verantwortlich ist.

Dem neurobiologischen Konstruktivismus liegen drei Hauptthesen zugrunde:

1. Das Gehirn und nicht unser bewusstes „Ich" ist Konstrukteur unserer Wirklichkeit.
2. Das Gehirn erschafft einen virtuellen Akteur, nämlich das „Ich", um die Komplexität der Erlebniswelt zu erzeugen.
3. Der Mensch ist ein soziales Wesen aufgrund seiner biologischen Dispositionen, die Gesellschaft sein natürlicher Lebensraum. (siehe Stachura)

Der neurobiologische Konstruktivismus richtet sein Hauptaugenmerk auf die Art und Weise der Kooperation, d.h. des Zusammenwirkens der etwa hundert Milliarden Nervenzellen in und zwischen den verschiedenen Zentren des Gehirns. Dabei ist die einzige Grenze der Konstruktivität die eigene biologische Disposition, eine Voraussetzung für jeden Verarbeitungsprozess. „Erfahrungen der Neurobiologie sollen dazu beitragen, Motivationen und Anlässe menschlichen Handels zu erklären oder Gedankenkonstrukte wie Einstellungen, oder auch Emotionen aufzuschlüsseln. Der neurobiologische Konstruktivismus sieht unser Gehirn als ein pragmatisch orientiertes Organ, welches dem Menschen hilft, biologisch sowie sozial lebensfähig zu sein." (Stachura) Im Folgenden werden die Begriffe ´Erlebniswelt´ und ´Wirklichkeit´ synonym verwendet.

Nach Roth besteht beim Menschen ein Wirkungszusammenhang zwischen Geistigem und Materiellem.

Neuere Kenntnisse der Hirnforschung untermauern das Unterscheiden von Bewusstem und Unbewusstem auch aus naturwissenschaftlichem Blick. Klar getrennt werden die Begriffe ´Wirklichkeit´ und ´Realität´.

Wirklichkeit entsteht durch subjektive und phänomenale, d.h individuelle Verarbeitungsprozesse und erzeugt eine Erlebniswelt. Die Realität ist ein bewußtseinsunabhängiger, transphänomenaler Bereich, der sich aber nur aus unserer Wirklichkeit heraus bestimmen lässt und der deshalb nicht mit objektiver Wirklichkeit verwechselt werden darf (nach Roth). Auch im wissenschaftlichen Bereich kann nach Roth zwar von gesichertem Wissen, jedoch nicht von Objektivität gesprochen werden. „Obwohl erkenntnistheoretisch die Realität vollkommen unzugänglich ist, muss ich erstens ihre Existenz annehmen, um nicht in elementare Widersprüche zu geraten, und zweitens kann mir niemand verbieten, mir Gedanken über die Beschaffenheit der Realität zu machen, und zwar zu dem Zweck, die Phänomene in meiner Wirklichkeit besser erklären zu können. Ich darf nur keine objektive Gültigkeit hierfür beanspruchen; vielmehr unterstreiche ich den praktischen Wert meiner Theorie." (Roth)

Jedes Gehirn konstruiert aufgrund seiner Wahrnehmungen demnach seine Wirklichkeit aufgrund individueller Dispositionen. Dies geschieht nicht willkürlich und ist bei den meisten Menschen aufgrund des Nutzens der entsprechenden Sinnesorgane ähnlich. Jedoch sind im individuellen Kontext interpretiert die Perspektiven und Ansichten verschieden. Jedes im Gehirn erschaffene ′Ich′ steht im Zentrum unserer subjektiv wahrgenommenen Wirklichkeit. Die menschliche Erlebniswelt besteht aus den drei Bereichen ′Ich′, der Körper und die äußere Welt. „Das Ich beinhaltet alle geistigen Vorstellungen: Alles was passiert, was ich denke und wie ich handle, wird am Ich erfahren. Die Welt oder Außenwelt besteht aus belebtem und unbelebtem in meiner Umwelt. Wie stellt sich mir die Welt dar? Was sehe, höre, rieche und schmecke ich? Diese Welt wird von uns als ein in sich abgeschlossenes System wahrgenommen." (Roth) Der Körper wird vom Gehirn durch sensorische Rückkopplungen (Signale der Sinnesorgane) immer wahrgenommen und stellt eine Art Syntheseleistung dar zwischen Außenwelt und Ich. Das Wahrnehmen, durch unser Gehirn und die Sinnesorgane bestimmt, ist gemäß dem neurobiologischen Konstruktivismus selektiv und zweckbestimmt, jedoch ein aktiver Prozess. „Wir können zwar den Prozess der Wahrnehmung beeinflussen, indem wir die Aufmerksamkeit versuchen zu dirigieren, aber wir vermögen nur bis zu einem gewissen Grad zu bestimmen, welche Phänomene der Welt wir bewusst wahrnehmen werden und welche nicht." (Stachura)

Welzer erweitert die neurobiologischen um sozialpsychologische Ansätze und entwickelt einen bio-psycho-sozialen Ansatz, der es erlaubt, das menschliche Denken und Handeln umfassender zu sehen, u.a. dadurch, dass „sich das menschliche Selbstverständnis durch Interaktion mit anderen manifestiert. Dadurch entstehen individuelle Gedächtnisinhalte durch soziale Komponenten" (siehe Welzer).
Die Art unseres Selbst- und Weltbildes wird entscheidend durch das menschliche Gedächtnis geprägt. Das Gedächtnis ist eine zentrale Funktion des Gehirns. Es kommuniziert nach Erkenntnissen der Neurobiologie in erster Linie mit sich selbst. Unsere Erlebniswelt ist weitgehend bestimmt durch Gedächtnisprodukte, d.h. durch Emotionen und Erfahrungen (nach Roth). So werden z.B. alle in Lernprozessen auftretenden Emotionen und Erfahrungen, ob positiv oder belastend wahrgenommen, zusammen im Gedächtnis abgespeichert. Dieses Abspeichern im Langzeitgedächtnis ist ein aktiver, unbewusster Vernetzungsvorgang. So wird jede Wahrnehmung in ein schon existentes Geflecht von Nervenbahnen eingegliedert, oder diese werden durch neue Eindrücke verändernd angepasst. Neue Eindrücke, sollen sie zu Wissen werden, verlangen das Anknüpfen bzw. einen Anschluss an bestehende Kontexte, da sie sonst vom Gehirn unzuordenbar sind und ´vergessen´ werden.

Die nachfolgende Grafik von Edelmann zeigt den Informationsfluss durch das Gedächtnissystem:

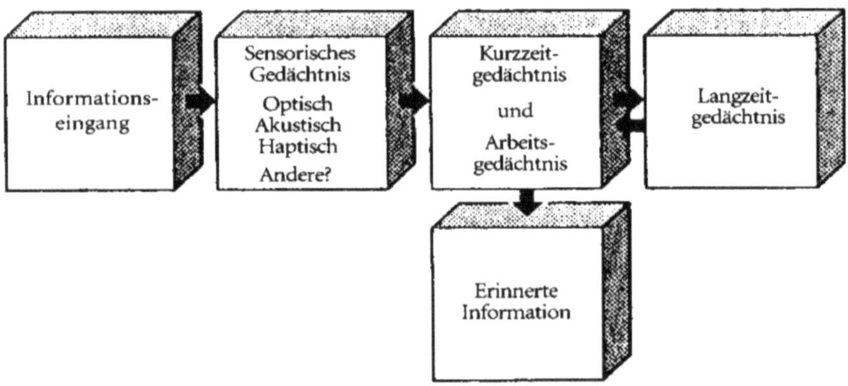

(Edelmann)

1.4.1 Ein System - Was ist das?

Die Systemforschung beschäftigt sich mit der Übertragbarkeit erhaltener Informationen auf neue Situationen. Sie sucht nach generellen Prinzipien, um so verschiedene Phänomene als System begreifen zu können. Ein System ist zum einen eine Ansammlung von Objekten, zum anderen weist es eine Beziehung zwischen diesen Objekten auf. „Systeme bestehen aus mehreren Teilen, den Systemgrößen, die über Relationen kausal mit einander verbunden sind, wodurch die Struktur des Systems definiert wird." (Bossel) Neben den Systemobjekten und deren Beziehungen innerhalb des Systems sind besonders die Systemgrenze und die Beziehungen des Systems mit der Systemumgebung von Bedeutung. Unterschieden werden erstens offene von geschlossenen Systemen, was sich auf den Austausch mit der Systemumwelt bezieht. Zweitens gibt es dynamische und statische Systeme, wobei dynamische Systeme ständigen Veränderung unterliegen. Drittens finden sich einfache und komplexe Systeme, wobei sich die Komplexität durch die Anzahl der verschiedenen Elemente, ihre jeweilige Menge und enge Bezogenheit ausdrückt. Ein System zeichnet sich sowohl durch eine spezifische Prozessdynamik (Interaktionen), als auch bestimmte Wirkungen seines Verhaltens aus. Ein ´Beobachter´ entscheidet, was als System und was als Umwelt zu sehen ist.

Biologische Systeme oder Systeme in denen Menschen interagieren sind offene, dynamische und zugleich komplexe Systeme. Zusammenfassend zeichnen sich biologische und menschliche Systeme durch folgende Merkmale aus:

- „Die Systeme bestehen aus einer bestimmten Konstellation von Systemelementen und Wirkungsverknüpfungen (Relationen), die ihre Funktion bestimmen.
- Die Systeme erfüllen eine bestimmte Funktion, d.h. es lässt sich ein Systemzweck definieren, den wir als Betrachter in den Systemen erkennen.
- Die Systeme verlieren ihre Systemidentität, wenn ihre Systemintegrität zerstört wird. Systeme sind nicht teilbar, d h. es existieren Elemente und Relationen in diesen Systemen, deren Herauslösung oder Zerstörung die Erfüllung der ursprünglichen Systemfunktion nicht mehr erlauben würde. Die Systemidentität hätte sich verändert oder wäre gänzlich zerstört.

- Die Systeme sind dynamisch, d. h. sie verändern sich.
- Die Systeme stehen im Austausch mit ihrer Umwelt.
- In den Systemen finden sich komplexe Wirkungen.“ (Sommer)

Jeder Mensch bewegt sich in einer Vielzahl von Systemen. Sie ergeben sich aus den vielfältigen Objekten, Orten und Sachverhalten, mit denen wir tagtäglich in Berührung kommen und die in unterschiedlichster Weise mit einander verknüpft sein können. Die Mehrzahl dieser Systeme ist von einer großen Komplexität gekennzeichnet.
Beim Menschen legt der Bau der Sinnesorgane fest, welche Umweltereignisse bis zum Gehirn vordringen können. Das Gehirn kennt nur neuronale Botschaften von den Sinnesorganen. Die neuronalen Impulse, die in den Hinterhauptkortex gelangen, werden dort simultan und sukzessiv unabhängig von der Herkunft des Signals verarbeitet. So entstehen im Gehirn aufgrund von Bedeutungszuweisungen nach topologischen Kriterien die Sinnesempfindungen.

Exkurs: Topologisches Prinzip
Je nachdem, an welchem Ort ein an sich neutraler und bedeutungsfreier Impuls im Gehirn eintritt, erhält er seine modale Bedeutungszuweisung. Ein Impuls, der beispielsweise im Sehcortex eintrifft, wird als Seheindruck bewertet, und zwar unabhängig davon, ob er von der Retina oder von einer elektrischen Stimulation (z.B. Imagination, Träume) kommt. Dies gilt für alle Sinnesmodalitäten. Unterschiedliche Sinneseindrücke werden also parallel und räumlich verteilt in den verschiedenen Zentren gesondert verarbeitet und bewertet. Da diese Verarbeitungszentren untereinander in Verbindung stehen und Informationen austauschen, kann ein Gesamteindruck entstehen. Dieser Integrationsprozess des Kombinierens und Vergleichens wird von Gerhard Roth als parallel, konvergent, divergente Erregungsverarbeitung bezeichnet (siehe Roth in: King).

Neuronale Signale deutet und bewertet das Gehirn nach aus Erfahrungen entwickelten Kriterien als ein kognitiv in sich abgeschlossenes System. Realität, Herkunft und Bedeutung der neuronalen Signale sind dem Gehirn nicht verlässlich bekannt. Es entscheidet nach dem Prinzip der Selbstorganisation auf der Grundlage seiner bisherigen Erlebniswelt. Jede Veränderung im Gehirn bzw. seinem System wird durch es selbst gesteuert. Für einen außenstehenden Menschen lässt sich somit eine Strukturveränderung allenfalls durch ein beobachtetes, verändertes

Verhalten vermuten, jedoch nie voraussagen. „A kann nicht einseitig bestimmen, was B tun, erleben oder denken möge" (Williams) (Unmöglichkeit der instruktiven Interaktion). Wer ein „soziales System beobachtet, muss zunächst definieren, inwieweit er außenstehend ist. Eine interessante Frage ist, ob die zu beobachtenden Phänomene zu beobachten wären, wenn es den Beobachter nicht gäbe? ..Aus systemischer Sicht ist es unwichtig, ob das Verhalten von A die Ursache für das Verhalten von B ist. [...] Um ein untersuchtes System zu beschreiben reicht es, sich mit der Beschreibung von Verhaltensweisen zu begnügen und die Regeln solcher ´wenn - dann´ Verknüpfungen von Verhaltensweisen zu benennen." (Sommer) Will sich jemand an den Interaktionen eines Systems beteiligen, so benötigt er als Beobachter jetzt vorschreibende Regeln, die ihm sagen, was er wann tun oder zu lassen hat. Es gibt einen ´harten Anpassungsrahmen´ in dem sich jede Person des Systems verbindlich einfinden muss. Simon sieht hier eine Schwierigkeit, da die eigenen Handlungen selbst nicht angemessen einzuschätzen und vorauszusagen sind. Diese Sichtweise kann hilfreich sein und dazu anregen, die Eigenheiten von Personen zunächst einmal als deren passende Struktur, d.h. für deren ´Überleben´ nützlich, anzusehen. Dies bedeutet für die pädagogischen Bereiche, diese jeweilige Struktur kennenzulernen, zu respektieren und Anregungen für Veränderungen auf diese hin abzustimmen (nach Schlippe & Schweizer). Ein soziales System liegt nur dann vor, wenn die Gruppenmitglieder eine gemeinsame Realität, d.h. einen Bereich sinnvollen Handelns und Kommunizierens erzeugt haben und auf ihn bezogen interagieren (nach Hejl; Schmidt). So müssen sich Gruppenmitglieder in sozialen Systemen entscheiden und für ihr Verhalten die Verantwortung übernehmen. Lehrkräfte z.B. gestalten dann den Rahmen, der Schülerinnen / Schüler ermutigt, Verantwortung für ihr Lernen zu übernehmen.

Beim Denken und Handeln im pädagogischen Bereich ist für Professionelle hilfreich, wenn sie zirkulares Denken anwenden; denn dann können sie das Verhalten von Personen im System als Regelkreis beschreiben, sodass das Eingebundensein dieses Verhaltens in einen Kreislaufprozess (Wechselwirkungen) sichtbar wird. Sind solche Professionelle in der Beratungsfunktion, werden sie daher zirkulär fragen, da ein Symptom oder Phänomen grundsätzlich als Beziehung im Systemkontext zu sehen ist (vgl. Huschke-Rhein).

1.5 Emotionen und Konstruieren von Wirklichkeit

Unser Handeln sei getragen von dem stets lebendigen Bewusstsein, dass die Menschen in ihrem Denken, Fühlen und Tun nicht frei sind, sondern ebenso kausal gebunden wie die Gestirne in ihren Bewegungen. Albert Einstein (1932)

In der Literatur werden meist sechs „Basisemotionen" benannt: Freude, Trauer, Furcht, Ärger, Überraschung, Ekel. Diese ließen sich ergänzen durch Glück, Hoffnung und Erwartung. Diese Emotionen entstehen im Gehirn, konkret im so genannten limbischen System. Das limbische System, eine funktionelle Einheit, ist ein evolutionsgeschichtlich sehr alter Hirnteil und umfasst u.a. den Hyppocampus, die Basalganglien und die Amygdala. Emotionen entstehen im Zusammenspiel mehrerer dieser Strukturen. Im Psychologischen Lexikon werden die Begriffe Emotionen, Gefühle und Affekte in ihrer Bedeutung gleich gesetzt. Autoren wie Watson & Tellegen bezeichnen das erhöhte Maß bzw. Ausmaß des Aufwallens von Emotionen bzw. Gefühlen als Affekt. Ein Beispiel dafür sind sogenannte Affekthandlungen im Sinne von Kurzschlusshandlungen aufgrund eines sehr „starken Reizes im Zusammenspiel einer hohen Allgemeinerregung und stark aktivierten Antrieb. Steigt der Antriebsimpuls an, so sind kognitive Prozesse vorübergehend ausgeschaltet, es bleibt keine Zeit zum Nachdenken über die Auswirkungen der vollzogenen Handlung." (Spektrum, Lexikon der Neurowissenschaft)

Emotionen werden an individuelle Lebensumstände gebunden, wobei Erfahrungen eine maßgebliche Rolle spielen. Emotionen und Stimmungen werden psychologisch als Abstufungen nach dem Grad des Erlebens gesehen. Sie unterscheiden sich jedoch hinsichtlich ihrer Funktion und ihres Ursprungs. Aus Stimmungen (low-level emotions) können Emotionen entstehen. Emotionen oder Gefühle resultieren aus vorausgegangenen Lernerfahrungen sowie dem aktuellen Einschätzen einer Situation. Dabei greifen affektive und kognitive Prozesse auf komplexe Weise ineinander und jeder Prozess kann sowohl Ursache als auch Folge des jeweils anderen sein. (siehe u.a. Piaget). Das Wahrnehmen in Situationen ist teilweise genetisch prädisponiert (z.B. Gefahrenmomente), des Weiteren durch bisherige Erfahrungen erlernt oder wird durch erfahrungs- und gefühlsbezogenes Einschätzen gesteuert.

Emotionen signalisieren mir, ob ich hinsichtlich eines Ziels auf einem günstigen oder ungünstigen Weg bin, sowie ob ich mein Ziel erreicht habe. In der psychologischen Literatur wird Emotionen die Wirkung zugeschrieben, Verhalten zu bahnen und das Denken zu beeinflussen. Damit verfügen Emotionen über ein handlungsleitendes Moment. Emotionen beruhen auf dem im Langzeitgedächtnis gespeicherten Erfahrungswissen und sind in der Lage, lange bevor eine Situation ins Bewusstsein vordringt, Verhaltensweisen anzubahnen. Evolutionsgeschichtlich sind Emotionen überlebenswichtig; denn sie ermöglichen es, uns rasch mit unserem Verhalten an auch überraschende Situationen anzupassen. Einer entsprechend geschulten, selbstreflexiven Person können Emotionen auch „als Informationen dienen und Gedächtnisprozesse sowie Strategien der Informationsverarbeitung und Urteilsbildung beeinflussen.

Affekte besitzen einen zentralen Stellenwert in der sozialen Kognition und Interaktion. Sie sind Bestandteil von Einstellungen und Vorurteilen." (Kaufmann) Reize, durch die Sinnesorgane aufgenommen und ans Gehirn weitergeleitet, werden zu Wahrnehmungen, indem je nach Situation das Arbeits- oder das Langzeitgedächtnis aktiviert wird. Letzteres stellt „antizipierende Schemata (Ordnungsrahmen) bereit, die auch im folgenden die Interpretationen der aufgenommenen Informationen ermöglichen. Wir können nur sehen, wonach wir zu suchen vermögen. Daher bestimmen diese Schemata (zusammen mit der wirklich verfügbaren Information), was wahrgenommen wird." (Neisser in Goldstein)

Emotionen bzw. Gefühle lassen sich im Wesentlichen hinsichtlich ihrer Positivität und Negativität, sowie gefühlsauslösende Situationen hinsichtlich ihrer persönlichen Wertigkeit und Kontrollierbarkeit beschreiben. Die Struktur von Emotionen steht in Bezug zu deren Ursache und ist weder uni- noch bipolar zu erklären, sondern sie ist veränderlich: Das Zusammenspiel der Emotionen verändert sich in Abhängigkeit von deren Ursachenbedingungen (nach Kaufmann). Das Wahrnehmen von Ursachenbedingungen geschieht aufgrund von aktueller Wirklichkeitskonstruktion fußend auf erfahrungsbezogener, subjektiver Kontrollierbarkeit und Wertigkeit eines Stimulus. So geht es z.B. beim „Sehen nicht um eine ‚Bildübertragung', sondern um die Übermittlung und Extraktion jener Informationen, die für das Handeln signifikant sind." (Goldstein)

1.5.1 Emotionen und sozialer Konstruktivismus

Meine aktuell wahrgenommene und erlebte Wirklichkeit im Kontext zu anderen Menschen konstruiere ich aufgrund bisher gewonnener Überzeugungen, gemachter Erfahrungen und daraus generierten (sozialen) Wissens. Mein Wahrnehmungsgeschehen im zwischenmenschlichen Bereich, mein Beobachten und Interagieren, wird durch individuelle, oft unbewusste Erwartungen oder Hypothesen gelenkt und kontrolliert. Jedes Individuum konstruiert, laut Berger und Luckmann, ein System der Alltagswirklichkeit, welches es als objektiv gegeben ansieht.
„Die Interaktion mit anderen spielt bei jeder Wissensproduktion oder Konstruktion eine maßgebliche Rolle." (Stachura) Damasio stellt heraus, dass das Bauchgefühl für jeden Menschen sehr wichtig ist; denn ohne es wäre er entscheidungsunfähig.

Ein wesentliches Moment von Interaktion war und ist das von mir i.d.R. unbewusst vorgenommene Vergleichen, was auch immer wieder um die eigene Identität ringen lässt. Vergleichen geschieht durch Nachdenken über auch unbewusst wahrgenommene Informationen, z.B. Merkmale oder Attribute, und Inbeziehungsetzen derselben zu meiner eigenen Person. Soziale Informationen liefern Interaktionen mit anderen Menschen, seien diese nun selbst aufgesucht, z.B. durch eine Vereinsmitgliedschaft oder durch erlebte Konfrontationen. Auch Konstruktionen von sozialen Informationen (imaginäre Konstruktionen) wirken beeinflussend, was z.B. ein verzerrtes Wahrnehmen mit entsprechendem Verhalten aufgrund von Projektionen beinhalten kann. Ein soziales Vergleichen kann auf die Selbsteinschätzung wirken und auch Motivation zum Selbstverbessern oder Selbstaufwerten sein. Jedes soziale Vergleichen bewirkt psychische Reaktionen und hat i.d.R. verhaltenssteuernde Konsequenzen. Affektive Reaktionen können Emotionen wie z.B. Neid, Schadenfreude, Mitleid oder Stolz, jedoch auch Verhalten wie z.B. Anpassung, Weggehen oder Attacke sein.

1.6 Gruppen und sozialer Konstruktivismus

Soziale Konstruktionen wirken insbesondere auch in menschlichen Gruppen und ganzen Gesellschaften. Jeder Mensch wächst und lebt in einem schon bestehenden Wissenssystem, das er während seiner Sozialisation als Wirklichkeit anzunehmen gelernt hat (nach Stachura). „Die gesellschaftliche Wirklichkeit ist von den in ihr lebenden Individuen kollektiv produziert. Gleichzeitig wirkt die gesellschaftliche Wirklichkeit zurück auf die Individuen, die sie konstruieren, da sie real als ihr Lebensraum existiert: Gesellschaft ist ein menschliches Produkt. Gesellschaft ist eine objektive Wirklichkeit. Der Mensch ist ein gesellschaftliches Produkt." (siehe Berger/Luckmann)

Dies gilt ebenso für menschliche Gruppen, deren Mitglieder sich insbesondere über längere Zeiträume regelmäßig oder gar täglich treffen, z.B. in Kindergartengruppen oder Schulklassen. Auch ihre Gruppenstrukturen „sind zwar von den in ihnen lebenden Individuen produziert, jedoch werden sie als objektive Ereignisse erlebt. Die soziale Realität ist kollektiv produziert, wird aber als natürlich gegeben erfahren." (Stachura) Mit dem Begriff der Alltagswirklichkeit wird dies verdeutlicht. Er umfasst Verhaltensmuster, allgemeine Ansichten und vom Hörensagen abgeleitete Binsenweisheiten, d.h. alle Regeln und alles Wissen aus unseren Erlebnissen mit all ihrer Unvollständigkeit: „Mein Alltagswissen ist wie ein Instrument, mit dem ich mir einen Pfad durch den Urwald schneide. Es wirft einen schmalen Lichtkegel auf das, was gerade vor mir liegt und mich unmittelbar umgibt. Überall sonst herrscht Dunkelheit." (Berger/Luckmann)

Alltagswissen bezogen auf ein soziales Gebilde dient der Orientierung und wird hier von den Mitgliedern unbewusst als einzige Wirklichkeit betrachtet: „Ein für das Individuum in sich schlüssiges System in Form einer symbolischen Sinnwelt entsteht, die in weiten Bereichen von anderen geteilt wird. Sie kann als intersubjektiv angesehen werden, da viele Individuen die gleiche oder eine ähnliche Sichtweise auf bestimmte Phänomene zu Eigen ist" (Stachura). Für jedes Mitglied einer sozialen Gruppe ist dies handlungsleitend. Diese symbolische Sinnwelt kann z.B. daran erkannt werden, dass eine gruppenspezifische ′Sprache′ existiert. die von jeder neu hinzukommenden Person gelernt werden muss, will sie akzeptiert werden.

1.7 Pädagogische Schlussfolgerungen

Trifft der enge Erfahrungsbezug von Konstruktions- und Wissensaufbau zu und gilt: „Wahr ist, was wahrgenommen wird und für die Subjekte im jeweiligen Kontext Sinn macht." (King), so folgern daraus für ein pädagogisches Arbeiten entscheidende Ansatzpunkte: Jedes pädagogische Handeln, vom Säugling angefangen bis hin zum Erwachsenen muss passende, vielfältige Erfahrungen ermöglichen, die beim Individuum hinsichtlich jeweiliger Umweltgegebenheiten bzw. der gegebenen Kultur als sinnvoll und bedeutend für das eigene Leben empfunden bzw. erkannt werden können. Das Gehirn kann neues Wissen nur durch Andocken an bisher Erfahrenes verarbeiten. Jeder Mensch konstruiert seine Wirklichkeit selbst. Das Wahrnehmen beeinflusst wechselseitig sowohl die kognitiven Leistungen, als auch das Handeln.

Dies bedeutet für alle Prozesse mit pädagogischen Intentionen, so auch in der pädagogischen Beziehungsarbeit, dass bei allen Handlungen bewusst grundlegend Folgendes reflektiert werden muss:

(A) Erfahrungs- und Lernchancen ergeben sich wesentlich aus dem Erleben und hier im pädagogischen Raum zuvörderst durch das Angenommenseins, d.h. von erfahrenem Respekt, der Achtung der eigenen Person als Mitmensch sowie fairem Umgang in Person der/des jeweilig pädagogisch Handelnden. Auf einem solchen Grundvertrauen baut alles Nachfolgende auf.

(B) Vom Gehirn unbewusst gesteuert scannt und überprüft jeder Mensch im geistigen Wachzustand permanent alle aktuellen Wahrnehmungen aufgrund bisheriger Erfahrungen. Ebenso wird der Erfolg des eigenen Handelns und Denkens genau registiert. Sind diese erfolgreich, so werden sie vom Gehirn als bedeutsam vermerkt und zukünftig beibehalten, eine Sichtweise oder Konstruktion der umgebenden Wirklichkeit festigt sich.

(C) Jedes neue Wissen baut auf vorausgehenden Erfahrungen auf, d.h. neu zu erwerbendes Wissen bedarf des Anknüpfens an bereits Bekanntes. Nur so können Teile des Gehirns Verknüpfungen mit bereits gemachten Erfahrungen produzieren und die Integration der neuen Eindrücke in das Gedächtnissystem gewährleisten. Diese Funktionen finden in flexibler Form im Langzeitgedächtnis statt und sind dem Bewusstsein nicht vollständig zugänglich. Ein begrenztes Fassungsvermögen haben das Kurz- oder Arbeitsgedächtnis, das aktuelle, unserem Bewusstsein zugängliche Prozesse bearbeitet und speichert. Erhöhte Aufmerksamkeit und positive Emotionen bewirken den Übergang ins Langzeitgedächtnis.

(D) Da jeder Mensch verschieden wahrnimmt und seine Wirklichkeit selbst konstruiert, ist er auch für sein eigenes Denken und Handeln verantwortlich. Soziale und kulturelle Schemata bestimmen in unbewusster Weise die Wahrnehmung sowie das Denken und

Handeln des Individuums (siehe Welzer). Die Art des Wahrnehmens, das Erzeugen der eigenen Erlebniswelt geschieht erfahrungsbezogen aus eigenen ´Daten´ heraus. Das Gehirn arbeitet dabei in semantisch selbstreferentieller und selbstexplikativer Weise. Was heißt, es erschafft Inhalte und Bedeutungen aus sich selbst heraus, wobei Umweltereignisse innerhalb des strukturellen Rahmens des Gehirns interne Prozesse modulieren können (siehe Roth).

Für das pädagogische Arbeiten mit Blick auf Beziehungs- oder Lernprozesse wichtig ist zu wissen, dass jeder Mensch bestrebt ist, eine Art innere Balance in seiner aktuellen Lebenssituation zu gewinnen. Daher lösen Erfahrungen von Diskrepanzen zum bisherigen Erfahrungsschatz oder Beschränkungen des eigenen Erkenntnis- oder Handlungsvermögens Verunsicherung aus. Pädagogische Intentionen setzen daher durchdacht passende Diskrepanzen zum bisherigen Erfahrungsschatz oder erfahrene Beschränkungen des je eigenen Erkenntnis- oder Handlungsvermögens ein, um eine Anstrengungs- oder Lernbereitschaft anzuregen. Anders ausgedrückt: ´Neugierde´ oder ´jetzt will ich das wissen´ können daraus erwachsen.

Piaget nannte dieses Phänomen bei geringen Diskrepanzen als ´Assimilation´, d.h. Anschließen oder Ergänzen bisheriger Erfahrungen, sowie als ´Akkomodation´ bei erforderlichem, weil bedeutsam eingestuftem Änderungsbedarf in Form von Neukonstruktionen, d.h. bisherige Konzepte grundlegend Erweitern oder völlig neu entwerfen mit Prozessen von durchdachtem Verifizieren und Falzifizieren. Hieraus erwächst meist auch im Individuum die Erkenntnis, dass dafür Aufmerksamkeit, Einsatzbereitschaft und angemessene Ausdauer erforderlich sind.

„Jede Akkomodation geht auf eine gescheiterte Assimilation zurück, und ohne Akkommodation werden keine Schemata“ (geistige Konstruktionen) „angelegt oder verändert, die wiederum Grundlage der Assimilation sind.“ (Lindemann/Vossler) Über die Art der Anpassungsprozesse wird auch bestimmt, wie und was ein Mensch wahrnimmt und erlebt, was heißt, ein Mensch agiert und reagiert gesteuert von seinen bisherigen oder aktuellen Wahrnehmungen. Damit wird für ein pädagogisches Handeln deutlich, dass es verschiedene, unterschiedliche Möglichkeiten der Wirklichkeitskonstruktion gibt und auch im eigenen soziokulturellen

Raum (Kultur) geben kann. In jeder Kultur gibt es mögliche andere Wege, die andere Erfahrungen zeitigen.

Über Interaktionen und Erfahrungen mit anderen Menschen erfahre ich Unterschiede und Differenzen in Form von unterschiedlichen Eigenschaften, verschiedenen Fähigkeiten und Denk- sowie Verhaltensweisen. Dies ist auch ein wichtiges Moment z.B. im Wachsen, Erproben und Gewinnen der je eigenen Identität. Hier kommt beim Menschen seine Sprachfähigkeit, sowie die Fähigkeit, sich mit anderen sprachlich auszutauschen und zu verständigen zum Tragen.

Große Bedeutung für das Wahrnehmen hinsichtlich des Konstruierens von empfundener Wirklichkeit hat die menschliche Fähigkeit, Begriffe und damit Bedeutungen auf geistiger, gedanklicher Ebene zu finden, zu definieren und sich diskursiv abstrakt damit auseinanderzusetzen. Das Bilden und vereinbaren gemeinsamer Begriffe in einem Kulturkreis bzw. zwischen verschiedenen Kulturkreisen kann als Ergebnis interaktiver Erfahrungen bezeichnet werden. Ein wichtiges Moment bzw. ein wichtiger Aspekt für jede Beziehung eines Menschen zum ´Anderen´ ist der Dialog, sowie das Finden und Pflegen einer gemeinsamen Kommunikationsbasis und letzlich die daraus erwachsende zwischenmenschliche Kommunikationsfähigkeit.

2 Achtsamkeit - Aufmerksamkeit

Das Konstrukt „Achtsamkeit“ umfasst im engeren pädagogischen Feld zwei Bereiche: Achtsamkeit für sich selbst und Achtsamkeit im persönlichen Umgang mit Anderen. Soll eine pädagogische Beziehung für beide Seiten respektvoll und konstruktiv gestaltet werden, wäre es wichtig, dass beide Seiten achtsam mit sich selbst umzugehen gelernt haben. Im Kontext einer pädagogischen Institution, z.B. eines Kindergartens oder einer Schule, kann dies von den dortigen Kindern / Jugendlichen aufgrund ihrer geistigen Entwicklung nicht vorausgesetzt werden. Um so wichtiger ist es, dass die dort tätigen Erwachsenen, also die Erzieherinnen / Lehrerinnen und Lehrer dies bei sich selbst so gut wie möglich praktizieren; denn dies hat Auswirkungen auf die gesamten Kommunikations- und Interaktionsprozesse und damit auf das Lernen und Arbeiten der Kinder / Jugendlichen. In den folgenden Abschnitten wird daher in erster Linie Ihre Selbstsicht und Selbstreflexion mit Blick auf Achtsamkeit und Aufmerksamkeit im Mittelpunkt stehen.

2.1 Individuelle Achtsamkeit - Aufbauen einer Haltung

Das Aufbauen einer achtsamen Haltung ist möglich durch vielfältige subjektiv positive Erfahrungen, ritualisierte Übungen, Konzentration auf das je Wesentliche und konstruktiv-reflexives Dranbleiben.

„Die elementarste Form des Dranbleibens ist die Konzentration. Jedoch ist Dranbleiben mehr als Konzentration. Dranbleiben ist eine individuelle, menschliche Qualität, die damit zusammenhängt, eigene Ziele zu erkennen, aktuell stimmige auszuwählen und konsequent zu verfolgen - und vor allem sie auch wiederzufinden, wenn sie für eine Weile in den Hintergrund getreten sind. [...] Während Konzentration vor allem eine Bündelung der Aufmerksamkeit ist, geht es beim Dranbleiben um die Verteilung der Aufmerksamkeit auf die verfügbare Energie. [...] Konzentration ist Taktik, Dranbleiben ist Strategie und beruht auf einer inneren Ordnung, die Loslassen und Lenken einschließt“ (vgl. Schmidbauer).

Bei der Tätigkeit in einem sozialen, pädagogischen Berufsfeld gilt es auf professionelle Weise Empathie zu zeigen und zu leben, was bedeutet, dass statt selbstvergessen die Sorgen, Nöte und Probleme einer Zielperson aufzuarbeiten, eine passende Balance zwischen Distanz und Nähe und somit die je eigene Handlungsfähigkeit und Selbstregulation erhalten bleibt. Das Aufbauen einer je auf die eigene Person ausgerichteten Achtsamkeit ist dabei hilfreich.

Baer identifizierte folgende Wirkmechanismen, die sich durch Achtsamkeitsübungen entwickeln: Exposition, kognitive Veränderungen, Selbstmanagement, Entspannung und Akzeptanz.

Shapiro et al., Kabat-Zinn, u.A. erklärten die Wirksamkeit einer achtsamen Haltung und die darauf aufbauende je eigene Achtsamkeitspraxis durch den nicht-wertenden, wohlwollend-annehmenden Umgang mit allen eigenen Erfahrungen. Diese Haltung bewirkt eine veränderte Perspektive, die sie als ´reperceiving´ bezeichnen. Hierdurch ermöglicht das Praktizieren von Achtsamkeit mit allen aufkommenden Gedanken, Gefühlen und Empfindungen wohlwollend akzeptierend eins zu sein, ohne etwas zu vermeiden, zu verdrängen, zu verändern oder an etwas festzuhalten (reperceiving). Verbunden mit diesem übergeordneten Prinzip postulieren die Autoren zudem „vier Mechanismen von Achtsamkeit:

1. Durch reperceiving können sich Achtsamkeitspraktizierende für mehr Informationen öffnen, denen sie sich vorher möglicherweise aufgrund wertender Urteile oder selbstschützender Abwehrmechanismen (siehe Carlson) nicht zuwenden konnten. Dadurch kann auf ein größeres Repertoire an Bewältigungsstrategien zurückgegriffen werden, wodurch die Fähigkeit zur Selbstregulation insgesamt gestärkt wird.
2. Der Prozess des reperceiving fördert zudem die Klärung von Werten. Das bedeutet, dass die Achtsamkeitspraxis dazu verhelfen kann, eigene Bedürfnisse und Werte wahrzunehmen und das eigene Verhalten mehr danach auszurichten.
3. Die kognitive, emotionale und behaviorale Flexibilität erhöht sich, da reperceiving zu einer klareren Einschätzung und Anpassung an die situativen und kontextuellen Anforderungen verhilft und dadurch das Zurückfallen in rigide, reaktive und automatisierte Denk- und Verhaltensmuster reduziert und schließlich aufzulösen vermag.
4. In Anlehnung an die Wirksamkeit der Exposition in therapeutischen Kontexten wird angenommen, dass sich Achtsamkeitspraktizierende durch das reperceiving auch sehr schwierigen Gedanken, Gefühlen und Empfindungen aussetzen können, wodurch sich der aversive

Charakter reduziert bis schließlich ein Angst- und Vermeidungsverhalten nicht mehr ausgelöst wird.“ (in Sauer)

Hölzel et al. integrierte konzeptuelle, psychologische und neurowissenschaftliche Erkenntnisse, um die positiven Effekte von Achtsamkeit zu erklären. Nach Hölzel et al. sind diese wahrscheinlich auf ein Konglomerat an interaktiven Mechanismen zurückzuführen, die mit den subtilen Prozessen der Aufmerksamkeitsregulation, der Emotionsregulation, der Körperwahrnehmung sowie der selbstbezogenen Informationsverarbeitung zusammenhängen. Alle Autoren betonen, dass diese Prozesse eng miteinander verwoben sind, sich einander bedingen und gegenseitig unterstützen (vgl. Sauer).

2.1.1 Regulation der Aufmerksamkeit

Prozesse der Regulation der Aufmerksamkeit werden z.B. nach Malinowski als wesentliche Wirkmechanismen von Achtsamkeit bezeichnet, da sie sowohl auf kognitive, emotionale und behaviorale, sowie auf physiologische Funktionsbereiche ausstrahlen. Nach Malinowski u. A. bewirkt eine Schulung der Aufmerksamkeit ebenfalls mehr Flexibilität hinsichtlich des Umgangs mit den eigenen Gedanken und Gefühlen. So werden mentale Kernprozesse verbessert, was das Entwickeln und Bestärken eines nicht-wertenden Innenblicks fördert. Diese Prozesse wirken positiv sowohl auf Physis als auch Psyche, indem sie Gefühle des Wohlseins stärken. Zugleich bauen sich eher Verhaltensweisen auf, die mit größerer Bewusstheit und Flexibilität erfolgen. Durch erlebte positive Situationen festigen sich diese Verhaltensweisen.

Auch haben verschiedene Untersuchungen ergeben, dass ein Training der Achtsamkeit sich dazu eignet, das je eigene mentale Abschweifen (mind wandering) zu verringern, was sich leistungssteigernd auswirkt: Beim Training von Achtsamkeit nehmen die Teilnehmenden durch wertfreies Beobachten folgende Abläufe wahr: Gedankenwanderung, bewusste Wahrnehmung des Gedankenwanderns, bewusste Lenkung der Aufmerksamkeit auf das persönliche Ziel, z.B. die Atmung, Aufrechterhalten der Aufmerksamkeit. Erfahrungen hier wirken sich positiv auf andere Funktionsbereiche aus.

2.1.2 Regulation der Emotionen

Ein Üben von Achtsamkeit ist zugleich ein Einüben von Strategien des Emotionsregulierens. Im Training der Achtsamkeit nimmt ein Mensch seine Emotionen wahr, erkennt und benennt sie z.B. auch durch Achten auf emotionsbezogene Körpersignale. So wächst eine je eigene emotionale Kommunikation, was Grundlage für die Regulation von Emotionen ist. Bei diesen Vorgängen wächst auch das Verständnis über die Ursachen bzw. das Zustandekommens sowie den Ablauf der eigenen emotionalen Prozesse, was nachhaltig für jede Persönlichkeit wirkt.

Mit Schulz von Thun gesprochen ist hier das „Innere Oberhaupt“ dabei mit seinem „Inneren Team“ in Kommunikation bzw. in eine Konferenz zu treten. Das „Innere Oberhaupt“ ermöglicht durch das differenzierte Wahrnehmen, Erkennen und Benennen seiner „Inneren Mitspieler“ (Emotionen, Gefühle) in bewertungsfreier Weise auch ein „inneres Reflektieren“ von unangenehmen, schweren und belastenden Gegebenheiten (Situationen, Erfahrungen). So gelingt es eher mit situtionsbezogen emotional überformten kognitiven Bewertungen, motivationalen Verhaltensimpulsen, einem unspezifischen Emotionsausdruck sowie mit subjektiven Gefühlen innerlich klar zu kommen und im Sinne einer passenden Selbstregulation zu agieren.

Positive Erfahrungen der Fähigkeit zur Regulation der je eigenen Emotionen ermöglichen insbesondere auch das Tolerieren, Aushalten und Akzeptieren von belastenden Emotionszuständen („Aha, du gehörst auch zu mir!“), selbstunterstützende Verhaltensweisen (z.B. „Das packe ich!“ „Da finde ich eine Strategie!“) sowie die Bereitschaft, sich für das Erreichen wichtiger Ziele auch Situationen auszusetzen, die mit schwierigen Emotionen verbunden sind. Eine offene Aufmerksamkeit nach innen bewirkt meist auch ein frühes Wahrnehmen und Annehmen von affektiven Veränderungen, da es dazu befähigt, frühzeitig passende, notwendige Bewältigungsstrategien zu aktivieren, um z.B. negativen Konsequenzen eines impulsiven Emotionsausbruchs vorzubeugen. Auch eröffnet die Fähigkeit zum Lenken der individuellen Aufmerksamkeit z.B. auf den Atem, die gerade in kritischen Situationen wertvolle Fähigkeit, sich selbst zu beruhigen. Zudem wird durch die Haltung des Nichtwertens und der Akzeptanz das Bewältigen einer Herausforderung oder Krise verbessert bzw. gegebenenfalls erst ermöglicht, indem die damit aufkommenden Gedanken, Gefühle und Emotionen wahrgenommen und zugelassen werden.

Damit eröffnet sich die Chance, die Herausforderung, die Krise oder den Konflikt ohne inneres Erleben von Aversions- oder Bedrohungsemotionen (Auslöser von Vermeidungs- und Abwehrstrategien) genauer und differenzierter zu betrachten. So lassen sich meist Zusammenhänge und Wechselwirkungen erkennen, die für ein konstruktives, nachhaltiges Problembewältigen erforderlich sind (nach Sauer).

Zugegeben, ein Einüben von Achtsamkeit erfordert möglichst tägliches Üben und Durchhalten (ca. 15 Min.). Jedoch ist der persönliche, echte Gewinn in Form größerer psychischer Kompetenz und Robustheit ungleich höher; denn das Einüben von intentionalem und nicht-reaktivem Innehalten kappt den automatischen Ablauf einer Reiz-Reaktions-Kette und das Zurückfallen in ungünstige Denk-, Erlebens- und Verhaltensmuster (siehe Sauer) und wirkt depressivem Grübeln entgegen. Derart mit sich selbst gemachte Erfahrungen bewirken eine Stärkung der Persönlichkeit durch erfahrene Selbstwirksamkeit (Förderung von Resilienz) und lassen echten Humor, Geduld und förderliche Gelassenheit wachsen.

2.1.3 Gewahrsein des Körperlichen

Das Einüben von Achtsamkeit bzw. einer achtsamen Haltung ist unabdingbar mit dem Körper zu verbinden. Das beginnt z.B. mit dem Achten auf Körperempfindungen wie Wärme, Druck oder Körperaktivitäten wie Atmung (Atemmeditation), Herzschlag und Muskelspannung und -entspannung (nach Jakobsen). Es geht darum im Sinne eines Lenkens der Aufmerksamkeit, die körperlichen Empfindungen mit einer nicht-wertenden, offenen und neugierigen Haltung wahrzunehmen. Der Körper hat dabei die Funktion eines ′Ankers′, den jede(r) immer dabei hat und der es ermöglicht, die Aufmerksamkeit bei Ablenkungen immer wieder z.B. auf die Atmung zurückzuführen (fokussierte Aufmerksamkeit). Die Fähigkeit in seinen Körper hineinzufühlen bzw. dessen Signale frühzeitig wahrzunehmen kann sowohl einen Zugang, als auch Klarheit verschaffen über aufkommende Emotionen sowie daraus sich ergebendes Verhalten und begünstigt so eine situationsangemessenere Selbstregulation.

2.1.4 Geänderte Perspektive auf sich selbst

Menschen haben meist wenig Einsicht in ihre Persönlichkeitsstrukturen und die von ihnen situationsbezogen umgesetzen Verhaltensmuster.

Ein Einüben in Achtsamkeit führt i.d.R. zu einer höheren Selbsterkenntnis durch das bewertungsfreie, akzeptierende Wahrnehmen und Beobachten der inneren geistigen wie körperlichen Vorgänge und Signale.

„It is remarkable how liberating it feels to be able to see that your thoughts are just thoughts and that they are not you or reality […]. The simple act of recognizing your thoughts as thoughts can free you from the distorted reality they often create and allow for more clear-sightedness and a greater sense of manageability in your life.“ (Kabat-Zinn)

Dieses bewertungsfreie, akzeptierende Wahrnehmen und Beobachten ist deshalb so bedeutsam, weil so das menschliche Gehirn (frontaler Cortex, Amygdala und Hyppocampus) seine durch Erfahrungen gelernten Schutzmechanismen (Abwehr, Ausblenden von Aversivem) ruhen lassen kann. Dies ist entscheidend, damit auch bedrohlich-aversive Erfahrungen mit den damit verbundenen Emotionen zugelassen und betrachtet werden können, um danach die Chance zu einer eher veränderten Sicht auf sich selbst als Person zu gewinnen (nach Gimmel & Keiling). Vago und Silberzweig entwickelten bei selbstreferenziellen Prozessen ein neurobiologisches Modell, das drei Mechanismen von Achtsamkeit beschreibt: self-awareness, self-regulation und self-transcendence. Gemäß dieses Modells könnten verzerrte Selbstbilder durch ein erhöhtes Gewahrsein seines Selbst und eine verbesserte Selbstregulation erkannt und (selbst) korrigiert werden (Hanley et al.). Des weiteren impliziert self-transcendence, dass sich z.B. durch Achtsamkeitsmeditationen neuronale Netzwerke aktivieren, welche der Fähigkeit zu Achtsamkeit bzw. einer achtsamen Haltung dazu verhelfen können, dass sich selbstbezogenes Verhalten mindert und mehr prosoziales Verhalten wächst und umgesetzt wird.

2.1.5 Regulation des „Selbst“ (Selbstregulation)

Selbstregulation bedarf einerseits exekutiver Funktionen (z.B. der Fähigkeit zur Fokussierung und Aufrechterhaltung der Aufmerksamkeit, die kognitive Flexibilität bei sich verändernden Bedingungen, die Hemmung von unangemessenem Verhalten, die Informationsverarbeitung im Arbeitsgedächtnis). Andererseits umfasst Selbstregulation auch die Fähigkeit zur Emotionsregulation (Lyons & DeLange). Achtsamkeitsübungen mildern auch im Körper oder Geist aufkommende Empfindungen ab, welche die Selbstregulation beeinträchtigen würden. Die zur passenden Selbstregulation führenden Bewusstwerdungs- und Reflexionsprozesse, gründend auf persönlichen Erfahrungen, führen über eine elaboriertere Betrachtungsweise einer Situation und deren Kontext zu einem emotionalen Neubewerten und der Fähigkeit zu einer psychischen Distanz, zu erhöhter kognitiver Flexibilität und verstärkter, individuell und situativ stimmiger sozial-emotionaler Verhaltenskontrolle.

2.2 Aufmerksamkeit - Lehr- und Lernprozesse

Wie oben schon kurz angesprochen, hängen Achtsamkeit und Aufmerksamkeit miteinander zusammen. Der Bedeutung von Aufmerksamkeit von Seiten einer Lehrerin / eines Lehrers im Zusammenhang mit dem Führen einer Gruppe / Klasse soll im Folgenden genauer nachgegangen werden.

Nach Rapp weiß eigentlich jeder Mensch, was Aufmerksamkeit bedeutet, oder? - „Jedermann weiß, was Aufmerksamkeit ist. Es handelt sich um das geistige Inbesitznehmen eines von scheinbar mehreren gleichzeitigen möglichen Objekten oder Gedankengängen in klarer und lebendiger Form. Zu ihrem Wesen gehört das wie auf einen Brennpunkt sich richtende Konzentrieren des Bewusstseins. Dazu gehört ferner die Abkehr von Objekten, um sich wirksam mit anderen zu beschäftigen." (Rapp) „Unter Aufmerksamkeit versteht man schärfer gefasst selektive Prozesse und/oder Aktivierungsgrade bei Wahrnehmungsleistungen, d.h. bei Aufnahme und Verarbeitung von Stimuli aus der Umwelt." (Hanke) Aufmerksamkeit umfasst demnach intensive und gesteuerte Informationsaufnahme- und verarbeitungsprozesse bzw. Denkvorgänge, was mit hohem geistigen Energieaufwand verbunden ist.

Durch Prozesse des systematischen Selektierens sorgt das menschliche Gehirn dafür, dass sich die weiterverarbeiteten Reize an der aktuellen Situation und den damit verbundenen Interessen und Bedürfnissen orientieren: Das Bewusstsein richtet seine volle Konzentration auf etwas; d.h. Aufmerksamkeit ist entstanden. Eine hohe Konzentration ist durch eine hohe Aufmerksamkeitsintensität gekennzeichnet. Die dabei praktizierte Selektivität richtet sich aus an bisherigen Erfahrungen (gespeicherte Gedächtnisinhalte). Aufmerksamkeit wird auch als erhöhte psychische Wachsamkeit verstanden. Sie ist subjektiv und eingeschränkt durch die Kapazität des Arbeitsgedächtnisses. Rapp nimmt an, dass Aufmerksamkeit „in seinem qualitativen Niveau, in der Intensität und Dauer entscheidend durch Lernprozesse bestimmt ist." (Rapp)

Da eine Aufmerksamkeitsselektion im menschlichen Gehirn immer stattfindet, um aus der Vielfalt von Informationen die momentan bedeutsamen auszuwählen und nur auf diese die ganze Aufmerksamkeit zu richten, ist es in Lehr-, und Lernprozessen wichtig, dass durch Ansprache möglichst vieler Sinne die Bedeutung eines Lerninhalts erkennbar ist. Störungen und Nebengeräusche lassen sich so von den Schülerinnen / Schülern besser ausblenden. Im schulischen Kontext ist insbesondere beim Verarbeiten von Informationen die Fähigkeit zu einer selektiven Aufmerksamkeit hilfreich, um nur die aktuell wichtigen Informationen herauszufiltern. Dadurch gelingt es, im Lernprozess relevante Informationen zu identifizieren, zu verstehen und zu behalten.

Die gezielte Lenkung der Aufmerksamkeit nimmt für die Vermittlung neuer Wissensinhalte eine zentrale Position ein, um Lernprozesse erfolgreich zu gestalten (vgl. Martenstein). Bei schulischen Lern- und Arbeitsprozessen wird oft auf die Bedeutung der Daueraufmerksamkeit hingewiesen. Darunter wird ein konstantes Aufrechterhalten von Aufmerksamkeit über einen längeren Zeitraum verstanden, z.B. das Bearbeiten von Aufgaben über einen längeren Zeitraum. Auch ein Aufteilen bzw. ein rascher Wechsel der Aufmerksamkeit ist im schulischen Kontext erforderlich, z.B. parallel zu einem Vortrag, sich Stichwörter zu notieren; oder bei einem Diktat fast gleichzeitig dieses zu Papier zu bringen.

Sowohl für Sie selbst, als vor allem für Kinder / Jugendliche ist eine Schulung der Aufmerksamkeitsspanne und -intensität (Konzentration) hilfreich. Meist wird dabei gleichzeitig auch die Merkfähigkeit gefördert. Das Trainieren der Aufmerksamkeit lässt sich meist in ansprechender Form gestalten, wodurch auch mehr Abwechslung in entsprechende Lern- oder Arbeitsprozesse kommen kann. Je jünger die Kinder sind, desto interessanter sind für sie spielerische Elemente beim Fördern der Konzentrationsfähigkeit. In den verschiedensten Fächern lassen sich auf allen Altersstufen z.B. ansprechende rätselartige Bausteine u.a. in Arbeitsblättern einfügen, sodass sich oft sogar eine Ergebniskontrolle damit verbinden lässt.

2.2.1 Wirkungen in Interaktionen

Das Einüben von Achtsamkeit mit den Schülerinnen / Schülern hat Wirkungen auf das soziale Verhalten bzw. das Miteinander. Hierzu bieten sich im schulisch-pädagogischen Kontext vielfältige Ansätze an. Solche finden sich z.B. in „Faustlos" oder „Lyons-Quest: Erwachsen werden". Auch für altersangemessene meditative Übungen, eingestreut in den regulären Unterrichtsverlauf z.B. in Form von kurzen Bewegungs- oder Stillephasen, bieten sich sinnvolle, ansprechende Möglichkeiten (Unterricht - ein Lebensraum). Insbesondere bei Jugendlichen bieten sich thematisch orientierte Gespräche an, in denen parallel zum Inhalt, sich soziale Verhaltensweisen z.B. einer gewaltfreien Kommunikation mit bearbeiten lassen. Auf das Konkretisieren bzw. Umsetzen einer achtsamen Haltung weist auch die dritte Hilfsregel der Themenzentrierten Interaktion (TZI) hin:

„Sei authentisch und selektiv in deinen Kommunikationen. Mache dir bewusst, was du denkst und fühlst und wähle, was du sagst und tust." (Cohn) Oder anders ausgedrückt: Sei Du selbst, handle situativ passend in Deiner Kommunikation gemäß Deinen aktuell aktivierbaren geistigen und körperlichen Fähigkeiten. Schaue nach innen, nehme Deine Gedanken, Gefühle und Emotionen wahr, schaue nach außen und entscheide dann verantwortlich wie Du handelst.

Durch vielfach geübtes und persönlich ritualisiertes „reperceiving" (siehe oben ´vier Mechanismen der Achtsamkeit´), sowie die Fähigkeit zur Regulation von Aufmerksamkeit, Emotionen, des ´Selbst´ unter Achten körperlicher Signale, wird eine der Situation angemessene Selbstregulation möglich. Daraus ergibt sich sowohl eine andere Perspektive auf das ´Selbst´ als auch insbesondere auf zwischenmenschliche Gegebenheiten. Insbesondere die Fähigkeit zum Perspektivenwechsel lässt sich in verschiedensten Übungen in einer Gruppe / Klasse oft praktizierten. So eröffnen Sie z.B. den Kindern / Jugendlichen zunehmend die Chance, dass sie in ihrem jeweiligen Umfeld nach einer Weile wie selbstverständlich, jetzt quasi automatisiert, in Gedanken einen Perspektivenwechsel vornehmen. Damit besteht dann zunehmend die Chance auf eine breitere Palette sozalen Verhaltens, einen damit verbundenen, breiteren Erfahrungsschatz, was wiederum eine reflektierte, belastbare Handlungsfähigkeit ermöglicht aufgrund von begründeter Selbstsicherheit (Selbstverantwortung und Selbstregulation).

Ein Mensch, der gelernt hat achtsam mit sich selbst zu sein, ´strahlt´ dies nach außen durch seine Art des Auftretens, seiner Stimme und Sprache, des Handelns, sowie des Zugehens auf Mitmenschen aus. Er wirkt freudlich zugewandt, in Haltung und Tun bedacht, einfühlsam und klar. Er ist in Handeln und Kommunikation einerseits respektvoll und tolerant, andererseits fordert er konsequent und klar bei seinem jeweiligen Gegenüber ebenfalls Respekt und Toleranz ein. Transaktionsanalytisch gesagt: Dieser Mensch handelt aus seinem ´Erwachsenen-Ich´ heraus. Gerade für alle im pädagogischen Bereich tätigen Personen ist ein derartiges Gestalten pädagogischer Beziehungen sowohl für sich selbst mit Blick auf die eigene Gesundheit, als vor allem für die anvertrauten Kinder / Jugendliche mit Blick auf deren Chancen zu wachsender fachlicher Kompetenz und sozial verantwortlicher Selbständigkeit sehr bedeutsam.

3 Gruppen, ihre Wirkungen in pädagogischen Beziehungen

Eine Ansammlung von Menschen wird i.A. dann als Gruppe bezeichnet, wenn dieselben Personen über eine gewisse Dauer hinweg miteinander interagieren. Gruppen können danach unterschieden werden, ob bei diesen eher die innere oder die äußere Umwelt eine größere Bedeutung besitzt. König & Schattenhofer verstehen unter der inneren Umwelt alle bewussten und unbewussten Gefühle, Bedürfnisse, Wertvorstellungen, Wahrnehmungen, Verhaltensweisen oder Ansichten der Gruppenmitglieder. Rosenstiel sowie Johnson / Johnson definieren eine Gruppe wie folgt: Eine Gruppe besteht aus mehreren Individuen, „die

a) miteinander interagieren (direkte Kommunikation von Angesicht zu Angesicht und/oder gemeinsames Handeln),
b) voneinander abhängig sind und sich gegenseitig beeinflussen (Veränderungen an einer Stelle betreffen alle anderen Beteiligten in irgendeiner Weise),
c) von den Gruppenmitgliedern und auch Außenstehenden als Gruppe wahrgenommen werden, wodurch in der Gruppe ein Wir-Gefühl entsteht,
d) gemeinsame Normen und Rollen ausbilden (um ihren Gruppenprozess zu ordnen und zu strukturieren und um ein aufeinander bezogenes arbeitsteiliges Handeln zu ermöglichen),
e) gemeinsam gegenseitige Bedürfnisse befriedigen (für alle Beteiligten findet ein nutzenbringender Austausch von Geben und Nehmen statt) sowie
f) gemeinsam definierte Ziele anstreben bzw. sich mit einem gemeinsamen Sachverhalt oder einer Aufgabe identifizieren (nur durch Kooperation können komplexe Ziele verwirklicht werden).“

Diese Umschreibung trifft auch auf ältere Kinder in Kindergartengruppen, schulische Kleingruppen und Klassen zu. Eine Gruppenentwicklung unterscheidet sich alters- und entwicklungsspezifisch sowohl nach der Zusammensetzung und Anzahl der Gruppenmitglieder, als auch dem Zielbewusstsein. Die Art einer Kommunikation oder Interaktion wird von drei Parametern stark beeinflusst:

a) *Persönlichkeitsmerkmale*, wie z.B. Erwartungen, Motive, Einstellungen und Dispositionen. Vieles davon ist teilweise genetisch determiniert bzw. beruht auf bisherigen Erfahrungen. Die einzelnen Faktoren wirken meist situationsunabhängig und zeitlich relativ stabil.

b) *Situative Einflüsse*, die durch eine Person wahrgenommen werden und auf die sie nur indirekt Einfluss nehmen kann. Diese umfassen vor allem den Kontext und die Rahmenbedingungen in denen die Interaktion stattfindet, sowie das Verhalten der situativ interagierenden anderen Menschen.

c) *Innerpsychische Prozesse*: Diese umfassen das jeweilige emotionale Erleben und ggf. daraus sich ergebende physiologische Erregungszustände. Diese sind zum einen situationsabhängig und können sich zum anderen schnell verändern (vgl. Rosenstil).

Diese drei Faktoren wirken im beobachtbaren Verhalten einer Person zusammen und bestimmen so die Art und Weise der Interaktion. Zudem bestehen zwischen den drei Faktoren und dem gezeigten Verhalten Rückkopplungsprozesse, d.h. die drei Faktoren beeinflussen sich auf dynamische Weise wechselseitig. Dabei kommt den individuellen Motiven eine besondere Bedeutung zu, da jedes Verhalten in irgendeiner Weise der Befriedigung von individuellen Motiven dient. Solche individuellen Motive wirken auch im Hintergrund, meist unbewusst auf das Verhalten eines Menschen in einer Gruppe.

- Interessen der inneren und äußeren Umwelt treffen bei jeder Gruppe aufeinander und werden oftmals durch die fachliche Orientierung der Organisation und rein aufgabenbezogen bestimmt.
- Klassen in einer Schule werden verstärkt von der sie umgebenden Institution und deren Rahmenbedingungen beeinflusst. Mit der Schulpflicht, einem für alle in der Gruppe gültigen Zeitplan (Stundenplan), dem gemeinsamen Status ´Schüler´ sowie den meist gemeinsamen An- und Aufforderungen beginnt der Prozess eines selbstreferentiellen sozialen Systems.; ein ´Klassengeist´ kann sich entwickeln.
- Manche Lehrkräfte bezeichnen die Gruppe, die sie unterrichten oft als Team oder Klassenteam. Doch dies ist unscharf; denn: „Nicht jede Gruppe ist ein Team, aber jedes Team ist eine Gruppe.
- Der Begriff Team ist eine Sammelbezeichnung für alle arbeits- und aufgabenbezogenen Gruppen, deren Mitglieder kooperieren müssen, um ein gemeinsames Ziel zu erreichen.“ (König & Schattenhofer)

Bildet sich eine neue Gruppe mit noch unbekannten Personen, so sind die ersten Treffen geprägt von Verunsicherungen und bisherigen Erfahrungen in und mit Gruppen. Solche Erfahrungen können z.B. Hoffnungen, Erwartungen, Wünsche, Befürchtungen und Ängste umfassen. Kommen Menschen in einer neuen Gruppe zusammen, so beginnt die Suche nach einer eigenen Identität in der Gruppe. Mit dieser neuen Identität will ein Mensch sowohl in der Gruppe angemessen agieren können, als sich auch dabei wohlfühlen. Da die anderen Gruppenmitglieder noch fremd sind, finden Projektionen aufgrund bisheriger Erfahrungen statt. Solche Projektionen führen zu Identifikationen sowie Ablehnungen einzelner anderer Gruppenmitglieder nach Sympathie und Antipathie. Jede(r) versucht, sich zunächst nach seinem Ich-Ideal vorzustellen und einzubringen. Dabei werden insbesondere negative Anteile anderen Gruppenmitgliedern zugeschrieben. Zwischen den Gruppenmitgliedern kommt es so meist unausgesprochen zu empfundenen oder realen Zurückweisungen und Enttäuschungen, was sich im Arbeitsprozess der Gruppe in Verweige-rung, Resignation (Rückzug) oder Widerspruch zeigen kann.

Es gibt verschiedene Phasenmodelle einer Gruppenentwicklung. Zusammengefasst ist den einzelnen Phasenmodellen gemeinsam:

Phasen	**Merkmale**
Orientierung	Unsicherheit, Selbstdarstellung (Ich-Ideal), Rang- und Positionskämpfe
Beruhigung	Bilden von Normen und Regeln, Zusammengehörigkeitsgefühl, Abgrenzung nach außen
Stabilisierung	Verlässliche Strukturen, Zielbewusstsein, Absprachen, zielgerechtes Handeln
Auflösung	Ziele erreicht, Unruhe, Unsicherheit, Trennung,

Die Phasenmodelle benennen für die einzelnen Phasen hervorstechende und charakteristische Merkmale, welche am häufigsten und auffälligsten sind. Bezogen auf Gruppen in Kindergärten, Horten oder einer Schule dienen diese vorwiegend zur Analyse des aktuellen Gruppenstandes, da dortige Gruppen i.d.R. mehrere Jahre in überwiegend gleicher Zusammensetzung bestehen.

Die einzelnen Phasen stellen je „vereinfachte Beschreibungen komplexer Zusammenhänge" (Stahl) dar und beruhen auf zahlreichen Beobachtungen von Gruppengeschehen. „Wenn wir von Phasen sprechen, dann meinen wir damit Zeiten im Gruppengeschehen, in denen bestimmte Formen von Verhalten dominieren. [...] Für die einzelnen Phasen gibt es keine festgelegte Dauer. [...] Keine Phase tritt lupenrein auf." (Stahl) Auch gehen die Phasen fließend einander über und können sich sogar in ihrem zeitlichen Maß je nach Person individuell unterscheiden, sodass sie sich innerhalb der Gruppe je nach Person überlappen. So können sich einzelne Gruppenmitglieder noch in der Orientierungsphase befinden, während andere bereits in der Beruhigungs- oder Stabilisierungsphase sich befinden.

Auch hinsichtlich jeweiliger Themen können sich Phasenverschiebungen ergeben. Sollen Phasenmodelle auf das organisierte Zusammenleben in Kindergärten, Horten oder einer Schule angewandt bzw. übertragen werden, so ist sofort ersichtlich, dass die Phase ´Ablösung´ im eigentlichen Sinne erst am Ende des letzten Besuchsjahres der Institution eintritt.

Doch können Phasenmodelle als Analyseinstrumente hilfreich sein, weil sich die Kinder / Jugendlichen über die Jahre des Besuchs der Institution weiterentwickeln und somit die Phasen eins bis drei personspezifisch immer wieder in mehr oder weniger ausgeprägter Weise auftreten. Da in jeder Gruppe feste Rollenzuschreibungen erfolgen, ergeben sich bei der Weiterentwicklung einzelner Gruppenmitglieder immer wieder erforderliche Aushandlungsprozesse innerhalb der Gruppe, die von der Gruppenleitung moderiert bzw. gesteuert werden müssen.

Unter Rollen sind verschiedene Verhaltensdispositionen zu verstehen, die zum einen in der jeweiligen Person angelegt sein können und zum andern aus der Gruppenstruktur einer Person zugeteilt werden. Das Übernehmen und Agieren aus einer Rolle heraus vereinfacht das Gruppengeschehen, indem es bei jedem Gruppenmitglied Verhaltenswahrscheinlichkeiten von Verhaltensmustern vorgibt, die auch identitätsstiftend wirken..

Eine pädagogische Fachkraft, sei dies eine Erzieherin / ein Erzieher oder eine Lehrerin / ein Lehrer wird versuchen, dass sich jedes

Gruppenmitglied in jeder Phase gesehen und anerkannt fühlen kann. Zugleich wird sie versuchen durch gezielte Beobachtungen zu ergründen, wo jedes Gruppenmitglied aktuell steht und wie seine Beziehung zur Gesamtgruppe ist. Dazu sollten gezielt angemessene Maßnahmen geplant und durchgeführt werden. Im Folgenden werden die einzelnen Gruppenphasen beschrieben und Anregungen für Handlungsweisen einer Leitungsperson gegeben:

Orientierungsphase:

Die Gruppenmitglieder sind unsicher, agieren vorsichtig und eher zurückhaltend. Zugleich besteht Neugier, sowie der Wunsch nach Kontakt. Der „Spagat zwischen Neugier und Vorsicht", führt zu Übertragungen und nervösen Reaktionen. Jede Person will mit den Anderen vertraut werden, aber zunächst keine persönlichen Bindungen eingehen müssen. Einerseits besteht der Wunsch, in die Gemeinschaft aufgenommen zu werden, andererseits soll der Kontakt noch etwas distanziert, vorsichtig sein. So wird jedes andere Gruppenmitglied und die Leitungsperson „erkundet" und „getestet". Das Verhalten ist vorwiegend wirkungsorientiert.

Gesucht werden Gruppenmitglieder, bei denen eine gemeinsame „Wellenlänge" vermutet wird. Ein weiteres Moment stellt sich schon früh in dieser Phase ein, das des Testens des eigenen Status in der Gruppe. Diejenigen mit gleicher „Wellenlänge" schließen sich schon frühzeitig zusammen und bilden Cliquen. Es werden Beziehungsverhältnisse geklärt. Nach und nach bilden bzw. übernehmen Einzelne bestimmte Rollen und es findet ein Aushandeln vorläufiger Normen innerhalb der Gruppe statt. Gegen Ende der Orientierungsphase entsteht ein grundlegendes Gruppengefühl, das dazu führt, dass sich die Gruppenmitglieder gegenüber anderen Kindern / Jugendlichen außerhalb der Gruppe eher distanzieren.

Von Seiten der Erzieherin bzw. der Lehrerin / des Lehrers gilt es besonders zu Beginn der Gruppenbildung ein Ankommen, ein Kennenlernen und Orientieren zu ermöglichen. In pädagogischen Institutionen handelt es sich um geleitete Gruppen. Hilfreich sind in pädagogischen Institutionen (Kindergarten, Hort, Schule) hier klar vorgebene, altersangemessene Struktursetzungen (Zielvorgaben) verbunden mit gemeinsamen, meist spielerischen oder im Jugendalter ansprechenden, auf klaren Regeln beruhenden, mehr sachbezogene Aktivitäten. Je nach

Gruppe und Alter sind Kennenlernspiele oder Aktivitätsangebote passend. In dieser entscheidenden Phase der Gruppenbildung sind z.B. erlebnispädagogische Maßnahmen äußerst sinnvoll.

Bei diesen Maßnahmen sollte es den Gruppenmitgliedern möglich sein, sich darzustellen, einzubringen und in regelgerechter Form ihren (vorläufigen) Platz in der Gruppe zu finden. Aufgrund der gesetzten Regeln lassen sich in ´sportlicher´ Weise auch aufkommende Konflikte, z.B. durch „Störende“ leichter klären und bearbeiten. Stahl nennt dies ein „Vergolden“ z.B. durch die Äußerung der Leitungsperson: „Ich bin froh, dass wir mit Dir auch einen kritischen Geist unter uns haben.“ Das wird uns davor bewahren oberflächlich oder sorglos zu werden (nach Stahl).

In der Orientierungsphase sollte die Erzieherin bzw. Lehrerin / der Lehrer vermehrt passende, ermutigende Gespräche führen, die für jedes Gruppenmitglied mögliche Perspektiven aufzeigen und Misserfolge abzumildern helfen. In institutionell fest gefügten Gruppen kann eine Rollenzuweisung durch die Gruppe auch zu von jeweiligen Personen ungewünschten Rollen führen. Hier ist dann die Leitungsperson besonders gefordert, da eine Art „Flucht“ i.d.R. ausgeschlossen ist.

Das Ziel ist es, innerhalb der sich bildenden Gruppe allen Gruppenmitgliedern gemeinsame Erfahrungen zu ermöglichen, um nach und nach ein Wir-Gefühl sowie eine Wir-Verantwortung anzubahnen. Aktivitäten dazu könnten z.B. sein: Gemeinsam zu meisternde Aufgaben, z.B. Pausenspiele für jüngere Kinder planen und durchführen, eine gemeinsame (längere) Wanderung planen und durchführen mit Stockbrot backen und Würstchen grillen. Auch Wettbewerbsspiele oder Aktivitäten, die die Fähigkeit fördern verschiedene Rollen auszuprobieren, z.B. kleine szenische Spiele, Sketche usw. sind hier sinnvoll.

Wichtig ist bei allen Arbeitseinheiten, dass diese eindeutig und klar strukturiert sind. Besonders in sportlichen Aktivitäten können bei klarer Regelsetzung auch Aggressionen kanalisiert abgebaut werden. Ebenfalls können eher spielerische, geistig fordernde Aktivitäten anhand von passenden, schulisch relevanten Inhalten, z.B. Bearbeiten von Rätseln, Lernspielen usw. körperlich eher unterlegenen Kindern / Jugendlichen Chancen in der Gruppe eröffnen; denn eine Gruppe ist durchaus in der Lage, je nach Situation die Rollen neu oder anders zu verteilen.

Das Verhalten der Leitungsperson sollte Interesse an jedem Gruppenmitglied signalisieren und dem Bedürfnis nach Schutz entsprechen.

Bewusst sollten Momente des „Testens“ der Leitungsperson aufgegriffen oder auch vorgesehen werden, die z.B. ebenfalls Erfahrungen von Distanz ermöglichen. Für die Leitungsperson gilt es aufkommende Konfliktstrukturen zu erkennen, was sowohl das Zwischenmenschliche als auch das Thematische umfasst, wobei es vor allem um die vordringlichen pädagogischen Ziele einer für alle konstruktiven Gruppenbildung geht.

Hilfreich können hier von der Leitungsperson innerhalb des Zielpools gesetzte, entscheidbare Alternativen sein, z.B. „Wir können die Aufgabe in dieser ... oder jener ... Weise angehen. Welche passt für euch gerade am ehesten?“ Je nach Situation muss die Leitungsperson sowohl Freiheiten im Erproben ermöglichen, als auch gegebenenfalls konsequent klare Grenzen, z.B. in Form von „Benimm-Regeln“ setzen.

Wichtig ist, dass die Leitungsperson klar unterscheidet, ob ein Zielkonflikt auf der Sach- oder Beziehungsebene vorliegt, um dies dann verständnisvoll, jedoch klar und transparent zu thematisieren. Auch in der Art und Weise des Aushandelns erster, vorläufiger Normen, des gemeinsamen Reflektierens durchlebter Situationen, des Schutzgebens für Einzelne ist die Leitungsperson gefordert.

Wichtig ist ebenfalls die deutliche Übernahme der Rolle als Vermittler und Schiedsrichter sowie ggf. auch diejenige der/des letztlich verbindlich Entscheidenden. Die Orientierungsphase ist enorm wichtig, legt ihr Verlauf doch die Grundsteine sowohl für die Beziehungen innerhalb einer Gruppe, als auch das sachbezogene Arbeiten und Zusammenarbeiten einzelner Gruppenmitglieder. Einen Überblick über die situativen Gegebenheiten, die bei den Individuen der Gruppe meist unausgesprochenen, oft auch unbewussten Fragen sowie mögliche Interventionen in der Orientierungsphase gibt Volk.

Bei neu gebildeten Gruppen in den ersten Zusammentreffen:

Situationen	**Leitende Fragen der Gruppenmitglieder**	**Interventionen**
Ängstlichkeit und Unsicherheit; Orientierungssuche; Neugier auf die Anderen; Austesten der Grenzen	Was wird passieren? Wer sind die anderen Gruppenteilnehmenden? Wie komme ich mit den Anderen zurecht, wie ge-	Abbau von (Berührungs ängsten durch WarmingupTechniken; Spiele zum Kennenlernen und Vertrauensübungen, mit denen so-

(interpersonal/ aufgabenbezogen); Abwehrreaktionen/ Flucht- und Ausweichtendenzen; Klärung von Rollen und Beziehungen; Kennenlernen der relevanten Aufgabenparameter; Bildung grundlegender Kompetenzen in Bezug auf eine gelingende Interaktion.	hen sie mit mir um? Was muss ich tun, damit die Anderen mich mögen? Komme ich mit den Anforderungen zurecht? Wer hat hier das Sagen? Wer übernimmt Verantwortung?	ziale Beziehungen geknüpft und ein Gefühl der Zusammengehörigkeit geschaffen wird; Übungen, die die Gruppenbeziehungen klären helfen; Klar strukturierte und leichte Regelspiele, die zu mehr Orientierung führen und die Probehandeln ermöglichen; Nicht zu anspruchsvolle Gruppenaufgaben, die Abstimmungsprozesse und eine gemeinsame Lösungsfindung verlangen; Aufgaben, mit denen grundlegende Kompetenzen in Bezug auf die Zielsetzung geschaffen werden.

(Volk)

Beruhigungsphase:

Hilfreich sind Formulierungen gemeinsamer Ziele, z.B. Regeln für den Klassenalltag, die im Rahmen der Gegebenheiten Stärken und Schwächen, Wünsche und Ängste der einzelnen Gruppenmitglieder berücksichtigen. Diese Regeln sollten das Wesentliche für ein gedeihliches Zusammenleben umfassen (max. fünf Regeln) und schriftlich festgehalten werden (Gruppenvertrag). Im pädagogischen Arbeitsfeld, insbesondere bei Jugendlichen, ist dabei den Gruppenmitgliedern transparent und angemessen der von außen vorgegebene Zielrahmen zu erläutern, was auch beinhaltet, dass ggf. letztendlich die Leitungsperson entsprechende Entscheidungen treffen muss.

In der Beruhigungsphase sollte jedes Gruppenmitglied seine Rolle in der Gruppe finden. Es sollte erfahren bzw. erfahren haben, dass es so wie es ist in der Gruppe anerkannt und akzeptiert wird. Zunehmend sollte auch

Vertrauen zueinander gewachsen sein. So kann ein Zusammenhalt erfahrbar werden, z.B. in der Abgrenzung zum „Außen".

Jedes Gruppenmitglied hat erfahren, wie seine Gruppe ´tickt´, welche Abhängigkeiten bestehen und wer welche Stärken und Schwächen hat. Die jeweiligen Rollen sind klar. Die Gruppe hat auch erfahren, mit Konflikten umzugehen. Die Gruppenmitglieder können i.d.R. miteinander situations- und aufgabenbezogen interagieren. Jedes Gruppenmitglied bringt seine Stärken ein und akzeptiert seine Schwächen dahingehend, dass es damit konstruktiv umgeht. Einzelne Gruppenmitglieder erfahren ggf. ein Unterstützungsangebot.

Gerade in geleiteten Gruppen in pädagogischen Institutionen können auch Gruppenmitglieder vordergründig konform gehen mit den vereinbarten Regeln, jedoch innerlich zurückhaltend oder gar ablehnend sein, weil sie erhebliche Zugeständnisse machen mussten. Sie sind meist daran zu erkennen, dass sie wenig Interesse an klaren, transparenten und für alle gültigen Absprachen haben.

Hier gilt es von Seiten der Leitungsperson „den Widerstand als Kritik ernst zu nehmen und als einen möglichen Vorschlag zur Veränderung einer Regel zur Debatte zu stellen" (Stahl), sowie ggf. diskursiv z.B. mit Blick auf die von außen vorgegebenen Ziele zu beleuchten.

Die Leitungsperson sollte ein klares Auge auf jedes einzelne Gruppenmitglied haben, auch ggf. entsprechende organisatorische Maßnahmen ergreifen, damit jedes Gruppenmitglied sich konstruktiv einbringen kann. Das Schutzgeben für Einzelne sowie die moderierende, ggf. auch deutlich Grenzen setzende Rolle der Leitungsperson muss von dieser jederzeit transparent kommunizierend übernommen werden.

Hilfreich ist z.B. das Einrichten und Eingewöhnen eines wöchentlichen Gruppen- oder Klassenrats (u.a. Konfliktlösungen), der zunächst unter der Leitung der Erziehungsperson steht. Zunehmend zu mehr eigenverantwortlichem Tun und Arbeiten geeignete Aktivitäten, anhand von Aufgabenstellungen, die ein Zusammenarbeiten erfordern, stärken nicht nur das Wir-Gefühl, sondern ermöglichen Chancen des Wachsens von Verantwortung bei jedem Gruppenmitglied. Hierzu können auch Aktivitäten dienen, die im projektartigen Arbeiten in gezielt vom Projektleiter (Leitungsperson) gebildeten Teilgruppen stattfinden. Volk fasst die An- und Herausforderungen der Beruhigungsphase wie folgt zusammen:

Situation	Leitende Fragen der Gruppenmitglieder	Interventionen
Herausbildung von Verhaltensweisen und Einstellungen; Klärung von Regeln in der Zusammenarbeit; Bildung von Verantwortung für den Lernprozess.	Wie gehen wir mit Problemen und Konflikten um? Wie gehe ich mit den An forderungen um? Mit wem kann ich mich verbünden, an wem kan n ich mich orientieren? Wie kommen wir zu einer guten Zusammenarbeit?	Konflikte aufgreifen und mit der Lerngruppe Verhaltens/ Erlebnisweisen der Schülerinnen und Schüler bearbeiten; Aufgaben, in denen Gruppenteilnehmende sich aufeinander verlassen lernen; Aufgaben, die den Aufbau einer gefestigten Gruppenstruktur unterstützen; Aufgaben, die Teamfähigkeit verlangen und diese zugleich festigen; Weniger stark strukturierte Aufgaben, die eine eigenverantwortliche Handlung erfordern.

(Volk)

Stabilisierungsphase:

Die Gruppe findet zu einem sowohl individuell, als auch gemeinsam tragfähigen und aufgabengerechten Arbeiten. Eine vermehrt sachliche Bezogenheit zueinander bildet sich. Die Zusammenarbeit der Gruppenmitgliedern wird von allen gewollt und akzeptierend praktiziert, sodass jedes Gruppenmitglied vom Wissen und Können eines Anderen profitieren kann: Ein Helfersystem entwickelt sich.

Jedes Gruppenmitglied fühlt sich in der Gruppe soweit sicher, dass es differenzierter in der Gruppe agieren kann, um so z.B. seine individuelle Ansichten und Meinungen einzubringen. Ein regelmäßiger Austausch über das individuelle und gemeinsame Arbeiten findet statt. Entscheidungen werden zunehmend durch sachbezogene Argumente, auch bei

Diskursen, getroffen. „Man kennt sich", „schätzt sich" und „rangelt" miteinander in fairer Weise.

Die Gruppe ist immer mehr selbst in der Lage aufkommende Konflikte zu bearbeiten und dafür gangbare Wege zu finden. Jedes Gruppenmitglied kann je nach Situation verschiedene Rollen übernehmen, wird darin akzeptiert, wobei sach- und gruppenbezogene Rollen überwiegen. Die Gruppe ist jetzt auch in der Lage neue Mitglieder aufzunehmen und zu integrieren. In der Gruppe haben sich spezifische Traditionen entwickelt.

Die Erzieherin bzw. Lehrerin / der Lehrer achtet bei der sozial- oder sachbezogenen Arbeit darauf, dass die Ziele bzw. zu erarbeitenden Inhalte ansprechend, anschaulich und altersangemessen passend, ggf. kleinschrittig, gesetzt werden, um allen Erfolgserlebnisse zu ermöglichen. Zu erreichende Ziele werden besprochen, geplant und konsequent ggf. auf verschiedenen Niveaus angestrebt.

Gefördert wird das soziale Miteinander, indem in passenden Situationen, z.B. beim Gruppen- oder Klassenrat, phasen- oder teilweise die Leitungsfunktion an wechselnde Gruppenmitglieder abgegeben wird: Wichtig ist hierbei sowohl ein jeweiliges Vorbesprechen, als auch ein Nachbesprechen bzw. Feedback.

Ebenfalls wird die Leitungsperson z.B. bei Beschlüssen im Gruppengremium transparent und klar darauf aufmerksam machen, dass beratene Themen und daraus folgende Beschlüsse wohl durchdacht sein müssen hinsichtlich ihrer Wirkungen und Folgen. Hierbei wirkt sie sowohl moderierend als auch ggf. in der Funktion des Schiedsrichters oder ggf. bei kritischen, gravierenden Folgen als fürsorgliche Erwachsene, als „Richter".

Überblickartig fasst Volk die wesentlichen handlungsleitenden Elemente der Stabilisierungsphase zusammen:

Situation	Leitende Fragen der Gruppenmitglieder	Interventionen
Aufgabenbezogenheit der Gruppe; Interpersonelle Zufriedenheit; Gegenseitige Akzeptanz; Konstruktiver Umgang mit Konflikten; Hoher Partizipationsgrad am Gruppengeschehen.	Wie kann ich mich noch besser in die Gruppe einbringen? Wie können wir noch be ssere Ergebnisse erzielen? Wie können wir noch besser zusammenarbeiten?	Aufgaben, in denen die Gruppe lernt, sich auch unter schwierigen Bedingungen aufeinander verlassen zu können; Aufgaben, mit denen das Zusammengehörigkeitsgefühl und die gemeinsame Leistungsfähigkeit er lebt werden können; Aufgaben, in denen sich j eder entsprechend seiner Fähigkeiten und Fertigkeiten einbringen kann; Aufgaben, in denen die Lerngruppe mehr Selbstverantwortung und Eigeninitiative übertragen bekommt; Bearbeitung anspruchsvoller Aufgaben in Bezug auf das Lernziel der Gruppe.

(Volk)

Ausblick

Aus den oben genannten Phasen entwickelt sich ein Gruppenklima, das nach Stahl „eine problematische und zugleich unverzichtbare Größe" ist. Besonders wichtig ist, dass die von der Gruppe angestrebten bzw. anzustrebenden oder in ihr gültigen Ziele für jedes Gruppenmitglied transparent, d.h. kommunizierbar sind.

Je größer eine Gruppe ist, um so eher finden sich in ihr jedoch auch verdeckte Ziele. Verdeckte Ziele können z.B. zwar jedem Gruppenmitglied bekannt sein, sie werden aber nicht offen ausgesprochen oder zugegeben. Verdeckte Ziele können z.B. auch nur für wenige Gruppenmitglieder bestimmend sein (hidden agenda). Häufig lösen verdeckte Ziele Unstimmigkeiten und Missverständnisse aus. Auch besteht die Gefahr, dass die Gruppenmitglieder verdeckte Ziele unüberprüft, unveränderbar als ´von außen´ bestimmt wahrnehmen. Solche verdeckten Ziele lassen sich nur ändern durch ihr Thematisieren und Benennen z.B. von der Leitungsperson oder einem Gruppenmitglied mit hohem Status.

Gerade für eine pädagogische Beziehungsarbeit sind soziale und sachliche Ziele in einer Gruppe bedeutend. Vor allem die sozialen Ziele bestehen oft parallel oder losgelöst von Sachzielen. Einzelne wollen u.U. auch zwischenmenschliche Interessen umsetzen, wie z.B. die gebotenen Chancen für eine eigene höhere Qualifikation in der gemeinsamen Gruppentätigkeit wahrnehmen.

Im pädagogischen Tätigkeitsfeld gibt es sowohl von außen gesetzte als auch wählbare Ziele. Von außen setzen z.B. die Vorgaben von Bildungs- oder Lehrplänen einzuhaltende, meist mehr oder weniger präzise Vorgaben im Inhaltlichen bzw. solche, mehr allgemeingehalten, im Methodischen, sowie solche über die anzustrebende Art und Weise des jeweiligen Arbeitens. Wesentliche Merkmale der Arbeitsfelder im pädagogischen Bereich sind die bezogen auf die Zielgruppe, z.B. eine Klasse, von den Fachkräften (Erzieherin, Lehrerin, Lehrer) frei wählbaren inhaltlichen Schwerpunkte, das jeweilige methodische Vorgehen sowie die jeweils konkret angestrebten Lern- und Arbeitsstrategien. Hier lassen sich z.B. bei den Lern- und Arbeitsstrategien und in Teilen auch beim methodischen Vorgehen Interessen und Vorlieben der Gruppen- oder Klassenmitglieder angemessen aufgreifen und einbeziehen.

Stahl nennt alle durch die Kooperationen innerhalb einer Gruppen von außen gesetzten oder frei gewählten, offen oder verdeckt ausgehandelten Ziele sowohl im Sachlichen, als auch im Zwischenmenschlichen den ´Zielpool´ der Gruppe bzw. Klasse (Gruppenzielpool), wobei jedes Gruppenmitglied seinen eigenen ´Zielpool´ bestimmt und zu erreichen sucht. Der Begriff 'Zielpool' beinhaltet dabei die Vorstellung, dass die Ziele nicht starr und unveränderlich sind, sondern in dynamischem Zusammenhang stehen können. Jeweilige Ziele können unterschiedliche Prioritäten haben. Ebenso können sachliche Ziele genauso gewichtig sein wie zwischenmenschliche Ziele. Bei Zieldifferenzen Einzelner ist es hilfreich, jeweilige Ziele, seien diese auf sachlicher oder zwischenmenschlicher Ebene, von Seiten der Erzieherin / Lehrerin / dem Lehrer zu erkennen, anzusprechen und eine ´Sowohl-als-auch-Strategie´ zu fahren, d.h. diese Ziele gleichwertig neben die anderen zu stellen.

Auch gilt es besondere Potentiale Einzelner in der Gruppe zu erkennen, diese offen zu legen, einzubeziehen und ggf. person- und zielbezogen zu modulieren. So erhalten andere Gruppenmitglieder die Chance hieran anzuknüpfen und eigene Fähigkeiten aus- oder aufzubauen. Gerade bei Kindern und Jugendlichen verändert sich (zum Glück) immer wieder der persönliche Zielpool sowohl mit Blick auf die Prioritäten, als auch die Ziele und Potentiale. Dies hat dann Auswirkungen auf die gesamte Gruppe und führt zu weiteren Aushandlungsprozessen mit Anforderungen an die Moderation durch die Erziehungs- bzw. Lehrperson.

Vor allem für jede Leitungsperson stellt sich die Herausforderung, im dynamischen Geschehen innerhalb der Gruppe eine Balance zwischen den Zielen, Widersprüchen (Konfliktlinien) und Gemeinsamkeiten zu finden: Es gilt dies zu erkennen, aufdeckend bewusst zu machen und mit den Gruppenmitgliedern Wege zu finden, Gemeinsames zu würdigen und ebenso Differenzen zu bearbeiten bzw. mit den Differenzen umzugehen, um dann immer wieder im gemeinsamen Bemühen eine Balance zu finden. Hierbei sind die Kinder, Jugendliche bzw. Schülerinnen / Schüler als je individuelle, autopoietische Systeme zu sehen, die sich selbst steuern, d.h. im Prozess sind sie gleichberechtigte Personen. Ausführungen Stahls ergänzen die oben genannten Gruppenprozesse: Stahl nennt die dynamischen Prozesse in der Gruppenbildung und dem Arbeiten in und mit Gruppen einen „evolutionären Viertakt“ und benennt dessen zu durchlaufenden einzelnen Elemente:

- „*Variation:* Durch Veränderungen in der Umwelt der Gruppe können sich die Ziele der Gruppenmitglieder verändern. Die einzelnen Gruppenmitglieder reflektieren zunächst individuell diese Veränderungen.
- *Amplifikation*: Gegensätzliche Ziele werden verstärkt und zugespitzt, d. h. die Widersprüche werden im Detail herausgearbeitet, damit die Ziele ´in streitbare Konkurrenz zueinander´ treten können.
- *Selektion:* Die sich aus gegensätzlichen Zielen ergebenden Konflikte werden geklärt, die Gruppe legt sich auf bestimmte Ziele fest.
- *Restabilisierung:* Die gewählten Ziele werden durch alle Gruppenmitglieder anerkannt, die Gruppe kooperiert in Hinblick auf diese Ziele.“ (Stahl)

Beginnt z.B. nach den „Großen Ferien“ ein neues Schuljahr, so haben sich gerade Kinder und Jugendliche in der Zwischenzeit weiter entwickelt und in der (gleichbleibenden) Gruppe ist dadurch ein „Sich-wieder-Finden“ angesagt. Die von jedem Gruppenmitglied in der Zeit des Abstands gewonnenen Einsichten und Prozesse müssen zu Beginn der neuen Arbeitsprozesse ihren Platz finden können. Es gilt, die Gruppenmitglieder wieder zueinander in Kontakt zu bringen, indem diese z.B. über ihre Erfahrungen, Einsichten und aktuellen Wünsche bzw. Ziele berichten können: Z.B.: „Wo stehe ich jetzt? Was habe ich mir vorgenommen?“ Auch mögliche Beweggründe müssen, ggf. durch die Leitungsperson, in Form von „Aktivem Zuhören“ aus- und angesprochen werden.

Das Ziel ist ein offener, respektvoller Erfahrungsaustausch zwischen den Gruppenmitgliedern. So kann jedes Gruppenmitglied seine jetzige Sicht einbringen und auch sehen, wie die Sichtweise anderer Gruppenmitglieder ist. Eine Lehrperson wird während des Prozesses wichtige Dinge z.B. an der Tafel oder einer Flipchart festhalten. Im anschließenden Aushandlungsprozess können sich sowohl die Regeln für das zukünftige Miteinander, als auch bisher vorhandene Rollen in der Gruppe verändern.

Bis ins junge Erwachsenensein hinein wird eine Fachkraft (Erzieher(-in), Lehrer(-in)) diesen Prozess altersbezogen und je nach Grad der Verantwortungsfähigkeit der Gruppenmitglieder mehr oder weniger stark im Diskurs- und Aushandlungsprozess achtsam und so weit als möglich transparent, ggf. auch konsequent durch entsprechende Vorgaben steuern (müssen). Ein rückblickendes, Überblick verschaffendes und nicht wertendes Fazit fördert ein erneutes Wir-Gefühl und wirkt sinnstiftend für die kommenden Arbeitsphasen.

Im gemeinsam Miteinanderarbeiten und die durch die Erziehungsperson erfahrbaren Moderationsprozesse ergeben sich i.d.R. unter allen Gruppenmitgliedern gemeinsame mentale Modelle, welche sich z.B. in Handlungsregulationsprozessen (siehe Cranach/Tschan) oder auch verbindlichen Regelungen konkretisieren können (Aushänge, Plakate, Protokolle vom Klassenrat, usw.).

Auch eine Gruppe im schulischen Kontext ist permanent mit zwei parallel verlaufenden Prozessen beschäftigt: Demjenigen des Gruppenprozesses bei dem es sich um die zwischenmenschliche Ebene handelt, also dem Miteinanderauskommen, und demjenigen, der sich um die inhaltlich-sachliche Ebene, nämlich das individuelle Erwerben von Wissen und

Fähigkeiten dreht. Diese beiden Prozesse sind aufeinander bezogen bzw. miteinander in Wechselwirkung. Unterstützt durch die gemeinsamen Handlungsregulationsprozesse (z.B. verbindliche Regeln) wird eine Erziehungsperson immer bestrebt sein, die Dynamik innerhalb der Gruppe, d.h. die individuellen Ziele, Potentiale, Stärken und Schwächen sowie die Funktionen und Rollen jeweiliger Gruppenmitglieder zu erkennen und ein konstruktives, passendes Weiterentwickeln sowohl jedes Einzelnen, als auch dessen Bezüge zur Gruppe und damit die gesamte Gruppe bzw. Klasse in ihrem Miteinander und dem sozialen Lernen fördern.

Wichtig in geführten Gruppen, so auch in Schulklassen, ist ein passendes Feedback der Leitungsperson. Dieses sollte ich an folgenden Kriterien orientieren:

- „*Subjektivität:* Rückmeldungen beruhen auf subjektive Wahrnehmungen und sollten als persönliche Wahrnehmungen zu erkennen sein.
- *Situationsbezogenheit:* Rückmeldungen gehen auf Beobachtungen in konkreten Situationen zurück.
- *Brauchbarkeit:* Rückmeldungen sind nur dann nützlich, wenn aus ihnen konstruktive Veränderungen ableitbar sind.
- *Erwünschtheit:* Rückmeldungen sind nur dann sinnvoll, wenn sie auch aufgenommen werden können." (Eisinger)

3.1.1 Rollen in Gruppen

Beispiele für rollenhaftes Verhalten finden sich sowohl in (älteren) Kindergartengruppen wie in Schulklassen. Bei Schulklassen sind die anfänglichen gemeinsamen Merkmale i.d.R. das Alter und der gemeinsame Wohnbezirk (meist Grundschule). Mit der Zeit entwickelt sich aus der anfänglich willkürlich zusammengesetzten Klasse durch die vielfältigen Interaktionen im Raume der Schule eine soziale Gruppe mit ganz individuellen gegenseitigen Beziehungen. Dabei wirkt jede Handlung der/des Einzelnen auf das Gruppengefüge und -geschehen ein, wodurch sich die Gruppe insgesamt verändert.

In welcher Weise eine solche Veränderung eintritt ist nicht voraussehbar. Ebenso verändert sich eine Gruppe durch neu hinzukommende oder die Gruppe verlassende Kinder / Jugendliche. Eine Gruppe steuert ihre internen Angelegenheiten weitgehend selbst als ein autonomes System, sodass selbst bei Einwirkungen von außen keine genaue Vorhersage von Folgen einer Intervention gegeben werden können.

Soll eine Gruppe als ein sogenanntes soziales System funktionieren, sodass sich jedes Gruppenmitglied am Gruppengeschehen beteiligen kann, ist es erforderlich, dass jedes Gruppenmitglied eine im meist unausgesprochenen Aushandlungsverfahren der Gruppenbildung eine bestimmte Rolle einnimmt. Jede Rolle hat dabei eine spezifische Funktion und dient der Erwartungssicherheit, sodass sie das sonst eher komplexe Gruppengeschehen vereinfacht. Dabei kann nach Stahl jedes Gruppenmitglied im Gruppengeschehen mehrere Rollen innehaben. Rollen in einer Gruppe haben vier Hauptfunktionen:

1. *Identität schaffen:* Durch das Ausfüllen einer bestimmten Rolle innerhalb der Gruppe gewinnt jedes Gruppenmitglied eine für die Gruppe eindeutige Identität. Will heißen, jedes Gruppenmitglied erfährt durch die Rolle eine gewisse Sicherheit und kann sich so eher einschätzen: Es hat seinen Platz in der Gruppe. Auch können durch die Rollenzuweisung sich die Gruppenmitglieder jeweils in ihrem Verhalten einschätzen, was Unsicherheiten nicht nur bei der jeweiligen Person, sondern bei der Gruppe insgesamt reduziert und Ängste mindert. Eine Rollenzuweisung in einer Gruppe hat jedoch auch zur Folge, dass die Möglichkeiten für ein anderes, als das rollenkonforme Verhalten, enorm eingeschränkt ist. Im Einzelfall kann eine Gruppe intern gegenüber von ihrer Rolle abweichenden Mitgliedern einen hohen sozialen und psychischen Druck aufbauen, um es wieder zu erwartetem Rollenverhalten zurück zu zwingen.

2. *Kommunikation erleichtern:* Durch die Rolle jedes Mitglieds in einer Gruppe und das rollenkonforme Verhalten wird der Umgang miteinander erleichtert, da die Interaktionsweise klar festgelegt ist. So kann die Kommunikation / Interaktion weitgehend ritualisiert ablaufen, was mögliche konfliktträchtige Interaktionen aufgrund der mit den Rolle verbundenen Verhaltensweisen weitgehend ausschließt.

3. *Stabilität erhalten:* Das Gruppengeschehen wird durch die einzelnen, konformen Rollenträger stabilisiert und im Gleichgewicht gehalten. So erspart sich die Gruppe interne Reibungen. Tritt eine Abweichung im Rollenverhalten eines Gruppenmitglieds auf, so wird die gesamte Gruppe durch die damit ausgelöste Unsicherheit, das entstandene Ungleichgewicht, innerlich erschüttert mit der Folge, dass Positionen in

Frage gestellt, erneute Aushandlungsprozesse erfolgen, um wieder zu einer Gruppenbalance zu finden.

4. _Personalisieren von Themen:_ Eine Rollenverteilung ermöglicht es, bei z.B. strittigen Themen, diese dann aufkommenden Konflikte zu personalisieren. „Indem die für die jeweiligen Themen stehenden Rolleninhaber als Protagonisten des Konflikts zum Träger der Auseinandersetzung werden. Dies vereinfacht das Geschehen, da es offenbar einfacher ist, sich mit Personen als Thementräger auseinander zu setzen, denn mit den Themen selbst. ... Auch bietet die Personalisierung unseren Gefühlen einen Anknüpfungspunkt." (Stahl)

Stahl unterscheidet Rollen in Gruppen nach:

- „Psychologischen Rollen, bei denen das mit ihnen in Verbindung gebrachte Verhaltensrepertoire aus einer psychologischen Veranlagung heraus erklärt und verstanden wird: Streber, Hans im Glück, Prinzessin, Nesthäkchen, Rebell, Clown usw. und
- Gruppendynamischen Rollen, die durch ihren Einfluss auf das sachliche und zwischenmenschliche Gruppengeschehen, ihre gruppendynamische Macht, beschrieben werden: Führer, Mitläufer, Sündenbock, graue Emimenz usw." (Stahl)

Psychologische Rollen werden nach den jeweiligen seelischen Heimatgebieten von Mitgliedern vergeben. Das gezeigte Verhalten wird gemäß dem mit dem Heimatgebiet verbundenen Verhaltensrepertoire gesteuert. Die Gruppe beeinflusst und lenkt dann das jeweilige Abrufen von passenden Aktionen bzw. Reaktionen.

Gruppendynamische Rollen stellen eine aktive und verhandelbare Zuweisung als persönliche Trägerschaft oder Repräsentanz eines oder mehrerer Themen dar. „Indem Mitgliedern gruppendynamischer Einfluss gewährt oder entzogen wird, steuert die Gruppe ihren internen ´Themenmischer´ und reduziert somit die Komplexität des Geschehens in der Gruppe." (Stahl) Der Einfluss, den ein Gruppenmitglied in seiner gruppendynamischen Rolle auf das Gruppengeschehen hat, hängt von den von ihm besetzten Themen ab. Diese bewirken den Grad der Aufmerksamkeit, den es von den anderen Gruppenmitgliedern erhält, bzw. wie hoch es ´im Kurs´ in der Gruppe steht. Ein Besetzen bestimmter Themen, die in der Gruppe besonders hoch angesehen werden, bewirkt mehr Einfluss als z.B. von einem Gruppenmitglied eingebrachte materielle Dinge. Solche werden zwar gerne genutzt, verleihen jedoch nicht zwingend gruppendynamischen Einfluss (vgl. Stahl).

Stahl benennt vier für die pädagogische Beziehungsarbeit bedeutungsvolle gruppendynamische Rollen:

Der inoffizielle Führer: Er personifiziert das Wollen der Gruppe und ist sozusagen ihr Sprachrohr. Als dieses genießt diese Rolle sehr viel Anerkennung innerhalb der Gruppe. Für ein konstruktives Arbeiten mit der Gruppe ist es für pädagogische Leitungspersonen eminent wichtig, diese Person möglichst gut zu kennen, da die gesamte Gruppe hinter dieser rollentragenden Person steht. Diese Person braucht erfahrungsgemäß nicht zwingend auch z.B. der Klassensprecher zu sein, sondern kann ein verbal gut argumentierendes Gruppenmitglied vorschieben und dieses dann geschickt aus dem Hintergrund heraus steuern.

Der Mitläufer: Diese Person lässt sich von den Themen der Gruppe stark beeinflussen und mitziehen, um unbedingt dazuzugehören. Mögliche eigene Interessen werden zurückgestellt bzw. solche sind diffus und nicht formulierbar. Wechselt z.B. die Führerperson, so spurt sich ein Mitläufer rasch auf die Neue ein. Bei dem einem Wechsel vorausgehenden Entscheidungsprozess bleibt ein Mitläufer passiv. Keinesfalls stellt er sich selbst zur Wahl. Da keine eigenen Interessen ersichtlich / erkennbar sind, kann mit Mitläufern so gut wie keine thematische Auseinandersetzung erfolgen. Verantwortlich handelnde pädagogische Leitungspersonen sollten versuchen, aus ihrer formal gesetzten Rolle heraus, gerade die oft zahlreichen Mitläufer in einer Gruppe z.B. durch geeignete inhaltliche Themensetzungen dahin anzuregen bzw. zu bewegen, dass diese erkennen, dass eine eigene Ansicht gewollt und wichtig ist. Auch könnten bisherige Mitläufer z.B. durch ihnen übertragene, für die Arbeit der Gruppe erforderliche Klassendienste in ihrer Persönlichkeitsentwicklung gefördert und gestärkt werden.

Der Außenseiter: Er hält sich meistens am Rand der Gruppe auf. Spezielle, von der Gruppe geduldete Themen können von ihm vertreten werden. Falls Veränderungen in der Gruppe anstehen, kann der Außenseiter als eine Art ´Reserve´ von ihm unbeliebte Themen von der Gruppe übernehmen müssen. Bei der pädagogischen Beziehungsarbeit ist darauf zu achten, dass dadurch der inoffizielle Führer unangetastet bleibt. Jedoch bietet es sich an, auch als Wachstumsimpuls für die Gruppe, dass diese z.B. durch einen Perspektivwechsel die Sichtweise des Außenseiters erfährt und bestenfalls nachvollziehen kann.

Der Sündenbock: Eine diese Rolle innehabende Person wird zwar von der Gruppe ausgegrenzt, bekommt jedoch die in der Gruppe bestehenden Tabuthemen übertragen. So beschäftigt er sich mit denjenigen Themen, die sonst kein Gruppenmitglied bearbeiten will. Die Position des Sündenbocks befindet sich spiegelbildlich auf der entgegengesetzten Seite zum inoffiziellen Führer. Die Gruppe benötigt die die Rolle des Sündenbocks innehabende Person unbedingt, sie will ihn nicht loswerden, da sie für die innere Stabilität der Gruppe notwendig ist. Damit ist die ´Sündenbockperson´ ein sehr wichtiges Gruppenmitglied, um die Abgrenzungsprozesse zu gewährleisten. Beim Bearbeiten von Themen im Feld der pädagogischen Beziehungsarbeit ist es unbedingt erforderlich darauf zu achten, dass die Themen des Sündenbocks allenfalls im Hintergrund oder zumindest so wenig wie möglich tangiert werden (vgl. Stahl).

Bei den psychologischen Rollen geht Stahl insbesondere auf solche ein, die in Schulklassen anzutreffen sind. Von den von Stahl vorgestellten 11 psychologischen Rollen sind aus eigener Erfahrung acht besonders häufig bei älteren Kindern im Kindergarten, Kindern in der Grundschule und Jugendlichen in der Sekundarstufe I anzutreffen.

Der Einsichtige: Diese Rolle beinhaltet ein an den unausweichlichen Sachzwängen und Vorgaben der Autorität (Lehrerin / Lehrer) orientiertes Unterordnen. Dauerthemen und -strömungen werden in der

Gruppe wachgehalten. Das Verhalten ist pragmatisch, verzichtet auf Spontaneität, ist ohne persönliche Vorlieben, wirkt ausgleichend bei virulenten Rebellionsbestrebungen und zeigt gegenüber gesetzten Regeln eine konstruktiv angepasste Grundhaltung (vgl. Stahl).

Für die pädagogische Beziehungsarbeit ist er ein konstruktiv agierender Partner. In kritischen Gruppensituationen hinsichtlich der Interaktionen mit der Lehrerin / dem Lehrer können sie von der Gruppe leicht als ´Opportunisten´ abgestempelt und ausgegrenzt werden.

Der Gerechte: Eine diese Rolle innehabende Person achtet darauf, dass die Gruppe beisammenbleibt und Werte wie Solidarität und Gerechtigkeit gelebt werden. Die Person ist ausgerichtet auf Dauer- und Nähethemen. In einer Situation, die von den Rahmensetzungen her auf Dauer und Distanz angelegt ist, ist er eine Wohltat, da er jemand ist, der für Gemeinschaft und Solidarität eintritt. Eine solche Person bewahrt eine Gruppe vor ungesundem Konkurrenz- und Vorteilsdenken. Bei bestehendem extremem Leistungsdruck kann eine diese Rolle innehabende Person als ´ungeliebter Sozialarbeiter´ abgestempelt und ausgegrenzt werden (vgl. Stahl).

Ein Gruppenmitglied in dieser Rolle sollte in der pädagogischen Beziehungsarbeit in dem persönlichen, gruppenbezogenen Bemühen sowohl gesehen, als auch gefördert werden. Ist ein situativ erhöhter Leistungsdruck, abzusehen, sollte die Lehrerin / der Lehrer schon im Vorfeld für die Gruppe transparent die Bedeutung ´des Gerechten´ für die Gruppe gerade in dieser Situation hervorheben und ggf. selbst das Achten auf Solidarität und Gerechtigkeit zu ihrem Thema machen, um ´Dampf aus dem Kessel´ für die rollenhabende Person zu nehmen.

Der Kleine: In dieser Rolle finden sich oft Kinder / Jugendliche, die körperlich weniger Kraft aufweisen und in ihrem inhaltlichen Wissen und ihren Fähigkeiten eher im Mittelfeld angesiedelt sind. Personen in dieser Rolle bewundern neidlos die Fähigkeiten Anderer und können aufrichtig und herzerweichend um Hilfe bitten, sodass diese meist auch gewährt wird. Mit dieser Rolle ´versorgt´ eine Person eine Gruppe mit Themen der Nähe: Fürsorglichkeit, Hilfsbereitschaft. Bedürftigkeit. Diese Rolle wird häufig an Mädchen (Frauen) vergeben und auch übernommen. Bei intensiven Lern-, Arbeits- und Leistungssituationen trägt diese Rolle zu Solidarität und Entspannung bei. Sie kann jedoch auch als abwertende Eigenschaft ´Baby´ oder ´Schmarotzer´ behandelt werden (vgl. Stahl).

Für eine pädagogische Beziehungsarbeit ist hier wichtig, die Stärken der Person in dieser Rolle zu sehen, anzuerkennen und zu fördern, um dadurch ihr Selbstwertgefühl zu stärken und ihr Erfahrungen der Selbstwirksamkeit zu ermöglichen.

Der Fleißige: Eine diese Rolle tragende Person ist bestrebt, gestellte Aufgaben genauestens und ohne Hinterfragen oder Konkurrenzdenken zu erfüllen. Durch das hohe, überdurchschnittliche Engagement und die Sorgfalt des Aufgabenerledigens belegt ´der Fleißige´ Themen im Bereich Dauer (Sollerfüllung, Gehorsam) und zugleich etwas im Bereich Distanz. Dadurch erfährt diese Rolle in der Gruppe i.d.R. Anerkennung und Respekt. Bei weniger leistungs- oder ergebnisorientierten Gruppen kann eine einzelne Person mit dieser Rolle leicht als ´Streber´ ausgegrenzt und verrufen werden (vgl. Stahl).

Bei der pädagogischen Beziehungsarbeit bedarf eine solche Person dann mit viel Gespür gegebene Zuwendung und Anerkennung von Seiten aller Erziehungspersonen, d.h. Eltern, Lehrerin / Lehrer. Ist die Person damit einverstanden, kann die Thematik auch im Klassenrat bei genauem Einhalten von klaren Regeln angesprochen werden, um anschließend eine Art ´Vertrag´ zu schließen. Oft hilft auch ein Ansprechen ´des Gerechten´, um einer Vereinzelung entgegenzuwirken. Auch ein ggf. wiederholtes persönliches, vertrauliches und klares Gespräch (z.B. Themen: Fairness, Respekt, Toleranz) mit der die inoffizielle Führung innehabenden Person kann zielführend sein, wodurch sich der Gruppendruck vermindern kann.

Der Emotionale: Eine diese Rolle innehabende Person bringt auf sensible Weise sowohl ihre Gefühle, ihre Emotionalität (Nähe), als auch ihre Schwäche, ihre Verletzlichkeit und ihren Kontrollverlust (Wechsel) in die Gruppe ein, die dadurch emotionale Werte erfahren kann. Bei aufgeschlossener Gruppenzusammensetzung wird dies eher respektvoll akzeptiert und als sensibel oder empfindsam bezeichnet. Ist in einer Gruppensituation mehr Selbstkontrolle oder Belastbarkeit gefordert bzw. erforderlich kann eine in emotionaler Rolle agierende Person auch als ´Heulsuse´ oder ´Weichei´ tituliert werden (vgl. Stahl). Kinder und Jugendliche in dieser Rolle sind oft eher ruhig, im schulischen Alltag unauffällig. Für eine pädagogische Beziehungsarbeit wichtig ist, diese Personen wahrzunehmen, sie in das aktuelle Geschehen passend einzubeziehen, sie zu ermuntern ihre Fähigkeiten weiterzuentwickeln mit dem Ziel einer zunehmenden psychischen Stabilität.

Der Clown: Diese Rolle fordert von einer entsprechenden Person die Fähigkeit in Zeiten von Leistungsdruck oder Anspannung (Dauer-Distanz) für Entlastung zu sorgen. 'Der Clown' verfügt über eine hohe Sensibilität für den Platz seiner Situationskomik. Diese kann durch humorige Aussagen oder durch beißenden Witz erfolgen, sodass z.B. Differenzen geglättet oder durch Ablenkung Entlastung erfolgen kann (vgl. Stahl): Über den spontanen 'Witz' wird gelacht. Über den kauzigen Humor wird zumindest kurzfristig geschmunzelt, was ebenfalls eine innere Anspannung mindert.

In der pädagogischen Beziehungsarbeit kann ein 'Clown' besonders beim bewusst geplanten und regelgerechten Aushalten oder Austragen von Konflikten durch seine Beiträge die Ernsthaftigkeit in der Situation, die eigentlich zum Nachdenken führen sollte, blitzartig entladend zunichte machen und so vom Problem ablenken.

Der Rebell: Personen in dieser Rolle begehren gegen vorgegebene oder in der Gruppe vereinbarte Regeln und Prinzipien auf: Sie sind dagegen. Eine diese Rolle lebende Person trägt Hinterfragen, Umbruch (Wechsel) und Konflikt (Distanz) ins Gruppengeschehen. Zugleich besetzt eine in dieser Rolle agierende Person meist emanzipatorische Themen und ermöglicht es der Gruppe z.B. durch Hinterfragen, sich gegen unerwünschten Führungspersonen oppositionell zu verhalten, um ein 'Weiter wie bisher' zu durchbrechen. Die Rolle des 'Rebellen' ist wechsel- und distanzbringend ohne eine eigene alternative Idee (vgl. Stahl).

Für die pädagogische Beziehungsarbeit ist es wichtig, dass z.B. im Bearbeiten von Spannungen oder Konflikten diese aus einer „360-Grad"-Sicht betrachtet werden, um daraus sowohl Einsichten in die Prozesse als auch klare, transparente Entscheidungen bzw. Regelungen zu entwickeln und umzusetzen. Eine Erziehungsperson wird vorbeugend z.B. im Klassenrat entsprechende Themen ansprechen und ggf. diskusive Aussprachen moderieren. In der Situation selbst gilt es sensibel und einfühlend vor allem jedoch gesprächsbereit, eindeutig argumentativ sowie klar und konsequent zu handeln, um zu versuchen, das Zielfeld sowohl der gesetzten äußeren Vorgaben, als auch dasjenige der Gruppe wieder in Balance zu bringen, so diese in der Mehrzahl mitgeht.

Der Versager: Die diese Rolle innehabende Person spiegelt die Versagensängste aller anderen Gruppenmitglieder. Sie belegt die Themen des Scheiterns und appelliert damit an das Mitgefühl und die Solidarität der Anderen. Die Gruppe kann mit unterstützender Zuwendung oder mit Verachtung reagieren. Für einzelne Gruppenmitglieder ist der Eindruck: „Ich bin besser als ...!" eine innere Beruhigung. Jede Gruppe hat i.d.R. eine Person, die in bestimmten Situationen die erforderlichen Normen zu deren Bewältigung unterschreitet (nach Stahl).

Für eine pädagogische Beziehungsarbeit, die das individuelle Wachstum jeder in der Gruppe befindlichen Person fördern will, ist es daher zunächst wichtig, die je individuellen Stärken jedes Gruppenmitglieds zu finden und dieses darin so gut wie möglich zu bestärken.

3.1.2 Gruppenstrukturen beschreiben und analysieren

Sollen Gruppenstrukturen beschrieben oder analysiert werden, so kann dabei das Riemann-Thomann-Kreuz helfen. Im Modell werden die Extreme skizziert, wobei die jeweiligen Anteile jedes Gruppenmitglieds unterschiedlich gewichtet ausfallen. Die Tabelle zeigt nochmals die Grundströmungen des Modells:

Grund-strömung	typische Stärken	typische Schwächen
Dauer	zuverlässig, treu, ordentlich, systematisch	dogmatisch, kontrollierend, unflexibel, pedantisch
Wechsel	kreativ, improvisierend, charmant, dynamisch	unzuverlässig, ego-troph, oberflächlich, chaotisch
Distanz	eigenständig, intellektuell, konfliktfähig, entschieden	kontaktscheu, kühl, unbeholfen, verschlossen
Nähe	kontaktfreudig, warmherzig, ausgleichend, verständnisvoll	abhängig, konfliktscheu, selbstlos, nie Nein!

(vgl. Stahl)

Jedem Verhalten, auch dem in einer Gruppe, liegen intrapsychische Prozesse zugrunde. Diese werden durch entsprechende, in der jeweiligen Situation von den Sinnesorganen ans Gehirn weitergeleitete Reize ausgelöst. Woraus dann im Gehirn auf bisher damit gemachte Erfahrungen (z.B. affektive Bilder) zurückgegriffen wird, die jetzt eine Emotion bzw. damit verbundene emotionale Verarbeitungsprozesse auslösen. Diese zeigen sich in physiologischen Veränderungen und manifesten körperlichen Abläufen. Im menschlichen Bewusstsein kommt nun ein Gefühl auf, dass das Gehirn in der jeweilig aktuellen Situation etwas Wichtiges ermittelt hat. Ein Gefühl ist demnach der bewusste und subjektive Teil eines umfassenden emotionalen Prozesses im Gehirn. Das darauf folgende Denken wird durch dieses Gefühl geprägt. Das bedeutet, dass Denken und Gefühl immer aufeinander bezogen sind und zusammenwirken. - In Notfällen bzw. Situationen höchster Gefahr kann das Gehirn auch zu direkter Aktion (Flucht, Angriff oder Totstellen) unter Umgehung des Bewusstseins schalten. - (siehe Damasio) Dem menschlichen Verstand oder im Modell des „Inneren Teams" gesprochen, dem „geistigen Oberhaupt" oder dem „Ich", kommt es nun zu, aufgrund der ´gemeldeten Wahrnehmung´ physiologische Bewertungs- und Abwägungsprozesse vorzunehmen, um eine individuelle Entscheidung über die kulturell geprägte, passende Verhaltensweise zu treffen. Gleichzeitig werden motivationale Systeme aktiviert, die das Handeln der Person steuern (Dreiklang von Emotion, Kognition und Motivation) (siehe Krüger). Bei einem grundlegend ausgeglichenen Individuum (z.B. positive Erfahrungen der Selbstwirksamkeit und Handlungsfähigkeit) wird so eine Art innere dynamische Balance oder ein ´Fließ-Gleichgewicht´ erzielt, was sich in einem kulturell angemessenen sozialen Verhalten zeigt. Erfahrungen der Selbstwirksamkeit sind wichtig sowohl für das Selbstgefühl: „Ich kann ...!", als auch für ein selbstsichereres Verhalten. Hat ein Mensch in seinem bisherigen Leben nur wenige oder fast keine solche Erfahrungen sammeln können oder muss er in einer kulturell andersartigen Umwelt agieren, wird seine Wahrnehmung situativ verzerrt sein und der Transformationsprozess von der Emotion zum Gefühl und dann zum handlungsleitenden ´Ich´ wird zu situativ reduziertem, unstimmigem und unpassendem sozialen Verhalten führen.

Jedes Gruppenmitglied hat i.d.R. ein Gebiet, das seinen persönlichen Schwerpunkt, sein ´Heimatgebiet´ repräsentiert und meist genau gegenüberliegend liegt sein Gegenpol, das Gebiet der größten Unsicherheit. Thomann und Schultz von Thun nennen diese Gebiet „Schatten". Dieser „Schatten" kann neben ängstlichen Gefühlen durchaus eine gewisse Anziehungskraft aufweisen, die aufgrund der Erkenntnis eines persönlichen Begrenztseins und Eingeschränktseins erwachsen kann. So kann ein Mensch z.B. die Merkmale seines „Schattens" bei einem Anderen bewundern. Dies hängt auch davon ab, wie sicher sich die jeweilige Person in ihrem ´Heimatgebiet´ fühlt. Je verwurzelter ein Mensch in seinem ´Heimatgebiet´ ist, desto mehr kann er Spannungen und Diskrepanzen aushalten und tolerant darauf reagieren. Das Riemann-Thomann-Kreuz kann auch zur Analyse des ´Heimatgebietes´ eines Themas verwendet werden: Liegt ein Thema mehr im Dauer-Distanz-Bereich (z.B. Veränderungen im Organisatorischen) oder mehr im Nähe-Wechsel-Bereich (z.B. erlebnispädagogische Elemente für das nächste Projekt mit den Kindern / Jugendlichen). Mit dem Modell lassen sich auch mögliche, eher wahrscheinliche Konfliktfelder lokalisieren, was für Planungen von Aktionen hilfreich ist. Auch bietet das Modell ein allgemeines Erklärungspotenial für eine beginnende oder bestehende Eigendynamik bei auftretenden oder zu analysierenden Spannungen oder Konflikten in Gruppen. Konflikte sind als Störungen im Gruppenprozess zu sehen. Auch das vollständige Fehlen von Spannungen oder Konflikten in einer Gruppe ist i.d.R. problematisch was sowohl das je persönliche Wachstum von Gruppenmitgliedern, als auch die Qualität des Bearbeitens und Lösens von Aufgaben und damit das Erreichen von (ambitionierten) Zielen betreffen kann: Es fehlen komplementäre Strömungen, die herausfordern. - Bei den Gruppenzusammensetzungen in pädagogischen Arbeitsfeldern (Kindergartengruppen oder schulischen Lerngruppen) tritt dies i.d.R. kaum auf, zumal sich die Kinder und Jugendlichen permanent in ihrer Persönlichkeit und ihrem Verhalten, sich vielfältig selbst erprobend, weiterentwickeln.

Bei Erwachsenen und altersangepasst auch bei Kindern und Jugendlichen besteht die Möglichkeit eines Bearbeitens von Spannungen oder Konflikten, indem in Gesprächen und ggf. szenischen Spielen mit anschließender Reflexionsphase erkennbar wird, dass es im herkömmlichen Sinne z.B. keinen ´Schuldigen´ gibt; denn jede(r) Beteiligte handelt aus seiner Perspektive und daraus nachvollziehbaren Gründen heraus, was das andere, auch unangepasste Verhalten bewirkt. „Wenn die Beteiligten das jeweils andere, für sie selbst irritierende 'Funktionieren' des Gegenübers verstehen können, ohne notwendigerweise mit dieser Position einverstanden sein zu müssen – wenn sie Ambiguitätstoleranz aufbauen –, ist ein erster Schritt "zur Minderung / Eingrenzung eines Konflikts getan." (Walzig).

In einem Seminar, einer Fortbildung in einem Kollegium kann das Riemann-Thomann-Kreuz genutzt werden, um in etwa dessen grundlegende, personbezogene Gesamtstruktur hinsichtlich der

´Beheimatung´ in Erfahrung zu bringen, indem sich die Kolleginnen / Kollegen nach einer Beschreibung des Modells selbst innerhalb des Riemann-Thomann-Kreuzes verorten und dies dann auch vorstellen. Daraus ergeben sich Anhaltspunkte für die Kooperation; denn jede Person wird aus ihrem ´Heimatgebiet´ heraus agieren. Bei Kindern und Jugendlichen wird eine Erziehungsperson aufgrund mehrfacher Beobachtungen Vorlieben erkennen, um daraus Folgerungen für zukünftige, i.d.R. zeitnahe Gruppenzusammensetzungen oder auch noch einzubeziehende Erfahrungsfelder z.B. innerhalb einer Klasse vorzunehmen. Zeitnah deshalb, weil sich die jeweiligen jungen Persönlichkeiten noch voll in ihrer Entwicklung befinden und mehr oder weniger starke Veränderungen z.B. nach dem Bearbeiten von Erfahrungs- und Erprobungsfeldern häufig auftreten können.

Nicht nur beim Agieren einer Erziehungsperson in Gruppen von Kindern und Jugendlichen ist es wichtig, jeweils transparent zu machen, aus welcher Rolle heraus die nachfolgenden Handlungen erfolgen: Eine Leitungsperson ist für eine möglichst passende Kooperation aller Gruppenmitglieder zuständig, und wirkt als eine Art Katalysator der Gruppenprozesse mit Blick auf z.B. das Bearbeiten oder Lösen einer Aufgabe oder das Klären von die Zusammenarbeit betreffenden kommunikativen Herausforderungen innerhalb der Gruppe.
Ein Führen ist immer dann angesagt, wenn es der Gruppe aus sich heraus unmöglich ist, einen Prozess oder eine Aufgabe zu bearbeiten bzw. zu bewältigen. Führen ist immer mit Macht verbunden, d.h. in Situationen mit hoher Unsicherheit, in denen eine Mehrheit der Gruppenmitglieder sich außerhalb bestehender oder vereinbarter Regeln verhält, ist ein eingreifendes, zielgebendes, auch sanktionierendes Verhalten einer Erziehungsperson angesagt: Entscheidungen werden vorgegeben, Ziele verbindlich gesetzt, d.h. in den Zielpool der Gruppe gelegt, und gegebenfalls auch mit formalen Maßnahmen durchgesetzt.

´Heimatgebiete´ beinhalten schon bei jungen Erwachsenen auch bestimmte Werthaltungen, die sich z.B. in der Art der Kommunikation sowie dem Willen und der Fähigkeit hinsichtlich der Qualität des Zusammenarbeitens zeigen. Hinsichtlich von Kooperationen z.B. in der Sek. II, in der Hochschule, bzw. der Universität oder an Staatlichen Seminaren bzw. in einem Kollegium zeigt das Werte- und Entwicklungsquadrat von Schulz von Thun mögliche Konstellationen:

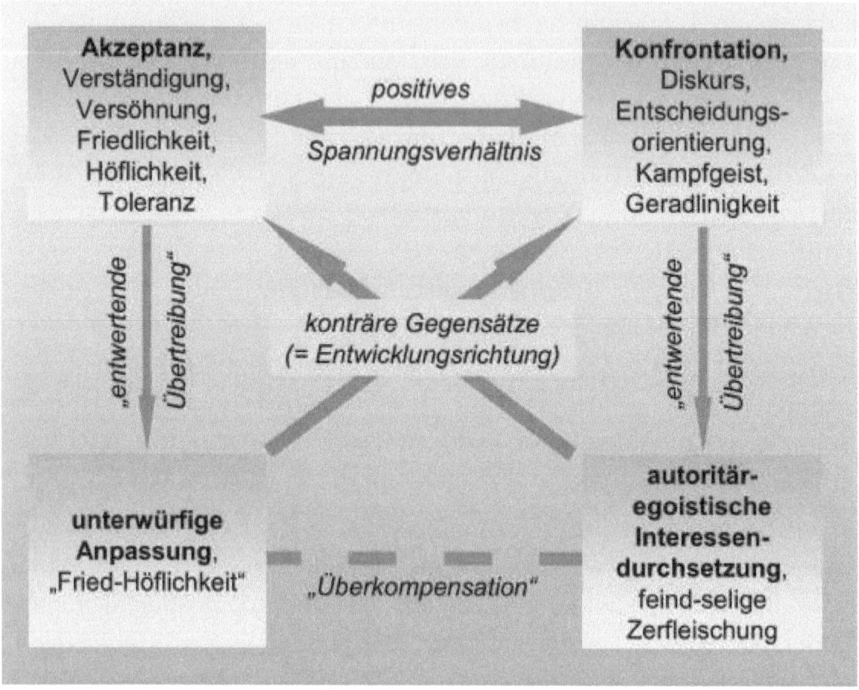

(Schulz v. Thun)

„Für die Wertausrichtung sind folgende Dimensionen basal:

- *Vertrauen (Gruppenklima)* – weil die Kommunikation das Gruppenklima mit prägt und Vertrauen respektive Misstrauen starken Einfluss darauf haben, wie kommuniziert wird.
- *Kohäsion der Gruppe* – weil ähnlich wie beim Gruppenklima, die Art und Weise der Kommunikation die Kohäsion der Gruppe beeinflusst.
- *Harmonie der Ziele* – weil eigene und fremde Ziele verhandelt werden müssen." (Walzig)

Diese Dimensionen sind auch bei der pädagogischen Beziehungsarbeit mit Kindern und Jugendlichen wichtig, soll ein für alle Beteiligten konstruktives und förderliches Zusammenleben und -arbeiten im Rahmen der jeweiligen Institution gelingen.

3.1.3 Gruppenprozesse erfahrbaren

Mit Hilfe von gemeinsamen zielbezogenen Aktivitäten, die z.T. herausfordernde Aufgabenstellungen und zugleich spielerische Elemente beinhalten, können sowohl sich bildende als auch bestehende

Gruppenstrukturen sowie dabei ablaufende Prozesse den Mitgliedern einer Gruppe erfahrbar deutlich werden. Die in den Aktivitäten gestellten Aufgabenstrukturen müssen folgende Anforderungen erfüllen:

→„Individuen brauchen intrinsisch motivierende Aufgaben. Die Aufgaben müssen anregend, herausfordernd und interessant sowie ganzheitlich orientiert sein.

→Die Aufgabe muss teilbar sein und die Teilaufgaben müssen von unterschiedlichen Personen arbeitsteilig ausgeführt werden können. Jedes Gruppenmitglied muss das Gefühl haben, dass es für das Gruppenergebnis wichtig ist.

→Die Problemlösung muss verschiedene Fähigkeiten und Qualifikationen erfordern.

→Die Aufgabenstruktur muss interagierend sein und die Verschränkung aller Teilaufgaben muss zu einer Gesamtleistung führen.

→Die Aufgabe muss attraktiv sein und die Beteiligten müssen das Gefühl haben, von der gemeinsamen Problemlösung zu profitieren bzw., dass sie die Bearbeitung im Team als unterstützend, erleichternd oder abwechslungsreicher als eine individuelle Tätigkeit erleben." (Volk)

Im Folgenden werden einige aus der Gruppenpädagogik stammenden Beispiele vorgestellt:

Ich fahre Zug ...:

Das Warm-up „Ich fahre Zug..." kann zu jeder beliebigen Zeit innerhalb einer Gruppe gespielt werden. Es dient zum Aufwärmen und Aufmuntern der Gruppe oder zum Auflockern der Stimmung nach einer anstrengenden Theorieeinheit. Als positiver Nebeneffekt werden die Namen der Teilnehmenden noch einmal wiederholt.

Das Spiel kann mit einer beliebigen Teilnehmendenzahl durchgeführt werden, minimal sollten es aber zehn Personen sein. Es wird ein Stuhlkreis gebildet, wobei ein Stuhl frei bleibt und eine Person in der Mitte steht. Der freie Platz wird nun schnellstmöglich durch das Aufrücken der Teilnehmenden besetzt. Es darf nun drei Mal aufgerückt werden mit den Worten „Ich fahre Zug", „Ich fahre mit" und „ich fahre schwarz". Die nächste Person muss sich auf den freien Platz eine Person aus dem Kreis wünschen und dort, wo nun wieder ein Platz frei wird, beginnt die Kette erneut. Die Person in der Mitte muss auf die langsame Reaktionsfähigkeit der Mitspielenden hoffen und probiert schnellstmöglich den freien Platz zu ergattern, bevor die Kette erneut startet. Derjenige oder diejenige, der/die einen Fehler gemacht hat, muss dann die Person in der Mitte ablösen.

Das Spiel kann von der Gruppenleitung nach einem beliebigen Zeitintervall beendet werden.

Satellitendreieck:

Die Übung kann mit einer unbegrenzten Teilnehmer- (innen) zahl durchgeführt werden, wobei sie in der Regel bei mehr als zehn Spielenden angewendet werden sollte. Für die Übung wird ausreichend Platz benötigt, damit sich die Teilnehmenden gut bewegen können. Zunächst stellen sich alle Personen in einem Kreis auf und suchen sich anschließend gedanklich zwei weitere Teilnehmer (-innen) aus. Dabei ist es wichtig, dass sich gegenseitig nicht über die ausgewählten Personen ausgetauscht wird.

Hat jede/r Teilnehmende zwei Personen ausgewählt, stellt sich die Gruppe locker auf. Nun hat jede Person die Aufgabe, mit seinen zwei gesuchten Personen ein gleichseitiges Dreieck zu bilden. Dies wird nun so lang fortgeführt, bis es jede Person geschafft hat, das gleichseitige Dreieck zu bilden und die Gruppe zu einem ´Standbild´ gekommen ist. Sollte dies nicht passieren, kann die Gruppe zwischenzeitlich auch gestoppt werden.

Anschließend wird ein Gruppenmitglied gebeten, den Platz zu wechseln (z.B. von ganz rechts nach ganz links). Nun soll sich erneut zu einem gleichseitigen Dreieck ausgerichtet werden.

Die Rolle des/der Anleiter_in besteht darin, sich zum einen an der Übung zu beteiligen. Zum anderen gehört es zu der Aufgabe der Gruppenleitung, im Anschluss mit der Gruppe zu besprechen, was während der Übung passiert ist.

In der Reflexion werden mit der Gesamtgruppe z.B. folgende Fragen thematisiert:

- Wie habt ihr euch gefüllt?
- Was denkt ihr, wollten wir mit dieser Übung bezwecken und zeigen?
- Inwiefern passt diese Übung zu unserem heutigen Thema?

„Ei-Schutzprojekt":

Das Spiel ist mit verschieden großen Gruppen durchführbar. Die Gesamtgruppe wird je nach Gruppengröße in Teilgrup-pen von mindestens drei bis höchstens fünf Personen eingeteilt. Bei mehr Personen in einer Teilgruppe werden die Aushandlungsprozesse und Rollenzuweisungen deutlicher sichtbar.

Im Verlauf dieses Spiels müssen die jeweiligen Gruppenmitglieder gemeinsam den sogenannten „Ei-Schutz" herstellen, der das zur Verfügung gestellte Ei bei seinem Sturz aus dem zweiten Stock schützen soll. Dazu stehen 20 Minuten zur Verfügung. Während der Konstruktionszeit werden die Teilgruppen und die in ihnen agierenden Gruppenmitglieder beobachtet. Ziel des Spiels für die Teilnehmer ist es, dass das Ei unversehrt bleibt. Der Beobachter verfolgt das Ziel, dass während der Zusammenarbeit eine Gruppenstruktur entsteht, die nach ihrer Interaktionsweise beim Aushandlungsprozess der Rollen beurteilt wird. Die Gruppe kann im Anschluss das Feedback des Beobachters erhalten.

Materialbedarf: 2 Strohhalme, 1,20 m Paketschnur, 1 Luftballon, 4 Büroklammern, 1 Korken, 1 Gefrierbeutel (1 Liter), 2 DinA4 Kopierpa-piere und 15 cm Klebeband. Hinzu kommen noch das zu beschützende Ei und die Schere, die zum Zuschneiden verschiedener Materialien benutzt werden kann, aber nicht verbaut werden darf. Jede Gruppe bekommt das gleiche Material zur Verfügung gestellt.

Der Beobachter achtete bei der Durchführung auf folgende Punkte:

- Was lief in der Zusammenarbeit gut oder schlecht?
- Hat irgendeine Art von Zeiteinteilung oder Organisation in der Gruppe stattgefunden?
- Wurde effektiv gearbeitet?
- Welche Ideen wurden umgesetzt und welche wurden verworfen?
- Von wem stammten diese Ideen jeweils?
- Hatte jedes Gruppenmitglied seinen Platz oder wurden einzelne Personen in eine Außenseiterrolle gedrängt?

Diese Fragen sollen dem Beobachtenden lediglich als Leitfaden dienen, anhand dessen er danach das Feedback formulieren kann.

4 Kommunikation, eine Grundlage für Beziehungsarbeit

"Gesagt heißt nicht immer gesagt,
gesagt heißt nicht immer gehört,
gehört heißt nicht immer verstanden,
verstanden heißt nicht immer einverstanden,
einverstanden heißt nicht immer angewendet,
angewendet heißt nicht immer beibehalten."

(Konrad Lorenz)

Mit anderen in Beziehung zu treten, sich mitzuteilen, Meinungen, Gedanken und Informationen auszutauschen ist ein grundlegendes Bedürfnis eines jeden sozial lebenden Individuums. Die menschliche Existenz, die zwischenmenschlichen Interaktionen, das Zusammenleben in der Gesellschaft und Kultur sind nur möglich als „Zusammenleben von Menschen". Für ein Zusammenleben ist es erforderlich, dass die Menschen untereinander in Beziehung treten, sich verständigen (können), untereinander interagieren, ihr Wissen austauschen und sich sowohl individuell, als auch in der Gemeinschaft weiter entwickeln.

Jeder Kommunikationsprozess beinhaltet für miteinander interagierende Menschen ein komplexes, individuell interpretiertes Geschehen auf verschiedensten Informationskanälen. In der Grafik erkennbar ist, dass der Mensch ein auf vielen Ebenen kommunizierendes Wesen ist. Sollen inhaltlich bedeutsame Informationen übermittelt werden, setzt ein Mensch vor allem seine sprachlichen Fähigkeiten ein. Kommunikation geschieht beim Menschen in erster Linie über die Sprache, wobei Mimik, Tonfall und Körperhaltung in einem Kommunikationsprozess wichtige, meist unbewusst aufgenommene Signale darstellen. Kommunikation ist ein zwischenmenschlicher Übermittlungsprozess von Informationen. Heute sind da vielfach auch technische Einrichtungen zwischen die jeweiligen Menschen geschaltet oder die Informationen kommen als eine Art Konserve aus technischen Apparaten.

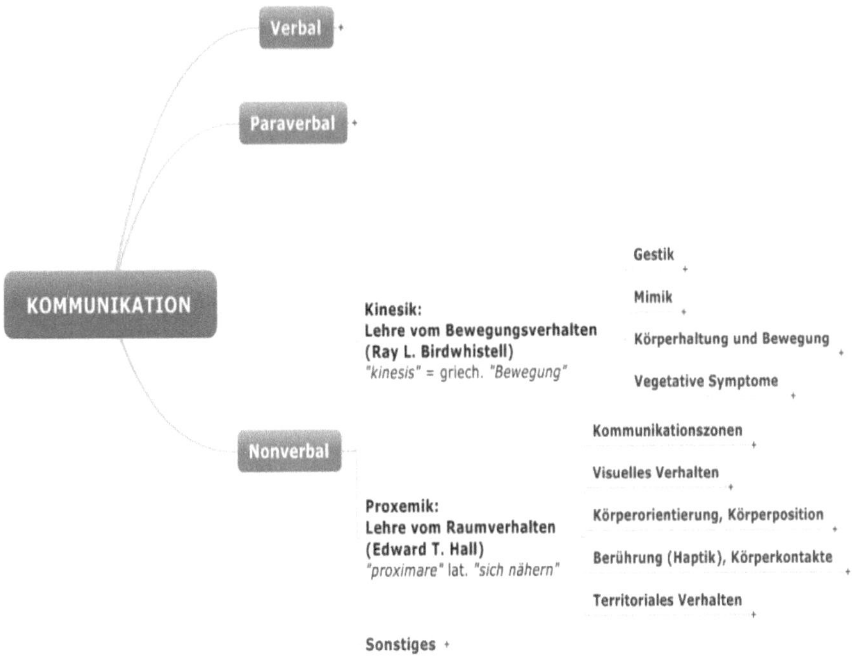

(Remmert)

Oft wird der verbalen auch die *paraverbale Kommunikation* zugeordnet. Jedoch hat gerade im pädagogischen Bereich die paraverbale Kommunikation ihre besondere Bedeutung; denn sie umfasst Aspekte, die in der Stimme liegen, wie z. B. die Stimmlage, Lautstärke, Geschwindigkeit, Tonhöhe, Pausen und Akzente, Intonation und Sprachmelodie.

Unsere Gesellschaft funktioniert in weiten Teilen und auf allen Ebenen nur noch über eine intensive Kommunikation. Insbesondere erreichen uns Kommunikationsweisen, die innerhalb der Informationsflut durch besondere Elemente bzw. Effekte unsere Aufmerksamkeit erregen. Jedes Individuum kann nur über Kommunikation sich artikulieren, sinnvoll und verantwortlich handeln, sowie die Beziehungen zu Mitmenschen steuern.

Die Bedeutung der Sprache wird heute vielfach erfahrbar, wenn sich zwei Menschen mit verschiedener Muttersprache treffen und z.B. im beruflichen Bereich austauschen müssen. Oft wird dabei auch auf nonverbale Spracheelemente zurückgegriffen oder ein sehr eingeschränkter Sprachcode verwendet. In solchen Momenten wird meist erst erkannt, dass vor einem gegenseitigen, sprachlichen Verstehen

Codierungs- und Decodierungsprozesse stattfinden müssen; denn nur so können sprachliche Informationen aufgenommen und denkend verarbeitet werden. Schulz von Thun stellt diese Prozesse wie folgt dar:

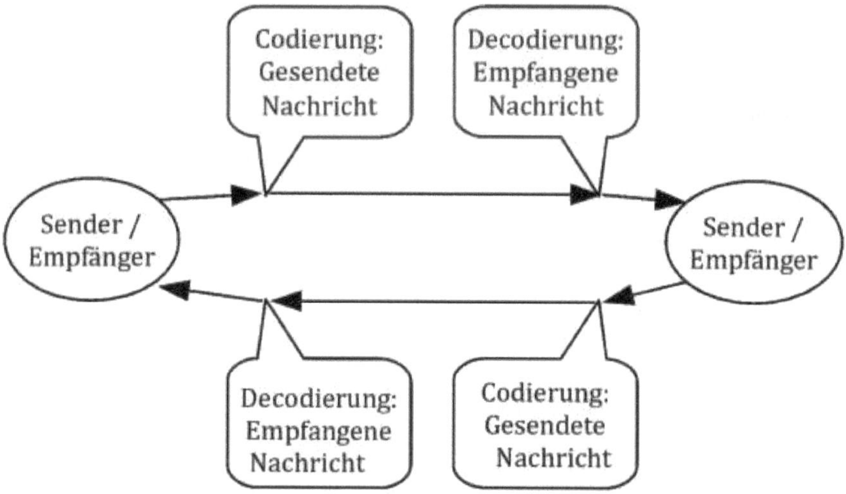

(nach Schulz von Thun)

Tiere handeln instinktgesteuert. Der Sinn dieser Instinktsteuerung liegt im Überleben der Art. Dagegen sind hochkomplexe Individual- und Sozialsysteme im menschlichen Bereich sinngesteuert und selbstreferenziell. Die Geschlossenheit selbstreferentieller Systembildung bedeutet gleichzeitig „Offenheit der Welt". Die Welt ist sinnoffen: „Wenn es nichts zu sagen gibt, muß man eben etwas erfinden" (Luhmann). Sinn kann emergieren, d.h. es kann sich daraus etwas Neues ergeben bzw. erzeugt werden.

In jeder Kommunikation zwischen Menschen gilt: Der Hörer, nicht der Sprecher, bestimmt die Bedeutung einer Aussage. (Hermeneutisches Prinzip) Hierzu ein Beispiel:

„Da besucht ein reicher amerikanischer Reisender, der genug Geld hat, um ein Gemälde zu kaufen, Picasso in seinem Schloss. Picasso ist entzückt, führt ihn herum, zeigt ihm seine Bilder. Schließlich sagt der Amerikaner: „Lieber Herr Picasso, warum malen Sie die Menschen nicht so wie sie sind?" Und Picasso fragt nach: „Wie soll ich das machen? Wie geht das? Wie sind die Menschen? Können Sie mir ein Beispiel geben?“ Da zückt der Amerikaner seine Brieftasche, nimmt ein kleines Foto heraus – und sagt: „Hier sehen Sie meine Frau, wie sie ist.“ Fasziniert nimmt Picasso das Bild in die Hand und meint: „Aha, das ist Ihre Frau. So klein ist sie. Und so flach.“ (Foerster et al.)

Nachfolgend wird erläutert, was unter Kommunikation und Interaktion sowie den jeweiligen Prozessen im Rahmen dieser Schrift verstanden wird, mit Ausblicken auf deren Bedeutung in pädagogischen Kontexten.

4.1 Kommunikation - Interaktion Definitionen

In der Literatur werden die Begriffe Kommunikation und Interaktion oft synonym verwendet. Der Begriff der Interaktion stammt aus der Soziologie und beinhaltetet Prozesse der Wechselwirkung bzw. Wechselbeziehung zwischen Menschen. Interaktionen können in technisierten Gesellschaften auch zwischen Maschinen und Menschen stattfinden. Somit ist der Begriff der Interaktion weiter gefasst als derjenige von Kommunikation.

Scherer bestimmt Kommunikation als „interaktionalen Prozess zwischen zwei oder mehreren Akteuren, die koordiniert und wechselseitig kontingent im Rahmen zielgerichteter Verhaltenssequenzen agieren, um Nachrichten durch Zeichenkomplexe in verschiedenen Übertragungskanälen zu übermitteln.“

4.1.1 Begriff Interaktion

Ervin Goffman unterscheidet zwischen zentrierter und nichtzentrierter Interaktion:

„Nichtzentrierte Interaktion besteht aus den zwischenmenschlichen Kommunikationen, die lediglich daraus resultieren, dass Personen zusammenkommen, z.B. wenn sich zwei Fremde quer durch einen Raum hinsichtlich der Kleidung, der Haltung und des allgemeinen Auftretens mustern, wobei jeder das eigene Verhalten modifiziert, weil er selbst unter Beobachtung steht. Eine zentrierte Interaktion tritt ein, wenn Menschen effektiv darin übereinstimmen, für eine gewisse Zeit einen einzigen Brennpunkt der kognitiven und visuellen Aufmerksamkeit aufrechtzuerhalten, wie etwa in einem Gespräch, bei einem Brettspiel oder bei einer gemeinsamen Aufgabe, die durch einen kleinen Kreis von Teilnehmern ausgeführt wird.“ (Goffman in Jäckel)

„Soziale Interaktion ist die durch Kommunikation (Sprache, Gesten usw.) vermittelte, wechselseitige Beziehung zwischen Personen und Gruppen und die daraus resultierende wechselseitige Beeinflussung ihrer Einstellungen, Erwartungen und Handlungen.“ (Lexikon der Soziologie)

Bei Interaktionen kann zwischen Interaktionsanlässen und Interaktionsprozessen unterschieden werden. Interaktionsanlässe können vorgeschriebene oder spontane Kommunikationskontakte sein. Interaktionsprozesse beinhalten formelle und informelle Prozesse (nach Kesseler).

4.1.2 Begriff Kommunikation

Findet ein Informationsaustausch zwischen zwei Personen oder innerhalb einer Gruppe statt, so ist dies Kommunikation. Sie ist besonders wichtig und grundlegend für ein Zusammenleben. Zugleich ist sie meist mit einem Inbeziehungtreten und damit mit sozialer Interaktion verbunden. Kommunikation beinhaltet jede Art zwischenmenschlicher Verständigung, was sowohl als sprachliches (verbal), als auch nichtsprachliches (non-verbal) in Kontakttreten stattfindet. Jede Kommunikation ist intentionsgeladen, d.h. sie verfolgt ein Ziel und ist interessengesteuert. Dies veranschaulicht die folgende Grafik:

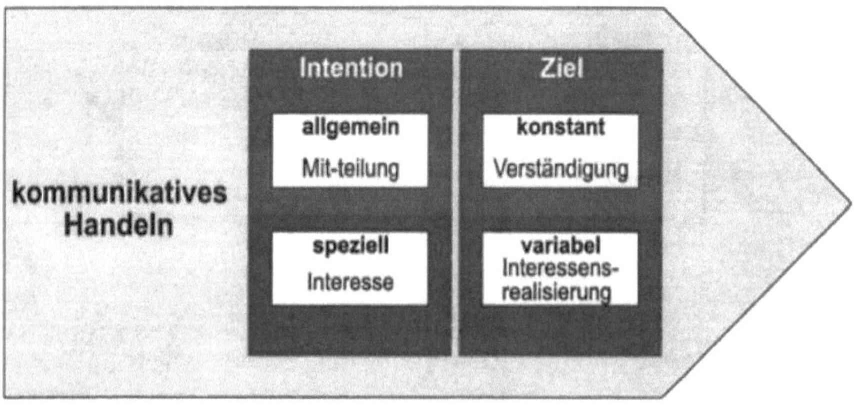

(siehe Wiest)

Jede Kommuikation weist das Merkmal der Interdependenz auf, was heißt, dass sie von den Kommunikationspartnern wechselseitig gesteuert und kontrolliert wird: „Jeder Versuch, sich mitzuteilen, kann nur mit dem Wohlwollen des anderen gelingen“ (Frisch) oder kypernetisch ausgedrückt: Der Intention auf Seiten des Senders muss auf Seiten des Empfängers Aufnahmebereitschaft und Interpretation gegeben sein. Damit zeigt sich ein Problem der Kommunikation: Wie kann es mir gelingen, anderen das mitzuteilen, was nur mir zugänglich ist, weil ich es so erfahren bzw. erlebt habe? (siehe konstruktivistischen Ansatz der Wahrnehmung)

Eine für alle Beteiligten erfolgreiche Kommunikation kann nur dann stattfinden, wenn sowohl die sendende Person, als auch die empfangende Person hinsichtlich des Encodierens und Dekodierens die gleichen Prinzipien einhalten und insbesondere die gleichen Zeichen verwenden. Ansonsten ist die Kommunikation problem- bzw. störungsbehaftet.

In der Literatur findet sich keine eindeutige Definition für Kommunikation, stattdessen bestehen vielfältige Umschreibungen oder Erläuterungen. Allen gemeinsam sind folgende Merkmale:

- „Kommunikation bedeutet:

  Austausch von Informationen, Meinungen, Gedanken, Verständigung wechselseitige Beeinflussung der Erwartungen und Handlungen kommunikatives Handeln;

- Kommunikation setzt voraus:

  mindestens 2 Teilnehmer (Personen oder Gruppeen);

  gleiche Codierung der Zeichen Übertragungsmedium;

- Kommunikation kann:

  verbal und nonverbal erfolgen;

  zu Missverständnissen führen;

  zeitversetzt sein.“ (Kesseler)

- Kommunikation ist:

  selbstreferentiell.

Zum letzten Merkmal ein witziges Beispiel von Remmert:

„Ein Gast bestellt eine Suppe im Restaurant, der Kellner bringt sie, doch noch bevor er sie auf den Tisch stellen kann, sagt der Gast: „Die Suppe ist nicht heiß genug!"

Der Kellner macht kehrt, kommt mit einem neuen Teller Suppe zurück, die Szene wiederholt sich, d.h. noch bevor er die Suppe auf den Tisch stellen kann, sagt der Gast: „Die Suppe ist nicht heiß genug!"

Beim vierten Versuch, als er wieder hört, die Suppe sei nicht heiß genug, fragt der Kellner: „Sagen Sie mal, wie kommen Sie eigentlich darauf, die Suppe sei nicht heiß genug? Sie habe sie doch kein einziges Mal gekostet!"

Antwort: „Solange Sie den Finger in der Suppe haben, kann sie nicht heiß genug sein!" (Remmert)

4.1.3 Nonverbale Kommunikation

Nach Burgoon und Ruffner erfüllen nonverbale Informationen während eines Gesprächs bzw. in Kommunikations- oder Interaktionssituationen wichtige Funktionen:

- „Sie ersetzen Sprache und übermitteln Bedeutung. Es dürfte z. B. in einer Scharade keine großen Schwierigkeiten bereiten, folgende Mitteilungen durch Gesten zu machen: Ich weiß nicht – Er ist verrückt – Komm her – Nicht jetzt – Prima Leistung – Ich verstehe nicht – Ich hab's satt – Ich warne Dich – Wie blöd von mir – Das stinkt aber – Lass mich in Ruhe.
- Sie zeigen an, wie verbale Aussagen „eigentlich" zu verstehen sind (wenn bei einer ernsten Aussage mit den Augen gezwinkert wird, wenn ein Hinweis, z. B. durch eine Handbewegung, unterstrichen, entwertet oder ins Gegenteil verkehrt werden soll...).
- Sie steuern das Geschehen (es wird geregelt, wer als Sprecher „dran" ist und wer aufhören soll (z. B. durch Ansehen, Handheben, Mund öffnen...).
- Sie dienen der Selbstdarstellung (sich in die Brust werfen, sich klein machen, Mitleid erregen oder Angst einflößen, usw.).

- Sie sollen das Verhalten der anderen manipulieren. Es kann damit Zuneigung oder Abscheu ausgedrückt und provoziert werden, es kann die Zurschaustellung von Status oder Macht angeregt werden, Aufmerksamkeit erregt werden.“ (Burgoon / Ruffner) usw..

In jeder Kommunikationssituation nehmen wir Eindrücke intuitiv wahr und interpretieren sie in individueller, oft auch in kulturell geprägter Weise; d.h. Gruppennormen und -erfahrungen nehmen darauf Einfluss. Hier gilt es jedoch „Eindruck“ von „Ausdruck“ zu unterscheiden; denn was eine jeweilige diesen Eindruck bei uns auslösende Person als „Sender“ tatsächlich sendet bzw. senden will, wissen wir nicht. Uns fehlt der Zugang zum tatsächlichen Ausdruck einer nonverbalen Kommunikation. Somit bleibt die jeweilige Befindlichkeit oder gar die persönlichen Merkmale einer Person aufgrund eines Eindrucks für uns als Empfänger verschlossen.

Es gibt keine Kausalkette: Wenn ... dann! Ein individueller Eindruck kann beim Gegenüber ganz anders verursacht oder gemeint sein. Mögliche Indize können allenfalls der Ablauf und der Kontext sein. Auch gilt es zu bedenken, dass bestimmte Eindrücke vom Gegenüber gezielt eingesetzt sein könnten (gespieltes Verhalten). Auch kann gleiches Verhalten von verschiedenen Personen, die an einem Gespräch teilnehmen, ganz unterschiedlich interpretiertiert werden.

Selbst eine außenstehende Person, die beobachtet, bringt ihre subjektive Sicht in ihr Beobachten mit ein. „Die Deutung des beobachteten Verhaltens ist ein höchst aktiver Vorgang, der ebensoviel über den Urteilenden wie den Beurteilten aussagen kann.“ (Neuberger)

4.1.4 Kommunikationsprozesse

Kommunikationsprozesse lassen sich nach folgenden Kategorien unterscheiden:

- mündliche und schriftliche Kommunikation;
- direkte und indirekte Kommunikation;
- Massenkommunikation sowie Alltagskommunikation (meist interaktiv).

Die mündliche Kommunikation besteht aus Lauten, die zusammengefügt Wörter ergeben, sowie aus Wörtern gebildeten Sätzen. Die schriftliche Kommunikation ist das Codieren von Lauten, Wörtern und Sätzen in Zeichen bzw. Zeichenfolgen sowie deren passende Anordnung. Die mündliche Kommunikations wird also in eine feste und regelhafte, sowie spezifische, kulturell tradierte Form umgewandelt, sodass das so Festgehaltene weitergegeben und überliefert werden kann.

Die direkte Kommunikation findet mit einem Gegenüber statt, z.B. in einem Gespräch unter vier Augen, einer Unterhaltung oder einer Diskussion zwischen mehreren Personen, sowie in Vorträgen. Eine indirekte Kommunikation schaltet zwischen Sender und Empfänger „technische" Apparate ein, sodass z.B. die Kommunikation, über größere Entfernungen stattfinden kann.

Massenkommunikation ist technische Kommunikation und dabei zunächst „jene Art der Kommunikation, bei der Aussagen öffentlich (für jedermann zugänglich), indirekt (über technische Verbreitungsmittel) und einseitig (ohne die Möglichkeit eines Rollentausches zwischen Kommunikator und Rezipienten) an ein disparates (untereinander nicht in Kontakt befindliches Publikum vermittelt wird." (Maletzke) Bei Rundfunk, Fernsehen und Presse trifft dies immer noch zu.

Mit Aufkommen von immer leistungsfähigeren Computern und Smartphones sowie dem Internet kann jede Person sowohl Sender als auch Empfänger z.B. an viele in einer Netzverbindung befindliche Personen sein, was sowohl sprachliche als auch damit gekoppelte Bilddaten umfassen kann. Ebenso kann, so gewollt, jede Person per Videoschaltung mit jeder anderen Person in der Welt, die eine entprechende Ausstattung und Zugangsberechtigung hat, über den Bildschirm die kontaktierte Person sehen und sprachliche bzw. bildliche Informationen austauschen.

Eine Alltagskommunikation findet meist mit wenigen Personen bei direktem Blickkontakt, d.h. in welchselseitiger Wahrnehmung und meist einem gewohnheitsmäßig bestehendem kulturell geprägten Erfahrungshorizont hinsichtlich der Kommunikationsinhalte statt. „Alltagskommunikation ist der Austausch von Informationen bei unmittelbarer wechselseitiger Wahrnehmung der Kommunikanten mit relativ hoher Erwartungsgewißheit über das allgemeine Verhaltensmuster der Beteiligten auf Grund der Bekanntheit der Standards derartiger Austauschsituationen." (Retter)

Kommunikationsprozesse finden auf drei Ebenen statt:

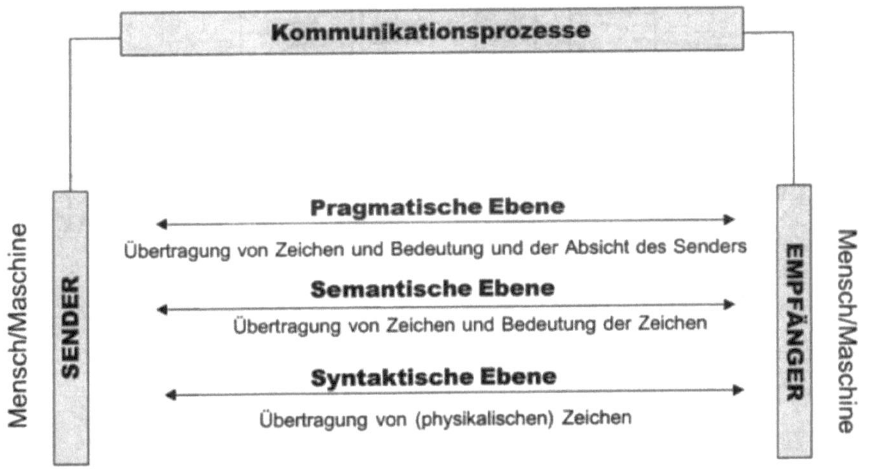

(nach Uni Graz)

Die nachfolgende Tabelle zeigt Faktoren, die die Art eines Kommunikationsprozess beeinflussen:

Äußere Faktoren	**Individuelle Faktoren**
Anlass des Gesprächs Je nach Anlass unterschiedliche Erwartungshaltungen	**Beziehung zum Gesprächspartner** Ist der Gesprächspartner fremd oder vertraut? Vorgesetztenfunktion? Hierarchische Komponente?
Anwesende Personen Vorgesetzte? Freunde? Bekannte? Fremde?	**Gesprächsziel** Unterschiedliche Gespräche erfordern eine unterschiedliche Vorbereitung Einige Gesprächsanlässe induzieren ggf. Ängste (z.B. Kritikgespräche, Gespräche über Fehlvrhalten)
Horizontale oder vertikale Kommunikation Horizontal _ z.B. Gespräch mit Kollegen Vertikal = z.B. Gespräch mit Vorgesetzten Freunde / Fremde ?	**Selbstwertgefühl, Selbstbewusstsein** Rollenverständnis / Rollenklarheit Unbewusste Abwehr (z.B. durch Projektion)
Kontext Ort, Zeit, Gesamtsituation, Terminvereinbarung oder spontan	**Persönliche Erfahrungen** Bereits gemachte Erfahrungen in Gesprächen mit Vorgesetzten Übung im Umgang mit Gesprächssituationen kultureller Hintergrund

(Tewes)

4.1.5 Kommunikationstypen

Rosner unterscheidet drei Kommunikationstypen. Er bezieht sich dabei auf die Sinneskanäle und den je individuell bevorzugten Kanal. Kennen wir den bei uns, so können wir uns z.B. bei einem Lerninhalt entsprechende Zugangsweisen zugänglich machen. Kennen wir den bevorzugten Sinneskanal bei einer anderen Person, so können wir unsere Kommunikationsweise dem anpassen, um besser verstanden zu werden.

Der ***visuelle Kommunikationstyp*** versteht etwas dann am leichtesten, wenn er etwas vor Augen sieht. Optische Reize sprechen ihn besonders an. Zu erkennen ist dies z.B. an von ihm bevorzugten Ausdrücken wie:

- Das sehe ich ein. Das ist ganz klar Das leuchtet ein.
- Das ist einsichtig. Das kann ich mir vorstellen.
- Verschaffen wir uns einen Überblick. Lassen Sie uns das illustrieren.
- Ein interessanter Ausblick. Ich halte die Augen offen.
- Verwendet Wörter wie: ansehnlich, finster, glasklar, strahlen, Vorsicht, zwielichtig, ausmalen.

Der ***auditive Kommunikationstyp*** erzählt, berichtet oder bespricht Themen gerne ausführlich, Er diskutiert gern und kann Berichten oder Erklärungen gut folgen. Auch kann er sich das Gehörte schnell merken oder auf ähnliche Situationen übertragen. Seine bevorzugten Ausdrücke sind z.B.:

- Das klingt gut. Das hört sich gut an. Was Sie da sagen.
- Ich verstehe Wort für Wort. Nie davon gehört. Keine Frage.
- Das höre ich gern. Das ist Musik in meinen Ohren.
- Ich schenke Ihnen gleich Gehör. Da kann ich Ihnen zustimmen.
- Verwendet Wörter wie: ausplaudern, abstimmen, lauschen, seufzen, vielsagend, hellhörig.

Der ***kinästhetische Kommunikationstyp*** findet seinen Zugang zu einem Thema über Empfindungen,. Er bevorzugt meist Aktivitäten, die mit dem Körper (Bewegung, Sport, Essen, Düfte) gefühlt werden können. Ein Thema bzw. ein Inhalt muss für ihn möglichst konkret, fassbar und ggf. auch erprobbar sein. Zu erkennen ist er an z.B. folgendem Sprachgebrauch:

- Das begreife ich. Das geht unter die Haut. Das ist weltbewegend.
- Ich bin hin- und hergerissen. Ich lege die Karten auf den Tisch.

- Das werden wir in Gang bringen. Das habe ich im Griff
- Dem steht nichts entgegen. Das sollten wir anpacken.
- Verwendet Wörter wie: anknüpfen, einsteigen, fest, frisch, packend. anfassen, bitter, sauer (nach Rosner).

4.1.6 Kommunikationsmodelle

Kommunikationsmodelle sind theoretische, auf die Praxis bezogene Überlegungen und wollen Erklärungsansätze für die menschliche Kommunikation liefern bzw. diese abbilden. Jedes Modell hat seine Spezifika und beleuchtet ein Segment im hoch komplexen Feld der Kommunikation. Daher ist es für das Verstehen von Kommunikationsprozessen hilfreich, verschiedene Kommunikationsmodelle in ihren Aspekten zu kennen, zu reflektieren und im jeweiligen Prozess in den Blick zu nehmen. Jede Kommunikation findet auf mehreren Ebenen statt: Es gibt die Sachebene und die emotionale Ebene. Beide gilt es in einem Gespräch zu unterscheiden; wobei die emotionale Ebene durch i.d.R. unbewusste Empfindungen einen Kommunikationsprozess maßgeblich beeinflusst. Emotionen sind personspezifisch und wirken auf die Art der Beziehung zwischen den Gesprächsteilnehmern.

A) Kommunikation bei Watzlawick

Watzlawik beschäftigt sich mit den „kleinsten und einfachsten Bestandteilen der Kommunikation und untersuchte die Systematik und die Regeln menschlicher Kommunikation." (Ripper/Ripper) Er sieht jede Kommunikation bzw. die Interpretation einer Äußerung als in einen bestimmten Kontext eingebettet: Was enthält eine Information? Wie wirkt sie auf den Empfänger? „Jede Kommunikation hat einen Inhalts- und Beziehungsaspekt, derart, dass letzterer den ersteren bestimmt..." (Watzlawick) Er formuliert für die menschliche Kommunikation fünf pragmatische Grundeigenschaften bzw. Regeln.

Watzlawick weist darauf hin, dass bei jeder Kommunikation beim Empfänger mehr ankommt als nur Laute bzw. Wörter, so z.B. der Tonfall, die Sprechgeschwindigkeit, Stimmungen (Mimik), Blickweise, Gespächspausen, Körperhaltung sowie Ausdrucksbewegungen (Gestik).

Die 5 Axiome von Paul Watzlawick

1. Die Unmöglichkeit, nicht zu kommunizieren.
2. Der Inhalts- und Beziehungsaspekt der Kommunikation
3. Die Interpunktion von Ereignisfeldern
4. Digitale und analoge Kommunikation
5. Symmetrische und komplementäre Kommunikation

Zu Axiom 1: Nach Watzlawick sind Kommunikation und Verhalten in einer interpersonellen Situation so gut wie gleich; denn beides habe Mitteilungscharakter. Aufgrund dieser Beziehungen in einem rückgekoppelten System bewirkt jede Person aufgrund der gegenseitigen Beziehungen eine verbale oder non-verbalen, eine bewusste oder unbewusste Kommunikation.

Zu Axiom 2: Es umfasst zum einen den sachlichen Gehalt einer Information und zum anderen den übergeordneten, wichtigen Beziehungsaspekt des Kommunikationsprozesses: Wie sieht der Sender seine Beziehung zum Empfänger bzw. wie soll sie der Empfänger wahrnehmen? Es ist eine meta-kommunikative Funktion, d.h. eine Kommunikation über Kommunikation, die oft unbewusst abläuft und sehr konfliktanfällig sein kann.

Zu Axiom 3: Jede Kommunikation beginnt für jedes Individuum anders und hat damit eine verschiedene Struktur. Diese Struktur unterscheidet sich jeweils durch die Interpunktion der Ereignisfolge. Teilnehmende an einem Kommunikationsprozess „erleben diesen als zirkulären Austausch, als sequentielle Ereigniskette mit Auslösern und Reaktionen. Die subjektive Setzung von Auslösern wird Interpunktion genannt." (Ripper/Ripper) Die Interpunktionen sind kulturell bedingt im Verhalten verschieden. Damit sind Interpunktionen erforderliche Regelelemente für Interaktionen. Bei gleicher Kultur sind Interpunktionen oft Ursachen für Beziehungskonflikte. Um die Interpunktionen zu Beginn und während einer Kommunikation / Interaktion mit einer anderen Person zu verstehen, ist es für beide Seiten wichtig, sich in die Rolle des Anderen so gut wie mögliche hineinzuversetzen, um das jeweilige Verhalten verstehen zu können.

Zu Axiom 4: Um Objekte darzustellen gibt es zwei Möglichkeiten: Durch eine Zeichnung (analog) oder durch einen Namen bzw. Begriff (digital). Bei einer analogen Kommunikation besteht eine Ähnlichkeit mit dem realen Gegenstand, so wirken z.B. Gestik und Mimik mehr als Worte, jedoch sind sie nicht unbedingt eindeutig, sondern interpretierbar. Eine analoge Kommunikation eignet sich zum Übermitteln von Informationen auf der Beziehungsebene. Eine digitale Kommunikation ist komplex und folgt logischen Systemen (Syntax). Sie fußt auf Zeichen oder Worten. Sie eignet sich daher fürs Übermitteln von Sachinhalten.

zu Axion 5: Bei einer interpersonalen Kommunikation zeigt es sich, ob diese auf Gleichheit oder Ungleichheit beruht, d.h. ob sie symmetrisch oder komplementär ist. Bei einer auf Gleichheit oder symmetrischen Kommunikation verhalten sich die betreffenden Personen spiegelbildlich (symmetrische Interaktion). Sie sehen sich als ebenbürtig. Ergänzen sich die betreffenden Personen, so liegt eine auf Ungleichheit beruhende oder komplementäre Kommunikation vor. Es besteht z.B. ein Hierarchiegefälle zwischen den Partnern.

„Symmetrische Beziehungen zeichnen sich durch Streben nach Gleichheit und Verminderung von Unterschieden zwischen den Partnern aus, während komplementäre Kommunikationen auf sich gegenseitig ergänzende Unterschiede basieren." (Kesseler) Dies umfasst auch gegensätzliche Positionen.

In seinem Buch „Anleitung zum Unglücklichsein" nennt Watzlawik u.a. ein Beispiel zu Axiom 5:

„Ein Mann will ein Bild aufhängen. Den Nagel hat er, nicht aber den Hammer. Der Nachbar hat einen. Also beschließt unser Mann, hinüberzugehen und ihn auszuborgen. Doch da kommt ihm ein Zweifel: Was, wenn der Nachbar mir den Hammer nicht leihen will? Gestern schon grüßte er mich nur so flüchtig. Vielleicht war er in Eile. Aber vielleicht war die Eile nur vorgeschützt, und er hat etwas gegen mich. Und was? Ich habe ihm nichts angetan; der bildet sich da etwas ein. Wenn jemand von mir ein Werkzeug borgen wollte, ich gäbe es ihm sofort. Und warum er nicht?

Wie kann man einem Mitmenschen einen so einfachen Gefallen abschlagen? Leute wie dieser Kerl vergiften einem das Leben. Und dann bildet er sich noch ein, ich sei auf ihn angewiesen. Bloß weil er einen Hammer hat. Jetzt reicht's mir wirklich. Und so stürmt er hinüber, läutet, der Nachbar öffnet, doch bevor er „Guten Tag" sagen kann, schreit ihn unser Mann an: „Behalten Sie Ihren Hammer, Sie Rüpel!" (Watzlawik)

B) Kommunikation nach Rogers

Ausgangspunkt seines Konzept ist ein humanistisches Menschenbild auf der Grundlage der humanistischen Psychologie. Diese Denkart zeichnet sich vor allem durch großes Interesse am Menschen aus, wobei der Schwerpunkt auf der Selbstentfaltung liegt. Aus Wahrnehmungen und Erfahrungen mit sich und der Umwelt entwickelt sich „ein Teil dieses Wahrnehmungsfeldes nach und nach zum Selbst oder Selbstkonzept der Person.

Das Selbstkonzept ist also eine durch Erfahrungen gebildete und sich verändernde Struktur von Wahrnehmungen, Empfindungen und Werthaltungen, die diese Person bezogen auf sich selbst hat." (Stangl) Das Selbstkonzept kann als ein dynamisches, vernetztes System angesehen werden, dessen Elemente z.B. die Selbsteinschätzung, das Körperkonzept, das Fähigkeitskonzept, die Selbstbewertung und das Selbstbild sind. Die folgende Abbildung verdeutlicht dieses Vernetzsein:

(siehe Eggert)

Exkurs: Selbstkonzept

Innerhalb jedes Elements des Selbstkonzepts gibt es nach Eggert hierarchisch strukturierte Subsysteme:

Selbsteinschätzung

• *Selbstvertrauen (gedankliche Vorwegnahme)*

• *Selbstwertgefühl (aktuelle Komponente)*

• *Selbstwertschätzung (übersituativ, generalisiert)*

Körperkonzep*t*

• *Körperschema (kognitiv orientierte Inhalte)*

- *Körperwissen*

- *Körperausdehnung*

- *Körperorientierung*

- *Körper in Raum und Zeit*

• *Körpereinstellung*

- *Körperausdruck*

- *Körperausgrenzung*

- Körperbewusstsein

Fähigkeitskonzept

- *Wahrnehmung eigener Fähigkeiten*
- *Kenntnis eigener Fähigkeiten*
- *Bewertung eigener Fähigkeiten*

Selbstbild *(kognitive Komponente) und* **Selbstbewertung** *(emotionale Komponente)*

- *Idealselbst*
- *Realselbst*
- *Soziales Selbst. (nach Eggert)*

„Das Idealselbst zeigt Vorstellungen des Menschen, wie er gern sein möchte. Es beinhaltet sowohl ein realisierbares, aber auch ein nicht erreichbares Wunschbild einer Person.

Vorstellungen vom Realselbst beinhalten die Betrachtungen des Menschen über:

- (Das äußere) Erscheinungsbild,

- Das Wissen um die eigene soziale Identität,

- Die Hervorhebung und Bedeutung von Personen oder Gegenständen für sein Leben sowie

- Die psychischen Dispositionen (Einstellungen, Werte, Gewohnheiten).

Das Soziale Selbst gibt Auskunft über:

- Die Sichtweise von sich selbst in Bezug zu anderen,

- Das Verhalten bzw. die Darstellung von sich selbst gegenüber anderen,

- Die Einschätzungen, wie andere Personen einen selbst sehen,

- Fremdeinschätzung: Wirkung auf andere, Wertschätzung durch andere." (Eggert)

Rogers ist davon überzeugt, dass jeder Mensch in der Lage ist, für seine Probleme auch selbst Lösungen zu finden, ggf. benötigt er dazu eine einfühlsame Begleitung. Ein einfühlsames Wahrnehmen des Anderen ist für Rogers Grundvoraussetzung für ein gegenseitiges Verstehen und respektvolles Verhalten. Haltungsbezogen sowie methodisch ist für Rogers das ´Aktive Zuhören´ zentral. Dies bedeutet eine wertungsfreie Grundhaltung und ein aktives im Gesprächbleiben als Voraussetzung für eine gelungene Kommunikation.

„Rogers sieht den Menschen als bewusst handelndes Wesen, das von seinen Erfahrungen geleitet wird. All die individuellen Erfahrungen, die ein Mensch in seinem bisherigen Leben gemacht hat, verdichten sich zu einem für jede Person charakteristischen Wahrnehmungsfeld, seiner einzigartigen Realität. Entsprechend dieser Wahrnehmungen werden andere Personen, Dinge oder Ereignisse von einzelnen Personen unterschiedlich bewertet.

Rogers meint, dass der Mensch die Erfahrungen, die er macht, in Beziehung zu dem grundlegenden Streben nach Selbsterhaltung und Selbstaktualisierung setzt. Das heißt, dass Erfahrungen, die die Selbstaktualisierung ermöglichen als positiv bewertet und deshalb weiterhin angestrebt werden, hingegen werden Erfahrungen, die diese verhindern oder gar bedrohen, negativ bewertet und vermieden werden (organismischer Bewertungsprozess).“ (Stangl) Für Rogers sind drei Grundhaltungen Ausdruck einer professionellen Haltung in einem Kommunikationsprozess:

Echtheit/Kongruenz

- Offen sein für sich selbst (Selbstakzentanz);
- übereinstimmend mit sich selbst handeln;
- Echtsein im Verhalten (verbal und nonverbal), d.h. keine Rolle spielen oder sich verstellen;
- Eigene Gefühle akzeptieren und äußern und dies dem Anderen auch zugestehen;
- Dem Anderen gegenüber zugewandte professionelle Offenheit zeigen.

Empathie

- Genaues Beobachten und Wahrnehmen beim Gegenüber (z.B.Sprache, Tonfall, Körperhaltung);

- Sichtweise des Anderen erfassen, dann öffenet sich die Person eher;
- genau Hinhören ohne Bewerten; Rückfragen in „Ichform“ und begründen;
- eigene Emotionen erkennen und im Gespräch ausblenden können.

Wohlwollende Wertschätzung

- Bedingungslos den Anderen respektvoll annehmen;
- dem Gegenüber mit Achtung als Mitmensch begegnen;
- das Gegenüber in seinem SoSein wahrnehmen und akzeptieren;
- in seinem Dasein die Person akzeptieren
- Zeit haben, geduldiges Verhalten zeigen;
- Anteilnahme am Lebensweg und der Lebenssituation zeigen.

Oft stellen sich Fragen zum Grundsatz der Empathie. Hierzu bemerkt Stangl: „Empathie bedeutet, das Erleben eines anderen so vollständig und genau nachzuvollziehen, als ob es das eigene wäre, ohne jemals diesen 'Als-ob-Status' zu verlassen.“ (Stangl) Das bedeutet das Bemühen, die Gefühls-, Wahrnehmungs- und Erfahrungswelt des Gesprächspartners aus dessen Perspektive zu sehen und ihm dieses Wahrgenommene über Aktives Zuhören und einfühlsam fragend präzise und konkret mitzuteilen. „Um mit dem Gesprächspartner in seinem Problem kommunizieren zu können, muss ich zwar die Fähigkeit besitzen, mich in ihn einzufühlen, es ist aber nicht erforderlich, dass ich menschlich berührt oder betroffen bin, vielmehr erschwert Betroffenheit die freie Kommunikation zwischen den Gesprächspartnern eher als sie diese fördert.“ (Stangl)

C) Kommunikation nach Delhees

Delhees stellt in seiner Kommunikationstheorie die Vielfalt der Beziehungen heraus, in die Kommunikationsprozesse eingebettet sind. Seine Theorie stellt eine „Synthese der verschiedenen Ansätze zu einer Plurifunktionalität der Kommiunikation“ dar. Eine solche Plurifunktionalität umfasst nach Delhees sechst Funktionen:

1. „Kommunikation stellt Sachinhalte her.

2. Kommunikation richtet einen Appell an den Empfänger.
3. Kommunikation liefert Erläuterungen, Interpretationen, wie etwas gemeint ist.
4. Kommunikation betont die interaktive Beziehung zwischen Sender und Empfänger.
5. Kommunikation drückt die eigene Haltung zum Empfänger aus.
6. Kommunikation orientiert sich am Stil." (Delhees)

Dieses Funktionenschema ist hilfreich bei der Beschreibung von Kommunikationsprozessen. Nach Delhees wird die Art des Kommunikationsprozesses stark vom jeweiligen individuellen Selbstkonzept der Kommunizierenden bestimmt. „Das Selbst ist das Bild, das ich mir aufgrund der Reaktionen der anderen auf mein Verhalten mache; es ist das Bewußtsein der eigenen Identität." (Delhees) Individualpsychologisch differenziert sich das Selbst bzw. die Identität in kognitive und emotionale Anteile.

Das Selbst als kognitive Komponente wird Selbstkonzept, die emotionale Komponente als Selbstwertgefühl benannt. Das individuelle Selbstkonzept hängt sehr stark sowohl von der persönlichen Selbstwahrnehmung (Fähigkeiten, Fertigkeiten, Leistungen, Aussehen, usw.), als auch sozialen, ästhetischen, geistigen oder kommunikativen Bindungen ab. Oft unterschätzt wird die Bedeutung der emotionalen Komponente.

In Form des Wertschätzens der eigenen Person, dem sich Akzeptieren und dem Selbstvertrauen und zwar unabhängig von Leistung und Stellung in der Gesellschaft, nimmt die emotionale Komponente Einfluss auf das Bewerten und damit das Urteil über mich selbst. Hierbei kommt dem sozialen Aspekt bei allen Interaktionen eine besondere Rolle zu. Ein so entwickeltes Selbstbild hat Auswirkungen auf die Art der Kommunikation mit Anderen.

Delhees unterscheidet ein öffentliches und ein privates Selbstkonzept. Er begründet dies damit, dass sich jeder Mensch in der Öffentlichkeit anders verhält als im privaten Bereich. Beiden Kommunikationsfeldern gemeinsam sollte grundlegend ein achtsames, argumentatives, von

Respekt und Fairnes geprägtes Verhalten sein. Ein Kommunizieren in der Öffentlichkeit folgt stärker ritualisierten oder rhetorischen Strukturen, da dort vermehrt Gesichtspunkte wie Vorsicht oder Bedeckthalten, Rechtfertigung, Verteidigung oder Durchsetzen der eigenen Sichtweise z.B. gegenüber interessenvertretenden Personen bzw. möglichen Konkurrenten gefordert sind.

E) Lasswell-Formel

Lankau entwickelte 2003 eine weiterentwickelte Lasswell-Formel für eine Kommunikation, die u.a. Kommunikationsfehler aufzudecken helfen kann und die wichtigsten Aspekte einer Kommunikation darstellt:

Wer	Sender, Kommunikator, Quelle, Produzent
sagt was	Aussage, Botschaft, Inhalt(e)
warum	Absicht, Intention, Ziel, zu welchem Zweck
zu wem	Empfänger, Kommunikant, Ziel, Rezipient, Konsument
wie	Gestaltung, Form
in welchem Kanal	Medium, Kanal
wann, wo	Zeit, Ort, mediales Umfeld, Situation
mit welcher Auswirkung	Wirkung, (Re)Aktion, Handlung

(Lankau)

F) WIBR-Modell der Kommunikation

Steil u.A. stellen für eine gelingende Kommunikation vier Faktoren heraus:

1. „**W**ahrnehmung

2. **I**nterpretation

3. **B**ewertung

4. **R**eaktion," (Steil et al.)

Das Modell entstammt der Praxis in Leitungsfunktionen und des dort in Kommunikationsprozessen hilfreichen Führungshandelns.

Zu 1.: Im Interpretationsprozeß beziehen Steil et al. das Wahrnehmen ausschließlich auf das Hören. Die erste These lautet: "Wir hören nur, was wir hören wollen."

Zu 2.: Steil et al. meinen mit Interpretieren „zu verstehen, aufzufassen und zu begreifen". Im Interpretieren sehen Steil et al. die „geheimnisvollste und am schwierigsten erlernbare Fähigkeit beim Zuhören - und die erstaunlichste." Immer geht es dabei „um die Frage, ob das, was die beiden Gesprächspartner meinen, zusammenpaßt". Wie das Wahrnehmen ist das Interpretieren hochgradig selektiv.

Zu 3.: „Das Bewerten ist sozusagen der 'Wachhund', der gewissermaßen ein Preisschild an das heftet, was wir gehört und verstanden haben" (Streil et. al.) Dabei hängen Bewertungen ab von:

» den Wert- und Glaubensvorstellungen des Beurteilers;

» dem Grad der Information, der für Entscheidungen zur Verfügung steht;

» den Vorerwartungen, die das Urteil prägen;

» der Fähigkeit des richtigen Zuhörens;

» der Art und Weise, wie ein zu bewertender Sachverhalt präsentiert wird (nach Steil et al.).

Zu 4.: Die angemessenste Reaktion in einem Kommunikationsprozess ist die höchstmögliche Aufmerksamkeit auf die Signale des Senders.

Gordon präzisiert und ergänzt das Modell, indem er es problemlösungsorientiert konzipiert. Ein zentrales Moment stellen dabei vollständige „Ich"-Botschaften dar. Er befürwortet die aufmerksame Wiederholung des Satzes, den die sendende Person gesprochen hat mit eigenen Worten (Spiegeln). Dieses Spiegeln bezieht sich ausschließlich auf die verbale Kommunikation. Elemente dieses ´Spiegelns´ sind das Paraphrasieren und das Verbalisieren. Das Paraphrasieren wird dazu angewandt, um aus dem Gesagten das sinngemäß Gemeinte wertneutral herauszuarbeiten. Verbalisieren hingegen dient dazu die Gefühle, die die zuhörende Person wahrnimmt, in Worte zu fassen und das oben geschilderte einfühlende Verständnis zu praktizieren (nach Hintz sowie Patrzek). Beim Paraphrasieren werden oft folgende Satzanfänge verwendet:

- „Wenn ich Sie richtig verstanden habe, meinen Sie ..."
- „Sie wollen wissen, ob ... / wie ... / was..."
- „Mit anderen Worten ..."
- „Zusammengefasst meinen Sie ..."
- „Das heißt also, ..."
- „Ihrer Meinung nach ist das also ..."
- „Ihnen kommt es darauf an, dass ..."
- „Das bedeutet für Sie, ..."
- „Für Sie ist es also besonders wichtig, dass ..." (Hintz)

Beim Verbalisieren finden oft folgende Satzanfänge Anwendung:

- „Hört sich an, als ..."
- „Ich habe den Eindruck, dass .... ."
- „Sieht aus, als hätten Sie .... ."
- „Es scheint Ihnen wichtig zu sein, dass ..." (Hintz)

Ein wichtiges Element gerade in kritischen Kommunikationsprozessen, in denen ein genaues Verstehen erforderlich ist, stellt die Form des Zuhörens dar. Ein solches Zuhören wird „Aktives Zuhören" genannt.

Aktives Zuhören gliedert sich in drei Phasen:

<u>*Erste Stufe:*</u> Hier geht es um das Inbeziehungtreten mit den eindeutigen Signalen der ungeteilten Aufmerksamkeit, des genauen Zuhörens und dem Bemühen des Verstehens.

<u>*Zweite Stufe:*</u> Jetzt geht es um den Inhalt und das inhaltliche Verstehen. Die zuhörende Person wendet das Paraphrasieren an, um für sich genau die Beweggründe bzw. die Sichtweise des Gegenüber zu klären.

Dritte Stufe: Thema sind die Gefühle und das damit verbundene einfühlende Verstehen. Hilfreich ist das spiegelnde Verbalisierung der wahrgenommenen gefühlsbezogenen Botschaften.

Wie bei jeder respektvollen Kommunikationsweise, so auch beim Aktiven Zuhören gilt, dass darauf geachtet wird, persönliche Grenzen einzuhalten. Auch muss das Signal des ´Verstehenwollens´ echtem Interesse und dem Entschluss der zuhörenden Person entsprechen, auch divergierende Ansichten und Auffassungen des Gegenüber zunächst verstehen zu wollen. Erst danach kann ggf. in einen Diskurs zum entsprechenden Inhalt eingetreten werden. Aktives Zuhören findet dann seine Grenze, wenn z.B. ein verbaler Angriff vorliegt oder zu einer bestimmten Sachlage eine Stellungnahme eingefordert wird bzw. erforderlich ist.

Anlässe für Aktives Zuhören können alltägliche Situationen sein, in denen die zuhörende Person den Eindruck hat, dass es z.B. Verständnisprobleme gibt. Sie kann dann mittels Rückmeldung unter Anwendung des Paraphrasierens oder Verbalisierens testen, ob und welcher Klärungsbedarf besteht. Andernfalls beginnt eine zu Situation und Thema passende kommunikative Interaktion.

Gordon fordert dazu auf, in einem z.B. konfliktbehafteten Kommunikationsprozess zu analysieren, wer „das Problem hat“, bzw. wer dabei etwas verändern kann.

Habe ich als Sender das Problem, so kann ich in drei Bereichen eine Veränderung vornehmen:

» Durch direkte Intervention (Bitte, Appell, Aufforderung);

» durch indirekte Intervention (z.B. Veränderung der Umwelt des Kindes);

» Veränderung der eigenen Normen und Erwartungen (nach Gordon).

Die Methode der direkten Intervention ist das Senden von Ich-Botschaften.

Eine Methode der indirekten Intervention ist das Ermöglichen eines „Tauschs“ von Verhaltensweisen oder Zeitpunkten.

Eine Methode des Veränderns der je eigenen Norm ist es zu versuchen, die eigenen Normen und Erwartungen so zu verändern, dass das bisherige Problem nicht mehr das eigene Problem ist, sondern in die Verantwortung des Gegenübers gelegt wird mit für diese Person allen Risiken und ggf. Folgen.

Liegt das Problem beim Gesprächspartner, so bieten sich folgende Verhaltensweisen an:

1. Aufmerksamkeit als wortlos demonstrierte Annahme; Vermeidung von Kommunikationssperren;
2. Benützung einfacher Türöffner („Aha!" „Ich verstehe");
3. passives Zuhören und Nichteinmischung als Zeichen der Akzeptanz (Vermeidung von Kommunikationssperren);
4. Spiegeln als Grundlage des aktiven Zuhörens (nach Gordon).

Zum Entspannen von konfliktträchtigen Kommunikationssituationen zu Beginn nennt Gordon drei sogenannte „Türöffner":

Zunächst erfolgt eine sachliche Beschreibung des anstehenden Problems. Dann ergeht das Angebot zum Gespräch mittels der „Türöffner":

1. „Mögen Sie darüber sprechen?
2. Mich würde interessieren, was Sie darüber denken?
3. Das hört sich so an, als hätten Sie eine bestimmte Meinung dazu?" (Gordon)

Das ´Aktive Zuhören´ gibt dem Sender die Gewissheit, daß er richtig verstanden wurde. Durch nonverbale Zeichen nimmt dies sein Gegenüber wahr und empfindet dies als positiv: Ich werde verstanden.

G) Kommunikationsmodell nach Berne (Transaktionsanalyse)

Eric Berne entwickelte, verschiedene psychologische Bereiche integrierend, um 1950 bis in die sechziger Jahre seinen Ansatz, der Transaktionsanalyse genannt wird. Dieser Ansatz sollte es ermöglichen, in einfacher Sprache „konkret über intuitive Einschätzungen von menschlichem Erleben und Verhalten und über die darauf begründete Kommunikation zu sprechen." (Schmid)

Die in der Transaktionsanalyse entwickelten Konzepte wollen die Muster im Erleben und Verhalten bei den menschlichen Interaktionen sowie den Kommunikationsprozessen und der darauf aufbauenden Beziehungsgestaltung klären helfen.

Die TA gilt als Methode um produktivere Beziehungen zu anderen aufzubauen. Sie ist veränderungs- und ergebnisorientiert, d.h. sie möchte zur bewussten Veränderung im Verhalten gegenüber sich selbst und anderen beitragen (vgl. Rüttinger). Bernes These ist: Aus den jeweiligen Interaktionen verschiedener Menschen lassen sich allgemeine Merkmale und Regeln sozialer Beziehungen der einzelnen, miteinander interagierenden Menschen ableiten (siehe Berne). „Eine Transaktion ist eine Kommunikationseinheit, die sich aus dem Auslöser durch einen Sender und der darauf bezogenen Reaktion eines Empfängers zusammensetzt.

Über Transaktionen werden Botschaften aufgenommen und beantwortet.“ (Schmid) Die Transaktionsanalyse beschäftigt sich auch mit innerpersönlichen Gegebenheiten und solchen, die z.B. in informellen oder formellen Gruppen bei Kommunikationsprozessen bzw. Interaktionen (Transaktionen) auftreten. Die Konzepte der Transaktionsanalyse dienen dabei als Beobachtungsschemata. Schmid nennt drei Perspektiven von transaktionsanalytischen Konzepten:

1. „Die Perspektive der Persönlichkeit (Erleben und Verhalten als Organisationsmuster der Persönlichkeit);
2. die Perspektive der Beziehungen (Erleben und Verhalten als Organisationsmuster in Beziehungen);
3. die Perspektive der Wirklichkeitskonstruktionen (Erleben und Verhalten als Ausdruck von Wirklichkeitsverständnissen).“

Diese werden ergänzt durch einen zeitbezogenen Aspekt:

4. „Die Perspektive der Entwicklung (Erleben und Verhalten als Erscheinungen vergangener, gegenwärtiger und künftiger Entwicklungen).“ (Schröder)

Die Perspektive der Beziehungen sowie diejenige der Entwicklung kommen aus pädagogischer Sicht vor allem unter dem Gesichtspunkt der Genese eines Verhaltens in den Blick. Hilfreich kann das Modell auch in der Kommunikation mit Kolleginnen / Kollegen sowie mit Eltern sein. Je jünger Kinder bzw. Jugendliche oder junge Erwachsene sind, um so mehr ist das Erwachsenen-ICH in einem noch nicht vorhandenen, rudimentären oder frühen Stand.

Verschiedentlich findet sich in der Literatur, dass erst ab etwa Mitte der zwanzigsten Lebensjahre eines Menschen in unserer komplexen, sich stark wandelnden Gesellschaft von einem deutlichen Erwachsenen-ICH gesprochen werden könne.

Berne entwickelte ein Strukturmodell der Persönlichkeit, das sich aus drei Teilpersönlichkeiten zusammensetzt, die er ICH-Zustände nennt. Diese ICH-Zustände beinhalten „kohärente Systeme von Einstellungen, Gefühlen und damit korrespondierenden Verhaltensweisen.“ (Schmid) Berne unterscheidet drei Grundelemente von ICH-Zuständen: Je nach Situation wechselt jeder Mensch zwischen den drei ICH-Zuständen. Diese drei ICH-Zustände können auch als Haltungen bezeichnet werden, „da sie sowohl das innere Erleben, als auch die äußere Wahrnehmung beinhalten.“ (Schröder)

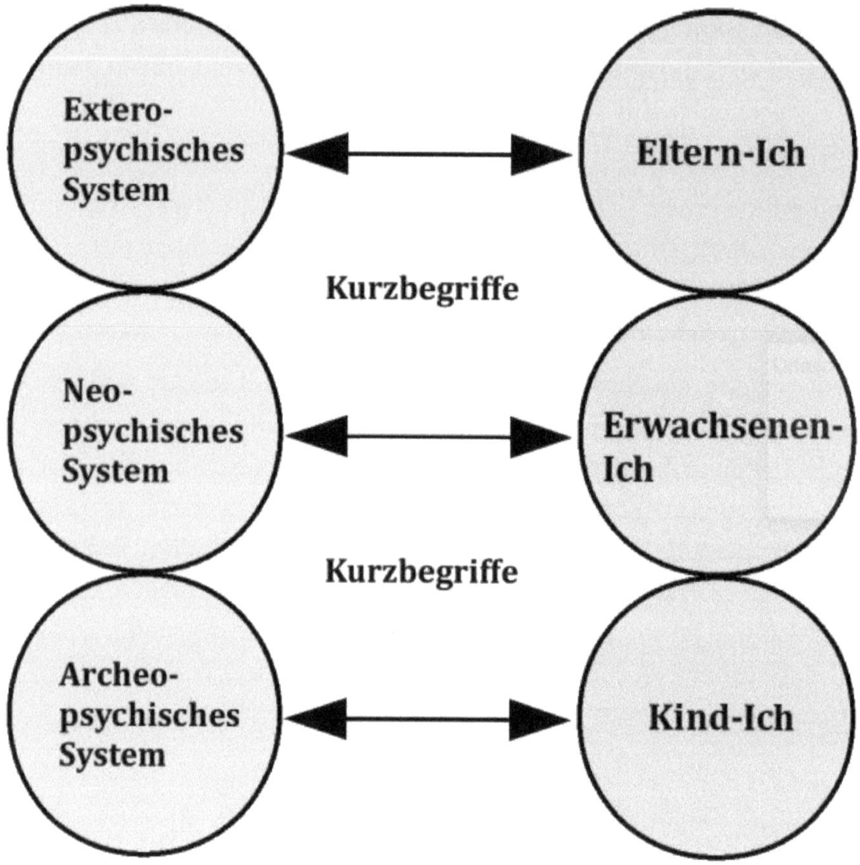

Die Transaktionsanalyse gliedert sich in zwei Teile: Das strukturelle Modell der ICH-Zustände befasst sich mit dem Inhalt der ICH-Zustände. Das funktionelle Modell befasst sich mit der Art der Vorgänge, dem Prozess.

Strukturmodell = „Was“ = Inhalt

Funktionsmodell = „Wie“ = Prozess

Das Strukturmodell greift immer dann, wenn wir wissen wollen, was konkret im geistigen Inneren (intrapsychisch) eines Menschen wahrscheinlich abläuft. So befasst sich das Strukturmodell mit den gespeicherten Erinnerungen bzw. Erfahrungen und den daraus individuell entwickelten Strategien.

Für den pädagogischen Bereich ist i.d.R. das Funktionsmodell für ein Grundverständnis praktikabler. Da das Funktionsmodell die ICH-Zustände so unterteilt, dass wir erkennen können, wie sie eingesetzt werden. „Wenn wir erkennen wollen, wie Menschen miteinander umgehen, so müssen wir stets das funktionelle Modell verwenden." (Steward)

Der Zustand des Eltern-ICH bezieht sich auf das Verhalten, das Denken und Fühlen, das von den Eltern oder sonstigen Autoritäten in der Kindheit übernommen worden ist. Es beinhaltet eine Art Gebrauchsanweisung, Was zu tun bzw. zu lassen ist; was ´richtig´ und was ´falsch´ ist (´Gewissen´ als Speicher sozialer Kontrolle bzw. sozialer Normen).

Der Zustand des Erwachsenen-ICH umfasst das Verhalten, Denken und Fühlen, das direkt auf aktuelle Situationen, das Hier und Jetzt reagiert bzw. dieses steuert. Es stellt das gedachte Lebenskonzept dar, verarbeitet aktuelle Daten, schätzt Wahrscheinlichkeiten ab und trifft darauf aufbauend Entscheidungen.

Der Zustand des Kind-ICH bezieht sich auf das Verhalten, Denken und Fühlen, welches auf die Erfahrungen der Kindheit rekurriert und in der aktuellen Situation heute wieder so abläuft. Es strebt Zuwendung an.

Das Eltern-ICH wird unterteilt in das fürsorgliche und das kritische Eltern-ICH:

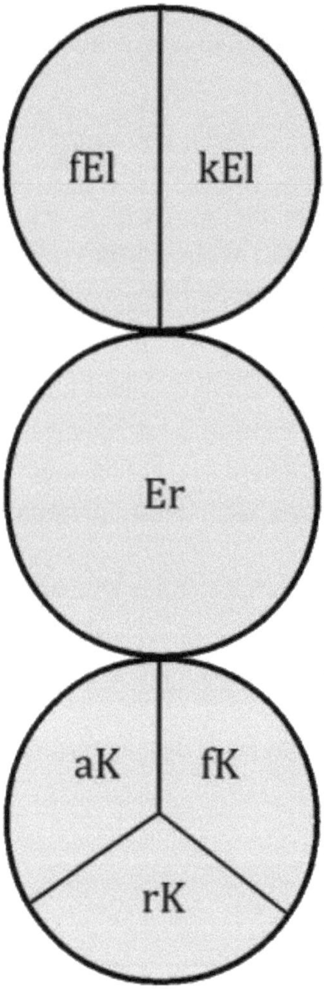

Beim fürsorglichen Eltern-ICH soll eine andere Person vor etwas geschützt werden, oder die Ansprache intendiert ein Fördern. Die Handlungsweise erfolgt aus echter Sorge und aus einer Einstellung echten Respekts. Beim kritischen Eltern-ICH wird die andere Person herabgewürdigt. Eine Hilfe wird z.B. aus einer Überlegenheitsposition heraus gegeben.

Das Erwachsenen-ICH stellt jedes Verhalten dar, das ein Mensch unter Ausschöpfung aller seiner aus seinem Erfahrungshintergrund, sowie aktuellen Möglichkeiten in einer bestimmten Situation im Hier und Jetzt hat. Aufgaben des Erwachsenen-ICH sind: Überprüfen der gespeicherten Informationen aus dem Eltern-ICH sowie der Empfindungen aus dem Kind-ICH, ob diese in der altuellen Situation noch passend sind.

Das Kind-ICH wird unterteilt in das angepasste, das rebellische und das freie Kind. Muster des angepasste Kindes beruhen auf gespeicherten Informationen von Erziehungspersonen. Hierauf beruht auch das Verhalten des rebellischen Kind-ICH, da es z.B. trotzig auf dortige Erfahrungen reagiert. Das freie Kind agiert spontan, sorglos und kreativ.

Beispiele für Verhaltensmuster der verschiedenen ICH-Formen bzw. jeweilige Indizien dafür schildert Gerold (siehe dort):

Eltern-ICH

Indikator	**fürsorgliches Eltern-ICH**	**kritisches Eltern-ICH**
Allgemeines Verhalten	Ermutigend, anerkennend, mitfühlend, besorgt, unterstützend, tröstend, etwas abnehmen, beschützend, beratend, überfürsorglich, wenig zumutend	Rechthaberisch, tadelnd, autoritär, anklagend, automatisch urteilend, dogmatisch, strafend, ironisch, Grenzen ziehend, zurechtweisend, befehlend
Formulierungen	Gut gemacht ...., Du schaffst das schon ..., Ich kann Sie verstehen. Mach das lieber nicht. Sorg dich nicht ...., Ich mach das für dich.	Man tut nicht ..., Du musst ..., Wie konntest du nur ..., Wie oft soll ich dir noch sagen ..., keine Widerrrede!
Mimik / Tonfall	lächelnd, liebevoll, ängstlich, aufmunternd, zufrieden, interessiert, umsorgend, ruhiger Blick, beruhigend, warmherzig	Kritische Blicke, missbilliegendes Kopfschütteln, zusammengepresster Mund, Naserümpfen, gerunzelte Stirn, überheblich, scharf, spöttisch, ironisch, hart, klar
Gesten und Körperhaltung	verhätschelnd, zugewandt, beruhigendes Berühren, offene Arme, Kopfnicken	Oberkörper vorgelehnt, breitbeiniger Stand, Arme an der Hüfte, ruckartige Bewegung

Erwachsenen-ICH

Indikator	Erwachsenen-ICH
Allgemeines Verhalten	interessiert, sachlich, entspannt, aufgeschlossen, aufmerksam, konzentriert, entspannt, Fragen stellend, Altermantiven entwickelnd, vergleichend, kooperativ, empfindsam, Blickkontakt, Daten sammelnd
Formulierungen	´W ´-Frage, Wer ..., Was ..., Wie ..., Wann ..., Ich denke ..., Ich kann ..., Wahrscheinlich ..., Verglichen mit ...
Mimik / Tonfall	Klar und deutlich, selbstbewusst, ruhig, verbindlich, zugewandt, nachdenklich, aufmerksam, ´aktives Zuhören´, Blickkontakt, sachlich, ruhig, deutlich, selbstbewusst
Gesten und Körperhaltung	Angemessene Gestik, aufrechte Haltung, Körperhaltung passend wechselnd, gerade Kopfhaltung, interessiert zugewandter Oberkörper

Kind-ICH

Indikator	freies Kind	angepasstes Kind	rebellisches Kind
Allgemeines Verhalten	Spontan, unbekümmert, spielerisch, neugierig offen, pfiffig, überschäumend, lustig, traurig, , energiegeladen	unsicher, bescheiden, folgsam, vorsichtig, scheu, schuldbewusst, zurückhaltrend, hilflos, rücksichernd, sich produzierend, schmollend, niedergeschlagen, klagend, überfordert, gute Umgangsformen	ablehnend gegenüber ´Autoritäten´; wütend, trotzig, launisch, aggressiv, unzufrieden, zeternd, aufsässig, frech, wütend, abweisend

Formulierungen	Ich will ..., Ich hätte gerne ..., Toll!, Kraftaudrücke, gefühlsbetont, überzeugend, mitreißend, laut, enthusiastisch,	Ich traue mich nicht ..., Wenn du meinst ..., Ich wollte doch nur ..., Warum immer ich?, Ich sollte ... , Man muss ..., Ich fürchte ..., ... ist nicht meine Schuld!, Ich will ... versuchen., Was soll ich denn machen? Modewörter, stockende Sprache,	Ach nee!, quengelnd, nörgelnd, Und wieso gerade ich?, motzend, unwirsch, lustlos, bockig, laut, Lass mich in Ruhe!
Mimik / Tonfall	Bebende Nasenflügel, verschmitzt, glänzende Augen, vor Überraschung offener Mund, Begeisterung, Tränen, übersprudelnd, eher laut, schnell	Unsicher, weinerlich, zerknirscht, Blick nach unten, unruhiger Gesichtsausdruck, verstohlener Blick, rücksichtsvoll, verschlagen, zitternde Lippen, stockend, unsicher, leise, klagend, folgsam	Nase rümpfen, starrer Blick, gerunzelte Stirn, abweisend, laut, trotzig, aufge-bracht
Gesten und Körperhaltung	Lockere, authentische, vitale, lustvolle Gesten, ständig in Bewegung, erhobener Kopf, in Trauer versunken,	hängende Schultern, verhaltene Gestik, Blick nach unten, unterwürfig,	Fahrige Gesten, hochgeschobene Schultern, gesenkter Kopf, aufstampfend, Fäuste ballend, verkrampft

Beim Kommunizieren in einer Interaktion tritt jeder Mensch einem Anderen mit seinen jeweiligen ICH-Zuständen gegenüber und spricht bzw. argumentiert entsprechend seiner momentanen inneren Situation. Er wählt für die aktuelle Kommunikation einen der drei Ich-Zustände; d.h. Sender und Empfänger agieren im jeweiligen Zustand was jeweils entsprechend den Stimuli Reaktionen bewirkt. Gerold entwickelte daraus drei Kommunikationsregeln:

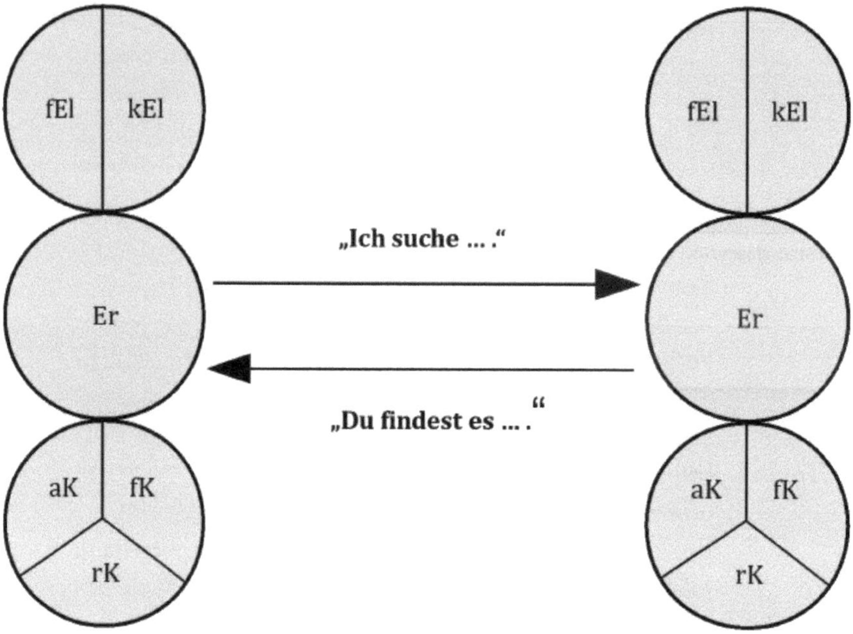

Beide beteiligten Personen sprechen und empfangen im Erwachsenen-ICH.

Die eine Person spricht aus dem fürsorglichen Eltern-ICH, die andere empfängt es im angepassten Kind-ICH.

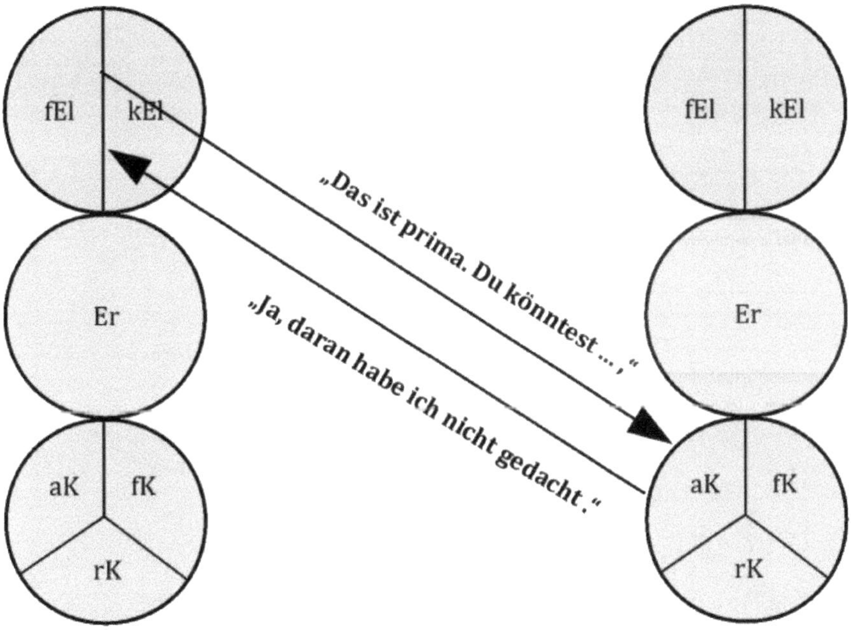

Erste Kommunikationsregel:

„Ein Gespräch mit parallelen Transaktionen verläuft störungsfrei und ist prinzipiell endlos angelegt.“ (Gerold)

Bei der nächsten Grafik liegt eine Überkreuz-Transaktion vor. Die sendende Person spricht das Erwachsnen-ICH des Empfängers an, dessen Reaktion aus dem kritischen Eltern-ICH kommt und das rebellische Kind-ICH der sendenden Person erreicht. Die Kommunikation ist gestört.

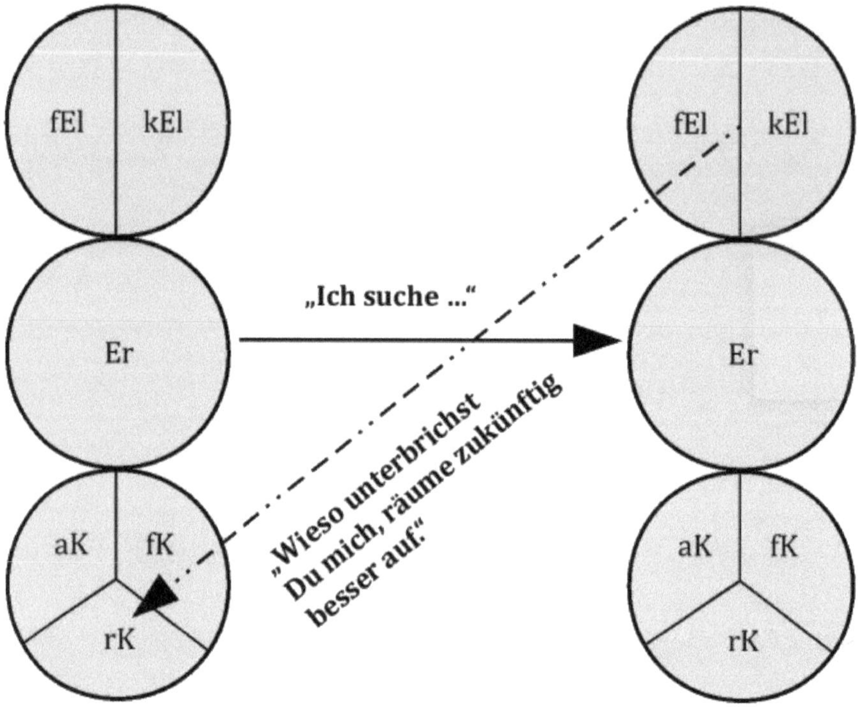

Zweite Kommunikationsregel:

„Eine gekreuzte Transaltion führt zu einem Bruch im Gesprächsfluss und nötigt zur Neuorientierung.“ (Gerold)

Es gibt auch Transaktionen, die nur vordergründig klar sind und zwar den selben ICH-Zustand im Gegenüber ansprechen, jedoch eine unausgesprochene Transaktion z.B. aufgrund einer anderen Mimik , einem anderen Tonfall oder einer anderen Körperhaltung enthalten.

Berne nennt dies eine Duplex-Transaktion, die zwei Ebenen enthält, eine soziale und eine psychologische.

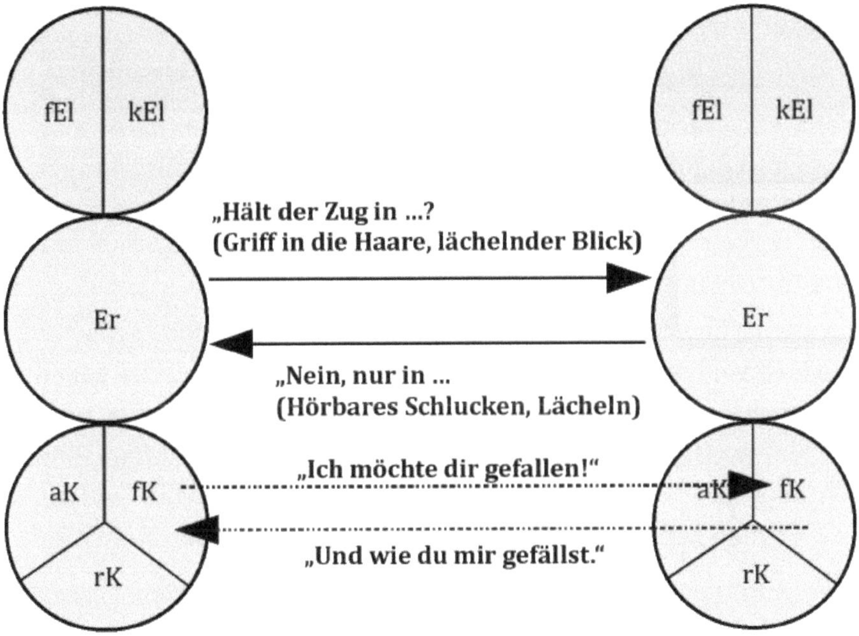

(Gerold)

Dritte Kommunikationsregel:

„Bei einer doppelbödigen Transaktion ist stets die psychologische Ebene die wichtigere gegenüber der sozialen Ebene." (Gerold)

Mit Hilfe der oben beispielhaft genannten Merkmale, die als Indizien für den Ich-Zustand der miteinander kommunizierenden Personen dienen können, lassen sich Kommunikationsprozesse sowohl analysieren, als auch aus dem Erwachsenen-ICH heraus besser im Sinne von Konstruktivität mit Blick auf Achtung und Respekt gegenüber dem Anderen gestalten. Die Fähigkeit solche Indizien des Ich-Zustands des Gesprächspartners wahrnehmen zu können bzw. dies zumindest zu versuchen ist gerade auch im pädagogischen Bereich hilfreich.

H) Kommunikationsmodell nach Riemann und Thomann

Menschen gestalten ihre Interaktionen unterschiedlich. So nehmen sie in individueller Weise Kontakt zu ihren Mitmenschen auf. Die hängt zum einem vom jeweiligen Kontext (Setting der jeweiligen Situation), als auch von den inneren Befindlichkeiten ab. Diese Unterschiede zwischen den Beteiligten wirken sich auf die Art und Weise der Kommunikations- und Beziehungsprozesse aus.

Das Riemann-Thomann-Modell kann hier aufschlussreich sein. Es unterscheidet vier menschliche Grundausrichtungen, innerhalb denen die menschlichen Interaktionen stattfinden. Jeder Mensch hat je nach Kontext der zwischenmenschlichen Begegnung bzw. Kommunikation meist ein oder zwei bestimmte Präferenzen, die dann aktiviert werden und das Verhalten maßgeblich beeinflussen bzw. steuern.

Besondere Aufmerksamkeit gilt es dabei auf die zwischen den Achsen befindlichen Felder zu legen, die qualitative ´Schattierungen´ zwischen zwei Achsen repräsentieren; denn i.d.R. liegt bei keinem Menschen eine vollkommene Präferenz auf einer der Achsen.

In Kommunikationsprozessen ist es für das eigene, passende Verhalten oft hilfreich, mögliche Indizien zu erkennen bzw. zu erahnen, in welchem der vier Felder die andere Gesprächsperson momentan oder auch meistens ´unterwegs´ ist. Ebenso kann dieses Modell sowohl als Analyseinstrument für die je eigene Person, als auch für stattgefundene Kommunikationsprozesse oder in Gruppenprozessen für eine Aufstellung dienen.

Riemann und Thomann haben zur Veranschaulichung eine kreuzförmige Darstellung gewählt, deren gegenüberliegende Paare lauten: Waagerecht: Nähe - Distanz und senkrecht: Dauer - Wechsel.

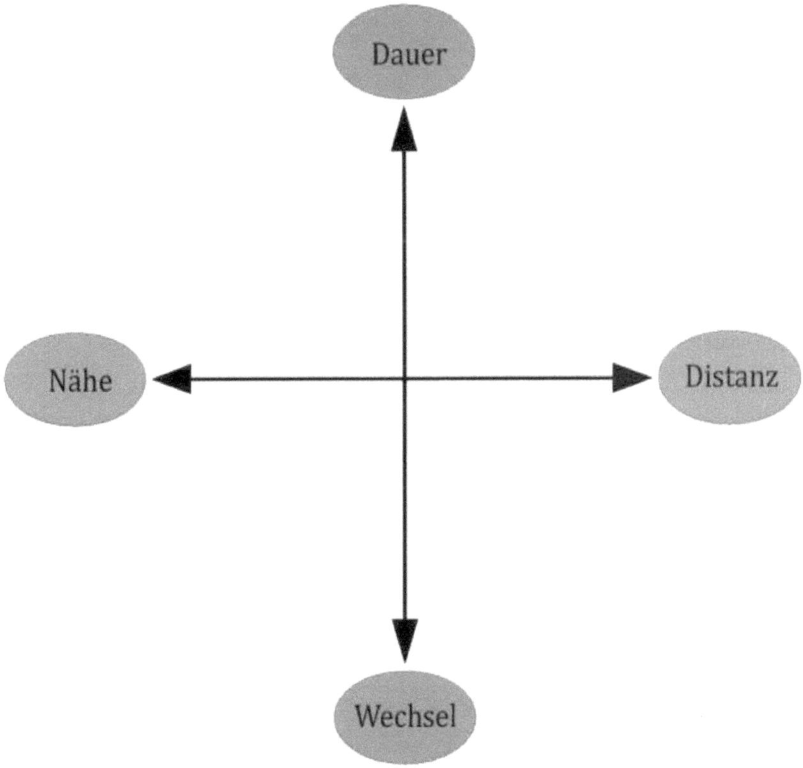

Um das Kommunikations- und Interaktionsverhalten besser verstehen zu können, werden den jeweiligen Polen bestimmte Merkmale zugeordnet.

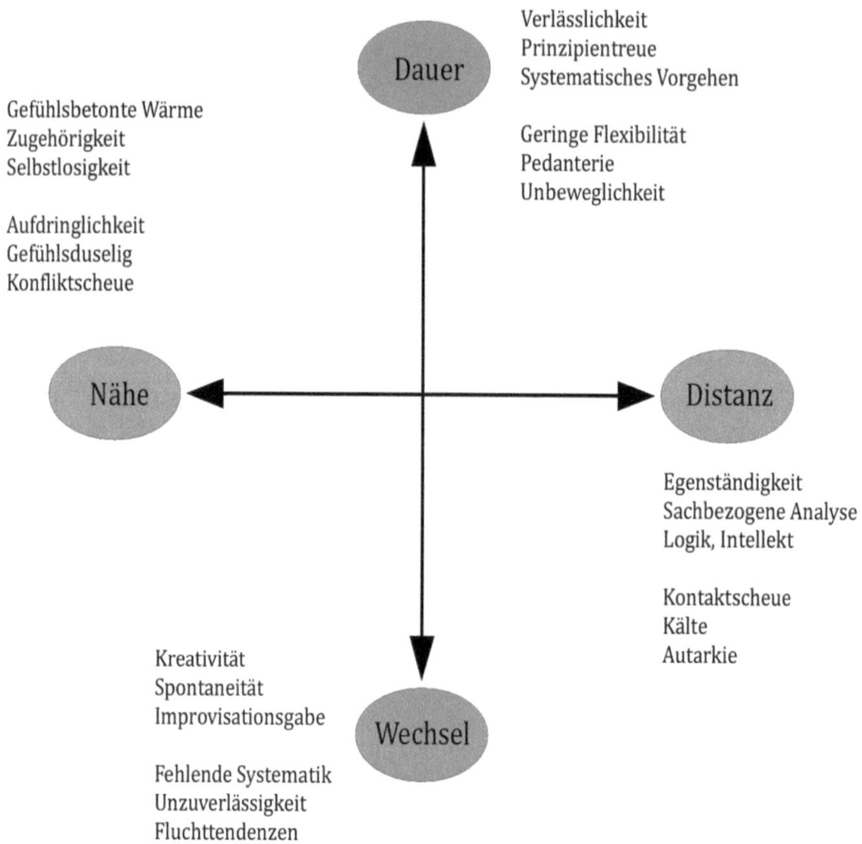

(siehe Kölfen)

Mit den einzelnen Polen lassen sich Indizien auf mögliche Überzeugungen jeweiliger Personen verbinden.

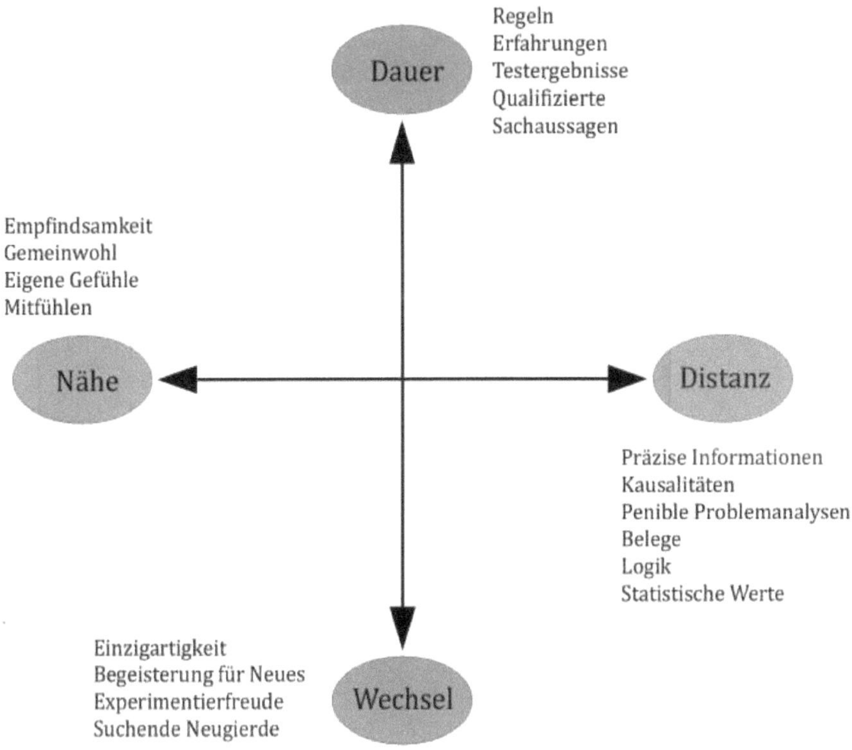

Für jedes der Felder lassen sich bei erwachsenen Gesprächpartnern, z.B. Kolleginnen / Kollegen, Erziehungsberechtigte (Eltern), usw. für jedes Feld auf der Winkelhalbierenden sowohl tätigkeitspezifische Begriffe, als auch positive sowie kritische Merkmale überblickartig zuordnen:

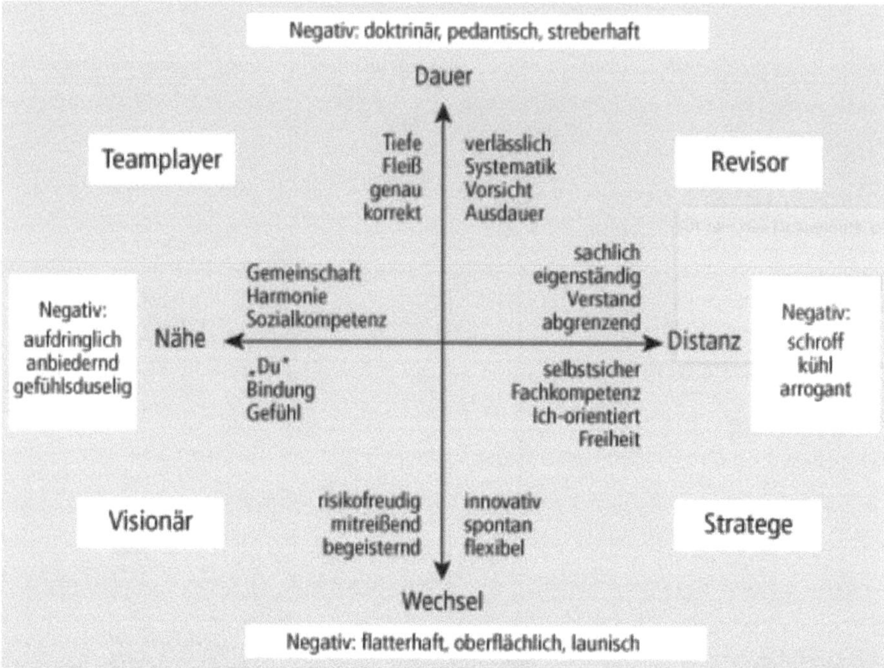

4.1.7 Kommunikationsstile

Jeder Achsenabschnitt steht für einen bestimmten Kommunikationsstil. Die folgende Übersicht stellt dies beispielhaft dar:

Nähe

- „Befehle werden als Wünsche deklariert („Ich würde mich freuen ...").
- Ablehnung wird als „ich kann nicht" statt „ich will nicht" formuliert.
- Forderungen werden nicht oder per „Wir" geäußert: „Wir brauchen jetzt ..." statt „Ich will, dass ..."
- Konflikte werden selten so weit auf die Spitze getrieben, dass die Gefühle der Entsolidarisierung entstehen."

Distanz

- „Persönliche Empfindungen und Wertungen werden unpersönlicher formuliert: Es wäre wünschenswert, dass ...“ „Man könnte sich vorstellen, dass ...“
- Gefühle werden zurückgehalten: „Bitte bleiben Sie sachlich ...“
- Hilfe und Unterstützung bei Bedürftigkeit wird nicht oder nur sehr vorsichtig erbeten und gewährt: „Ich möchte Ihnen ja nicht zu nahe treten, aber ...“
- Mit Lob und Zuneigung wird sehr sparsam umgegangen.
- Es wird streng zwischen Privat- und Berufsleben unterschieden: „Das gehört nicht hierher ...“

Dauer

- „Es geht häufig darum, wer Recht hat: „Es ist doch fachlich klar, dass ...“
- Argumente sind durch Prinzipien ersetzbar: „Es gehört sich ...“, „Grundsätzlich gilt ...“
- Umgangsformen und Hierarchien werden streng beachtet: „Das steht Ihnen nicht zu ...“
- Man entschuldigt sich, wenn Regeln, Prinzipien oder Zeiten nicht eingehalten würden: „Verzeihung, wenn ich ...“
- Prinzipienversetzungen werden wie Ketzerei behandelt: „Das gehört sich nicht, richtig wäre ...“

Wechsel

- „Regelbrüche gelten als Verlebendigung und Bereicherung: „Ich hab´ da eine tolle Idee ...“
- Ideen werden in die Tat umgesetzt, ohne die Zustimmung der anderen abzuwarten: „Ich mach schon mal ...!“

- Ablehnung wird selten offen und konfrontativ kommuniziert, sondern dadurch, dass das Thema gewechselt oder ein neuer Vorschlag gemacht wird: „Tolle Idee ..., ich hätte da auch noch ...!"
- Spannungen werden schnell entladen: „Nun sei doch nicht so ernst/traurig/nachtragend/ böse!"
- Regelverstäße werden augenzwinkend hingenommen; „Er hat´s ja nicht so gemeint!" (Stahl)

I) Kommunikationsmodell von Schulz von Thun

Das Kommunikationsmodell von Schulz von Thun gehört zu den Encoder-/Decoder-Modellen. Diese verstehen unter „Kommunikation einen Prozess, bei dem eine innere Repräsentation (z. B. die Definition des Wortes Kommunikation) mit Hilfe eines Codes (z. B. Sprache) verschlüsselt wird. Diese Verschlüsselung nennt man Encodierung. Der verschlüsselte Code wird über den Kommunikationskanal zu den Adressierten der Botschaft geleitet und muss von dort wieder entschlüsselt werden.

Die Entschlüsselung wird auch als Decodierung bezeichnet. Encoder-/Decoder-Modelle zielen demnach überwiegend auf ein umfassendes Verständnis bezüglich der Verschlüsselung (d.h. Encodierung), Übertragung und Entschlüsselung (d. h. Decodierung) von Botschaften ab und versuchen, eine Antwort auf die Frage zu geben, wie eine Botschaft optimal übermittelt werden kann." (Röhrer) Das Modell von Schulz von Thun soll im Folgenden in seinen im zwischenmenschlichen Bereich wirksamen Elementen betrachtet werden.

Schulz von Thun stellt den Ablauf von Kommunikationsprozessen zwischen Menschen in der folgenden Grafik anschaulich dar:

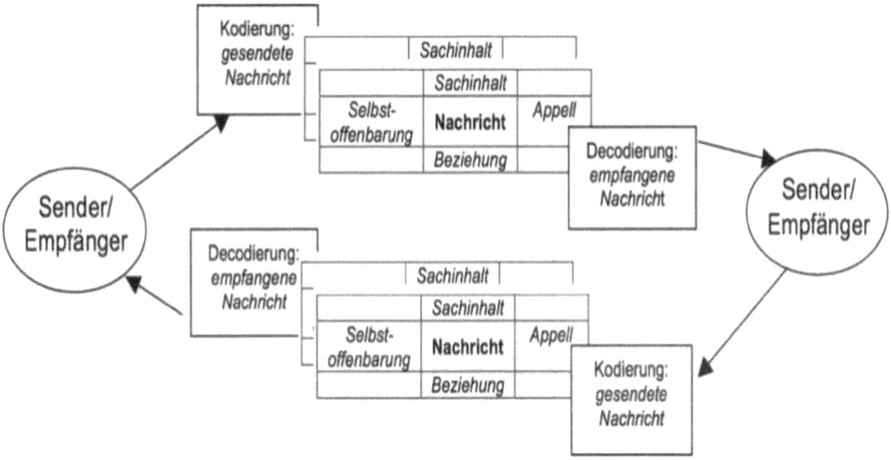

Graphik: Kommunikationsmodell von Schulz von Thun

Eine Information oder Nachricht hat nach Schulz von Thun immer vier Seiten oder Elemente. Aus jeder Nachricht kann die empfangende und diese interpretierende Person neben dem eigentlichen sachlichen Inhalt eine damit für sie verknüpfte Seite heraushören. Wie schon ganz am Anfang dieses Kapitels gesagt: Die hörende Person (Empfänger) entscheidet durch ihre Interpretation, welche Botschaft in der ihr übermittelten Nachricht sie hört bzw. heraushört.

In diesem Modell findet das Wesentliche bei der jeweiligen Decodierung statt. Die in der Grafik dargestellten vier Seiten einer Nachricht regen eine sendende Person dazu an, genau zu beobachten wie eine Nachricht angekommen ist. Gegebenenfalls gilt es nachzufragen, um zu klären.

Schulz von Thun trifft die folgende begrifflichen Unterscheidungen:

1. **Nachrichten - Botschaften:**

Eine Nachricht (objektiv) ist das gesamte „Paket" der übermittelten Information mit allen verbalen und nonverbalen Anteilen. Sie enthält viele Botschaften gleichzeitig (= die Deutungen, die ich senden will oder die ich empfange). Die Analyseeinheit kann manchmal nur ein Wort oder ein Satz, ein andermal eine ganze Rede sein.

2. **Explizite** (ausdrücklich formulierte) und **implizite Botschaften** (nicht gesagte, aber in der Nachricht indirekt enthaltene Botschaften): Botschaften können auf allen vier Seiten der Nachricht gesendet werden, und zwar sowohl explizit als auch implizit.

3. **Nonverbale Nachrichtenanteile:**

Implizites wird oft durch Stimme, Betonung, Körpersprache ausgedrückt. Sie haben drei Seiten (der Sachaspekt fehlt, weil Begriffe und Sätze außer Betracht bleiben).

4. **Kongruente und inkongruente Nachrichten:**

„Eine Nachricht heißt kongruent, wenn alle Signale in die gleiche Richtung weisen, wenn sie in sich stimmig ist " (Schulz v. Thun), während bei inkongruenten Nachrichten sprachliche und nichtsprachliche Zeichen in Widerspruch zueinander stehen, also etwa eine liebevolle inhaltliche Aussage mit eisiger Stimme ausgesprochen wird (vgl. Retter).

(Schulz v. Thun)

1. Sachinhalt:

Eine Nachricht enthält in der Regel Informationen zu einem Sachinhalt oder Thema, welche die sendende Person der empfangenden Person mitteilen möchte (z. B. zu erklären, welches Thema oder welcher Sachinhalt gerade ansteht).

2. Selbstoffenbarung:

In jeder Nachricht stecken auch Informationen über die sendende Person selbst. Diese können sowohl aus gewollter Selbstdarstellung (z. B. zu zeigen, dass man auf einem Gebiet kompetent ist), als auch aus unbeabsichtigter Selbstenthüllung (z. B. Zittern als Zeichen von Aufregung oder Angst) bestehen.

3. Beziehungsaussage:

Die Art und Weise, wie eine Person angesprochen wird, gibt meist Aufschluss darüber, welche Qualität der Beziehung zwischen ihr und der sendenden Person besteht („Habe ich mir doch gedacht, dass ... ." vs. „Wenn du dir das nochmal genau ansiehst, fällt dir sicher ... .").

4. Appell:

Wer etwas mitteilt, verfolgt damit in der Regel auch ein Ziel. Eine Nachricht soll z.B. die andere Person dazu bringen, bestimmte Dinge zu tun oder zu unterlassen, zu denken oder zu fühlen (nach Röhrer).

Schulz von Thun stellt dies meist in einem „vier Ohren"-Modell dar:

Das **„Sachohr"**: Wie ist der Sachverhalt zu verstehen?

Das **„Selbstoffenbarungsohr"**: Welche ´Person´ spricht (z.B. siehe Inneres Team)?

Das **„Beziehungsohr"**: Wie redet ... mit mir?

Das **„Appellohr"**: Was soll ich tun, denken, fühlen?

NACHRICHT:	*DU, DA VORNE IST GRÜN.*
Selbstkundgabe:	*Ich habe es eilig!*
Appell:	*Gib Gas!*
Beziehung:	*Du brauchst meine Hilfestellung!*
Sachinhalt:	*Die Ampel ist grün.*

Schwierigkeiten in einem Kommunikationsprozess lassen sich mit diesem Modell so klären, dass erkennbar wird, wo die Intention der sendenden Person differiert zur Wahrnehmung der die Information empfangenden Person. Entscheidend ist, wie gut die Decodierung des Gemeinten bei der die Botschaft empfangenden Person gelingt. Hier kommt es wesentlich auf die Eindeutigkeit der gesendeten Botschaft an: „Du fährst ganz schön schnell!" kann von der sendenden Person die Aufforderung enthalten, bitte etwas langsamer zu fahren. Bei der empfangenden Person jedoch auch ganz anders verstanden werden. Mit entscheidend ist der Kontext in den die Information eingebettet ist (Mimik, Tonfall, Körperhaltung). Beim Autofahren wäre dies i.d.R. ein Kommunikationsproblem, da die fahrende Person ihre ganze Aufmerksamkeit auf den Verkehr richten dürfte. Sie müsste zurückfragen, um zu verstehen, was gemeint ist.

Zudem entwickelt jeder Mensch im Laufe seines Lebens und der dort gemachten Erfahrungen situativ bestimmte Gewohnheiten welches „Ohr" gerade auf Empfang ist. Schultz von Thun nennt dies „Empfangsgewohnheiten". Auch wenn eine bestimmte Information eigentlich ein anderes „Ohr" ansprechen soll, kann z.B. eine Person, die auf dem „Appellohr" auf Empfang ist, entsprechende Reaktionen zeigen. Hilfreich ist es daher, klare, eindeutige Informationen zu senden. Falls eine Information bzw. das davon Gehörte vermutlich unterschwellige Botschaften enthält, sollten diese durch Rückfragen geklärt werden, um so z.B. entspannend bei kritischen Situationen zu wirken.

Jede Kommunikation ist gemäß Schulz von Thun gleichzeitig auch Metakommunikation. Da die Mitteilungsebene der Kommunikation ständig von der Meta-Ebene begleitet bzw. überwacht wird. Dies geschieht beim Sender meist unbewusst. Damit ist gemeint, daß die Vergewisserung darüber, ob ich in meiner Botschaft auch verstanden werde, Bestandteil meiner Kommunikation ist. Die Botschaften dieser beiden Ebenen, Kommunikation und Metakommunikation, qualifizieren einander, d.h. sie geben sich wechselseitig Interpretationshilfe, wie die Botschaft der anderen Seite gemeint sei.

Grundsätzlich qualifiziert jeder Mensch empfangene Nachrichten (nach Schulz von Thun). Eine solche Qualifizierung geschieht in vier Bereichen: Dem situativen Kontext, dem Tonfall, der Art der Formulierung und der Körperbewegungen (Mimik, Gestik). Alle vier geschehen auf einer der verbalen Kommunikation übergeordneten Ebene (Metakommunikation).

Keine Probleme gibt es, wenn die Botschaft mit dazu passenden Qualifizierungen zusammentrifft (kongruente Nachricht). Differieren Botschaft und Qualifizierung (inkongruente Nachricht) so muss eine solche entschlüsselt werden, um den gemeinten Sinn zu erkennen und damit die Botschaft zu verstehen. Inkongruente Nachrichten bewirken zunächst eine unsichere Situation beim Empfänger, da er mit einer paradoxen Aussage konfrontiert ist. Selbst wenn er erkennt, dass eine Aussage ironisch gemeint ist, stellt sich für ihn meist die Frage, wer damit und warum getroffen werden soll?

Oft ist es auch angesagt, im Vorfeld, bevor eine Information verbal benannt wird, die möglichen vier Perspektiven der Botschaft ins eigene Denken einzubeziehen. Dies kann das gewollte, individuelle und authentische Verhalten herausfordern dahingehend, dass die gefühlte innere Wahrheit unpassend zur äußeren Situation ist. Ruth Cohn sagt in diesem Zusammenhang: „ Alles, was ich sage, soll wahrhaftig sein, aber nicht alles, was innerlich wahr ist, soll gesagt werden!" Hier gilt es dann die Schwestertugenden des Authentisch-seins zu aktivieren: Diese sind Sensibilität, Takt und Diplomatie.

Vier Faktoren bestimmen nach Schulz von Thun ob eine Information oder Nachricht für Empfänger eher verständlich ist:

1. „Einfachheit;

2. Gliederung (in einer Ordnung);

3. Kürze (Prägnanz);

4. Zusätzliche Stimulanz."

Besonders für Punkt vier gibt Schulz von Thun Hinweise: Es gilt bei jedem Thema möglichst viele Sinne anzusprechen (Bild, Ton, Film, Grafik), bildhafte Sprache und erlebnisbezogenes Erzählen (u.a. szenische Kurzspiele), Anknüpfen an adressatenbezogene Erfahrungen („erlebnisstimulierende Darstellung") und abstrakte Begriffe konkretisieren z.B. durch eigene Assoziationen bei lautem Denken.

4.1.8 Kommunikationsmodelle - Rück- und Ausblick

Die Kommunikationsmodelle gelten für verbale und nonverbale Kommunikation. „Alle Modelle funktionieren nur, wenn bestimmte Gemeinsamkeiten vorhanden sind: Zeichen und deren Bedeutung, Regeln für die Zuordnung der Zeichen und Aussprache, gemeinsamer En- und Decodierungsschlüssel und Grammatik. Die Kommunikationsteilnehmer brauchen ein gemeinsames Weltwissen, Sprachwissen und ein weitgehend gleiches internes Lexikon." (Kesseler) Kommunikation ist ein komplexes Geschehen und kann daher nie problemlos funktionieren. Max Frisch sagte hierzu: „[...] jeder Versuch, sich mitzuteilen, kann nur mit dem Wohlwollen der anderen gelingen." Eine gelingende Kommunikation hat das Wertschätzen der anderen Person(en) als Grundlage. Dieses zeigt sich durch Höflichkeit, Takt, freundliche Ermutigung und Reversibilität im Sprachverhalten. In einem solchen Kommunikationsprozess empfindet und erfährt sich der Empfänger als achtenswerte, vollwertige und gleichberechtigte Person und agiert dann meist auch respektvoll auf Augenhöhe.

Ergänzende Elemente:

Die verschiedensten Kommunikationsmodelle werden durch die nachfolgend vorgestellten, mehr bildhaft veranschaulichenden Modelle ergänzt sowohl mit Blick auf ein mögliches Analysieren einer Kommunikationssituation, als auch eine Selbstreflexion oder ein Reflektieren in einer Coaching- oder Supervisionssituation.

4.1.9 Das Eisbergmodell

Das Eisbergmodell wurde in seinen Grundzügen von Sigmund Freud angedacht. „Freud war der Überzeugung, dass die Gedanken und die Verhaltensweisen, die einer Person bewusst werden, nur ein kleiner Anteil seiner fortlaufenden Erfahrung ausmachen und dass die bestimmenden Einflüsse auf bewusste Gedanken und auf das beobachtbare Verhalten irrational, unbewusst und von früheren

Entwicklungsphasen abhängig seien, d.h. jede Schicht beeinflusst die darüberliegende“ (Zimbardo).

Beim Eisbergmodell handelt es sich um eine Metapher, eine Art Analogie hinsichtlich der Kommunikation zwischen Menschen. Danach findet bei zwischenmenschlichen Kommunikationsprozessen etwa 80% des Austausches unbewusst statt. Das Eisbergmodell gibt Hinweise darauf, dass aufgrund der Art der Informationsverarbeitung im menschlichen Gehirn nur ein Bruchteil der unbewussten Prozesse und diese auch nur, wenn ein Mensch seine ganze Aufmerksamkeit darauf richtet, ins Bewusstsein gelangen.

So kann ein Mensch ganz bewusst z.B. auf seine eigene Körpersprache oder diejenige einer anderen Person achten. Andere Verhaltenselemente im gleichen Kommunikationsprozess werden dann nicht mehr so genau oder gar nicht wahrgenommen. Dies hat mit der Begrenztheit des menschlichen Arbeits- und Kurzzeitgedächtnisses zu tun, das nur eine begrenzte Zahl an Sinneseindrücken verarbeiten kann.

Das Eisbergmodell kann das Bewusstsein für „unsichtbare“ Kommunikation stärken. Es ermöglicht bei den Gesprächspartnern eine konstruktivere Kommunikation, in dem durch eigene gezielte Artikulation der Gefühle, Wahrnehmungen und des eigenen Willens bzw. Wollens oder gezielte Rückfragen an den Gesprächspartner hinsichtlich des vermuteten „verborgenen“ Teils, Klarheit angestrebt wird.

Das Eisbergmodell gliedert sich in drei Ebenen: Die Sachebene als sichtbaren Teil des Eisbergs, die Ebene des Vorbewussten und die Ebene des Unbewussten. Die bewusste, sichtbare Ebene umfasst das beobachtbare Verhalten. Das Vorbewusste befindet sich im Bild ′Eisberg′ sowohl knapp über, als auch knapp unter ′der Wasserfläche′ und kann jederzeit, so erforderlich, erinnert werden.

Das Unbewusste umfasst alle gespeicherten bisherigen Erfahrungen. Alle drei Ebenen wirken in allen Kommunikations- und Interaktionsprozesen dynamisch zusammen, d.h. sie beeinflussen sich gegenseitig, wobei der vor- und vor allem der unbewusste Teil das Verhalten z.B. in kritischen Situationen maßgeblich steuert.

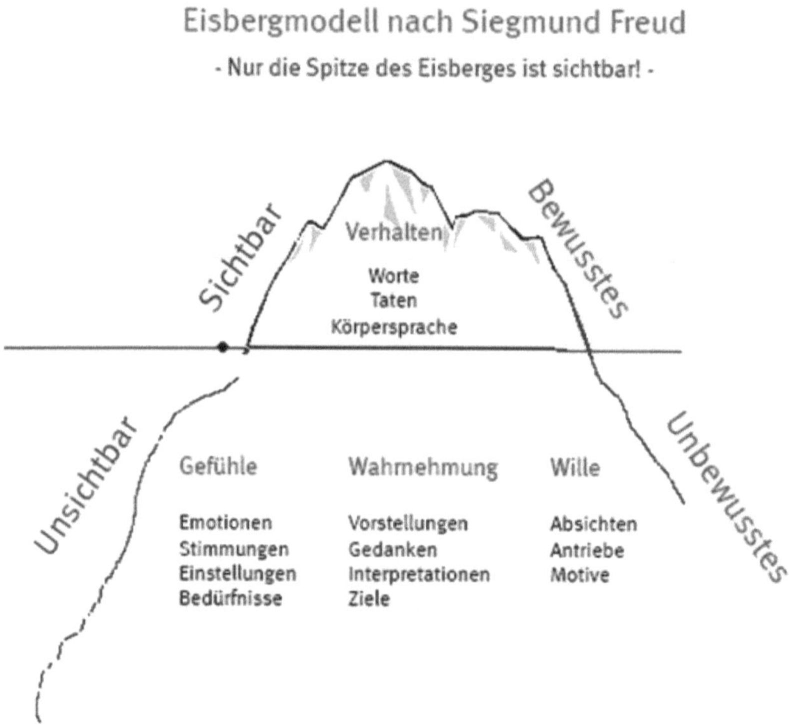

(Hesse/Schrader)

4.1.10 Das Johari-Fenster

Das Johari-Fenster, entwickelt von den amerikanischen Sozialpsychologen J. Luft und H. Ingham (1955), macht darauf aufmerksam, dass sich Selbst- und Fremdwahrnehung i.d.R. von einander unterscheiden. Jeder Mensch nimmt sich anders wahr, als dies außenstehende Personen tun. Für die eigene Person ist vor allem der ´blinde Fleck´ interessant.

Zusammen mit Kommunikationsmodellen kann mit dem Modell des Johari-Fensters eine Analyse von Kommunikationsprozessen zwischen Einzelpersonen sowie innerhalb von Gruppen vorgenommen werden. Besonders eignet es sich zur Analyse gruppendynamischer Prozesse in solchen Gruppen, in denen die Einzelpersonen authentisch sein können und ein grundlegendes gegenseitiges Vertrauen besteht. In solchen Prozessen wird erkennbar, dass bei Änderung in einem Bereich, sich auch alle anderen Bereiche verändern.

Bei der Arbeit mit diesem Modell ist ein Ziel, den je persönlichen Handlungsrahmen zu erweitern und transparenter werden zu lassen. So kann z.B. im Feedback von anderen Personen sich der ´blinde Fleck` verringern, indem die betreffende Person mehr über sich selbst erfährt und damit sich selbst bewusster wahrnimmt, wodurch sich die persönlichen Handlungsspielräume erweitern.

Auch kann sich das Feld ´meine Geheimnisse´ verändern, indem solche den Anderen mitgeteilt werden. Dadurch verringert sich der Kraftaufwand der Geheimhaltung, wodurch sich die Freiräume und damit wiederum der Handlungsspielraum im wahrnehmbaren bzw. sichtbaren Feld erweitern.

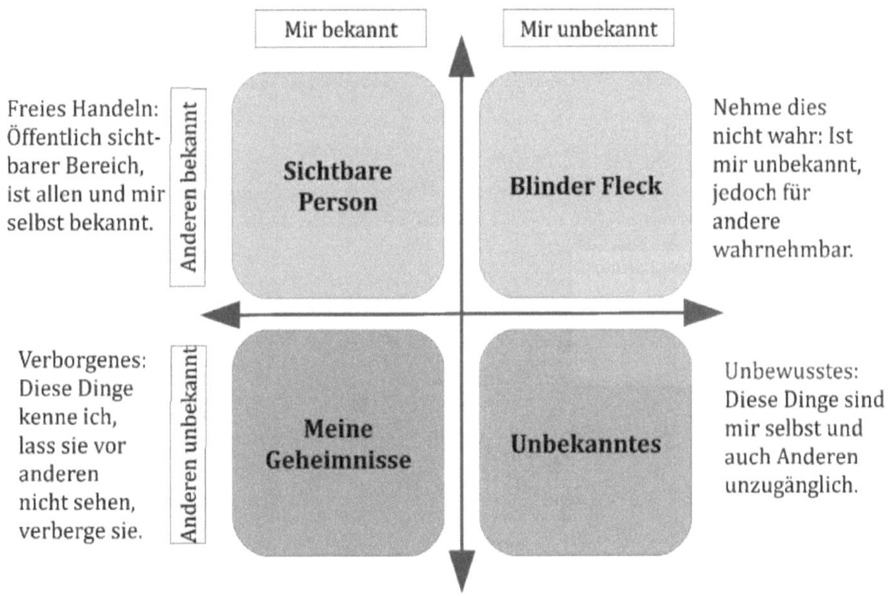

4.2 Soziale Interaktionen - Motive

Menschen sind auf Mitmenschen angewiesen und daher haben alle Menschen soziale Bedürfnisse. Viele Handlungen haben letztlich zum Ziel dieses soziale Bedürfnis zu befriedigen. Rückmeldungen von anderen Personen sind dazu erforderlich, die z.B. besonders in Gruppensituationen, seien dies Arbeits- oder Lerngruppen erfolgen. Dies geschieht sowohl durch das Austauschen von Informationen, als auch zeitgleich durch ein ´Sich-Präsentieren´ mit einem entsprechenden Verhalten.

Jedes menschliche Individuum versucht in einer Gruppe auch ein Befriedigen seiner sozialen Motive zu erreichen. Zu Beginn einer Gruppenbildung, jedoch auch immer wieder danach, wird das Verhalten von Interaktionspartnern daraufhin geprüft, ob diese Signale aussenden, die ein Befriedigen von individuell geprägten sozialen Bedürfnissen erlauben bzw. solche wecken oder diesem Anliegen entgegenstehen.

Das Streben von Menschen nach Beziehungen zu Anderen ist eine evolutionär begründete Tendenz für ein Überleben, d.h. die Präferenz, Tätigkeiten in einer Gemeinschaft auszuführen anstatt alles alleine zu bewerkstelligen gründet sich auf ein tief verankertes Bedürfnis nach Zugehörigkeit. Gruppen bilden sich daher, um unterschiedliche soziale Bedürfnisse befriedigen zu können.

Für die Entscheidung einer Gruppe beizutreten und deren Mitglied bleiben zu wollen sind letztlich die vom jeweiligen Individuum gesehenen Kosten-Nutzen-Relationen entscheidend. Diese individuellen Bedürfnisse nach Zugehörigkeit kommen auch in Zwangsgruppen wie einer Kindergartengruppe oder einer schulischen Lerngruppe oder Klasse zum Tragen.

4.2.1 Pädagogische Beziehungen gestalten

Im vorausgegangenen Kapitel über Kommunikation, wurde insbesondere die Art und Weise der verbalen Kommunikation beleuchtet. Die „vier Ohren" von Schulz von Thun heben die Bedeutung des genauen Zuhörens hervor, das durch die Aussagen von Rogers und Gordon mit dem Begriff des „Aktiven Zuhörens" noch verstärkt wird. Die beiden folgenden Sprichwörter verdeutlichen dies:

„Für ein Gespräch ist das Ohr wichtiger als die Zunge!" (Thornton Wilder)

„Es ist das Ohr, das die Dunkelheit durchdringt, nicht das Auge." (Sprichwort der Massai)

Ausgehend von den Faktoren, die einen Kommunikationsprozess beeinflussen:

1. Kommunikationsziel (z.B. inhaltliche und motivationale Elemente);
2. Beziehung zum Gesprächspartner (z.B. Auftreten, Sprache, Sympathie/Antipathie, Werte);
3. Persönliche Erfahrungen (z.B. Schulisch / privat, Gruppe);
4. Selbstbild (z.B. Motivationale Orientierung, Selbstwertgefühl / Selbsteinschätzung, Fähigkeitskonzept);

ergeben sich drei Bereiche: Einmal der von außen gesetzte Rahmen (1), der institutionell gesetzte personale Rahmen (2) und zum anderen die je persönlichkeitsspezifisch vorhandenen und eingebrachten Voraussetzungen (3 und 4).

Der erste Bereich umfasst die Organisation und hier die inhaltlichen und pädagogischen Rahmenbedingungen (z.B. Bildungs- und Erziehungspläne).

Der zweite Bereich betrifft den personalen Rahmen bzw. die personale Dimension (z.B. pädagogisch tätige Personen).

Der dritte Bereich umfasst alle Elemente, die jede Lehrerin / jeder Lehrer sowie ein Kind bzw. Jugendlicher als Vorwissen und gemachte Erfahrungen sowohl mit sich selbst, als auch solche in seinem Umfeld, in den Raum der pädagogischen Institution mitbringt.

In diesem Kapitel sind vor allem die Beziehungsaspekte sowie ggf. damit gekoppelte Systeme relevant. Dabei ist in pädagogischen Beziehungsbereichen das genaue Hinhören bzw. Zuhören und darauf aufbauendes reflektiertes Handeln besonders wichtig. Je jünger ein Kind ist, desto wichtiger ist die biologische Notwendigkeit der Bindung an eine andere Person, meist die Eltern. Mit zunehmendem Alter nimmt diese Notwendigkeit ab.

Es entwickelt sich zunehmend mehr Selbständigkeit und die sozialen Beziehungen nehmen zu, werden wechselseitiger. Eine soziale Beziehung zwischen Menschen gelingt wenn sie sich gegenseitig im Denken, Handeln und Fühlen aufeinander beziehen. Nach Beelmann & Raabe braucht es zum Gewinnen und Aufrechterhalten sozialer Beziehungen soziale Kompetenz. Dies setzt bei allen Beteiligten die Fähigkeit voraus, auf andere zuzugehen.

Ebenso muss jede und jeder von ihnen einen konstruktiven Umgang mit sich selbst gelernt haben und ggf. eigene Gefühle erkennen und zurückstellen können. Soziale Beziehungen erfordern von allen Beteiligten ein verlässliches und kooperationsbereites Verhalten sowie den Willen und die Fähigkeit, sowohl eigene Bedürfnisse freundlich einzubringen, als auch diese begründend durchsetzen zu können (siehe Beelmann & Raabe).

4.2.2 Wandel sozialer Beziehungen

Als grundlegende Komponente der menschlichen Natur betrachtet die Verhaltensbiologie die Neigung, starke emotionale Beziehungen gerade über vielfältige Kommunikations- und Interaktionsweisen zu spezifischen Menschen aufzubauen. Diese Bereitschaft ist schon bei den Neugeborenen vorhanden und bleibt über das Erwachsenenalter bis ins hohe Alter bestehen. Positive und tragfähige Beziehungen reichen bei förderlicher, gesunder Entwicklung bis ins Erwachsenenalter, wobei sie sich weiter entwickeln und immer wieder ergänzt werden.

„Die Fähigkeit, Beziehungen zu anderen Menschen aufzubauen, wird als ein grundlegendes Merkmal einer effektiv funktionierenden Persönlichkeit und psychischer Gesundheit betrachtet.“ (Walter-Laager /

Pfiffner) Aus Erfahrungen frühkindlicher Bindungen, daraus erwachsener Erfahrungen sozialer Beziehungen meist innerhalb der Familie, entwickelt sich die menschliche Fähigkeit darüber hinaus soziale Beziehungen aufzubauen, wobei sich Rollen, Positionen, Haltungen und Sozialformen in den Beziehungen auch im gesellschaftlich-kulturellen Kontext laufend verändern und weiterentwickeln.

Mit zunehmendem Alter eines Jugendlichen hin zum Erwachsenen bestehen aus dem gesellschaftlich-kulturellen Kontext heraus Anforderungen und Erwartungen, welche jede Person in individueller Weise im gegebenen Rahmen ausgestaltet.

4.2.3 Professionelles pädagogisches Handeln

Zunächst gilt es zu klären, was unter professionellem Handeln, also der Professionalität in pädagogischen Berufsfeldern zu verstehen ist. Gekennzeichnet ist Professionalität zum einen durch die Art und Qualität der Ausübung einer personenbezogenen Tätigkeit, zum anderen steht Professionalität für das Merkmal der Eignung zur Ausübung des Berufes.

Damit bedeutet Professionalität nach Nittel „eine situativ und interaktiv herzustellende soziale Realität, also einen höchst flüchtigen Zustand von Beruflichkeit, der sich weitgehend einer Überführung in Routinen oder organisationales Handeln entzieht, da er durch Intuition, persönlichen Stil und individuelles Ermessen bestimmt wird." (Nittel)

Das pädagogische Handeln findet in einem fast unauflösbaren Spannungsverhältnis von Fach- und Expertenwissen sowie dessen Verwendungskontext statt. „Als synonym für ´gekonnte Beruflichkeit´ stellt Professionalität die nur schwer bestimmbare Schnittmenge [...] aus Wissen und Können dar. Sie markiert die widersprüchliche Einheit jener Kompetenzen und Wissensformen, die den Umgang mit beruflichen Widersprüchen, Paradoxien und Dilemmata erlauben." (Nittel) Eine individuelle, wachsende Fähigkeit des professionellen Handelns erfordert personspezifische und berufsbiografische Rollenfindungsprozesse, die „einen persönlichen Veränderungs- und Reifeprozess ebenso einschließen, wie einen wissenschaftlichen Kompetenzzuwachs. Dieser findet seinen Kristallisationspunkt in der Formierung einer auf dem Prunzip der Fachlichkeit beruhenden beruflichen Identität und der Aufschichtung von diesbezüglichem Professionswissen.“ (Nittel)

Konkrete Modelle und Anregungen finden sich für professionelles pädagogisches Handeln in „Faustlos“, einem Programm für die Grundschule, und „KESS-Erziehen“, dessen Modell vom Kleinkind bis zum Jugendlichen reicht, sowie „Erwachsen werden“, das Anregungen von der späten Kindheit bis zum jungen Erwachsenen gibt. Alle drei Modelle sind umfassend dokumentiert, beziehen die Erziehenden als maßgebliche Vorbilder mit ein, und es gibt für Erzieherinnen bzw. Lehrerinnen / Lehrer entsprechende Seminare dazu.

4.2.4 Aspekte pädagogischer Beziehungen

Pädagogische Beziehungen knüpfen an den vom jeweiligen Kind bzw. Jugendlichen in seinem bisherigen Leben gemachten Erfahrungen an bzw. bauen darauf auf. Für Verläufe des Bindungs- und Beziehungsverhaltens entwickelte Remo Largo ein Modell der bindungstheoretischen Voraussetzungen für Entwicklungsverläufe in Beziehungen, das den Zeitraum der Kindheit und Jugendzeit umfasst. In diesem Zeitraum stellte er einen Wechsel der maßgeblichen Personengruppen fest.

Die folgende Grafik von Largo zeigt anschaulich wie sich das Bindungsverhalten bis zum 20. Lebensjahr entwickelt bzw. verändert:

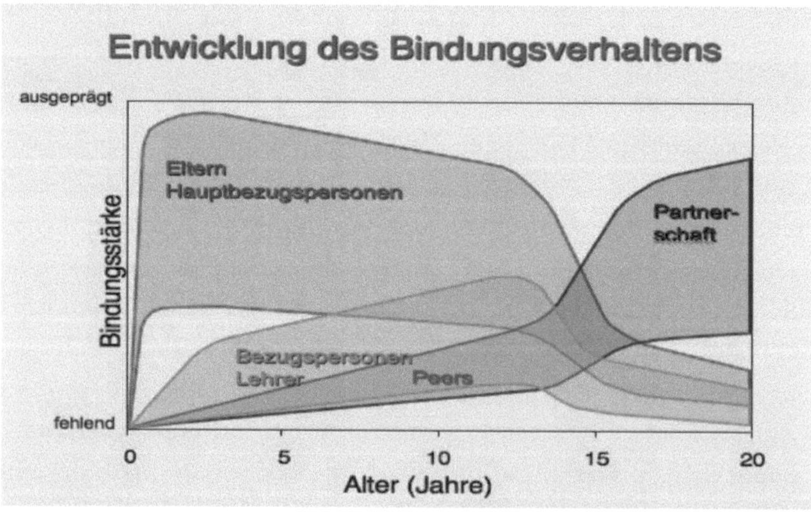

Kindheit: Bis zum fünften Lebensjahr verfügen Kinder über ein differenziertes Modell ihrer Bezugspersonen und können damit Interessen, Absichten und Stimmungen des Anderen berücksichtigen. Jeweilige, so erworbene Modelle wirken unbewusst im Denken, Fühlen und aktivierten Handlungsvollzügen. Bestand eine verlässliche und belastbare Beziehung zu einer Bezugsperson, so verfügen diese Kinder z.B. im Alter von zehn Jahren meist über ein festes Netz von ´Freundschaften´, sind ausgeglichener im Umgang mit Gleichaltrigen und haben meist einen „besten Freund".

Peers werden in der Zusammenarbeit bevorzugt, jedoch kommen diese Kinder auch mit anderen Gruppenzusammensetzungen klar. Im Alter von zehn Jahren sind Freundschaften überwiegend gleichgeschlechtlich. Mit elf oder zwölf Jahren finden sich im privaten wie schulischen Bereich auch gemischtgeschlechtliche Cliquen, dabei sind diese nach Krappmann immer rückgebunden in eine gleichgeschlechtliche Peergruppe. Diese bietet unterstützende Handlungsstrategien (vgl. Krappmann & Oswald).

Jugendalter: Die Pupertät bewirkt Veränderungen nicht nur in der Eltern-Kind-Beziehung, in der es zu einer zunehmenden emotionalen Distanzierung kommt. In dieser Adoleszenzphase besteht sowohl ein Bedarf / Streben nach Veränderung, als auch solches nach Kontinuität. „Eine zuverlässige Beziehung mit den Eltern gibt den Heranwachsenden die nötige Unterstützung, um sich aufgeschlossen den außerfamiliären Kontexten zuzuwenden und darin autonom zu handeln. Gelingt dies, so findet in der Eltern-Kind-Beziehung eine Transformations statt hin zu einer vermehrt symmetrisch-kooperativen Struktur." (vgl. Schuster et al.)

Auf der Beziehungsebene nimmt die Bedeutung der Gleichaltrigengruppe zu. Es kommt auch zu einer Forcierung des Orientierens auf gegengeschlechtliche Partner außerhalb der Familie. Auch gewinnen Beziehungen zu anderen Erwachsenen zunehmend an Bedeutung. Die Beziehungen zu den Eltern bleiben meist erhalten, verändern sich jedoch in ihrer Qualität. Das bisher gelernte Modell ´Beziehungen´ tritt in Wechselwirkung zu neuen Erfahrungen in Interaktionen. Beide beeinflussen sich gegenseitig und verändern sich. Mit 15 oder 16 Jahren verbringen Jugendliche immer noch viel mehr Zeit mit gleichgeschlechtlichen Partnern als mit gegengeschlechtlichen Jugendlichen. Die Kommunikation passt sich an: Mädchen praktizieren eher eine soziale Kohärenz in Verhalten und ihren Gesprächen. Jungen versuchen sich eher durchzusetzen, sie rivalisieren und konfrontieren sich untereinander. In Jungengruppen ist der Status und dessen Aushandlung für die Art der Interaktionen besonders bedeutsam. Über spezielles, oft auffallendes Verhalten wird bei Jungs oft eine Art ´Männersolidarität´ gezeigt. Mädchen praktizieren öfter Solidarität untereinander und ihre Beziehungen können sehr vertraut und eng sein (vgl. Schuster).

4.2.5 Soziale Beziehungen in pädagogischen Institutionen

Mit Blick auf professionelles pädagogisches Handeln kommt der von Reich begründete Ansatz des interaktionistischen Konstruktivismus in den Blick, der besagt, dass bei der Konstruktion von Wirklichkeit die Bedeutung der kulturellen und lebensweltlichen Bezüge in die Interaktionen einfließen. Was heißt, dass nicht nur Situationen und Beziehungen definiert, sondern z.B. auch Haltungen, Meinungen und Einstellungen kommuniziert und Positionen, Regeln und Grenzen im Sinne von Orientierunggeben festgelegt werden. Dadurch wird im Dialog Wirklichkeit re-, de- und neu konstruiert vor dem Hintergrund der jeweiligen individuellen, kulturellen und lebensweltlichen Bezüge (vgl. Pietsch).

Für professionelles pädagogisches Handeln bedeutet das, dass „pädagogische Beziehungen keine dyadischen Konstruktionen sind, in denen die Beteiligten ausschließlich aufeinander bezogen handeln. Lehrer und Schüler werden vielmehr in ihrem Verhältnis zueinander als selbsterzeugende, autopoietische Systeme verstanden, die jeweils in eigene soziale Kontexte und größere Umweltzusammenhänge eingebettet sind. Das Gelingen von Lernprozessen ist somit nicht nur von den Intentionen des Lehrers, sondern entscheidend von denen der Schüler abhängig. [...] Durch die Betonung von Individualität, Eigensinnigkeit und Eigenwilligkeit der Lernenden (Schülerinnen / Schüler) kommt den Aspekten von Selbstorganisation, Sprache, Toleranz und Verantwortung eine besondere Bedeutung zu.“ (Pietsch) Dadurch ergeben sich spezifische Herausforderungen oder Handlungsprobleme, die eine situations- und fallspezifische reflexive Betrachtung erfordern.

Hilfreich für ein professionelles pädagogisches Handeln ist eine dialogische Haltung, sodass in einem kommunikativen Rahmen durch Beobachten, Sammeln, Reflektieren, Erproben und Verarbeiten sowohl sachbezogene, als auch soziale Erfahrungen in Form eines wechselseitigen Austauschs ermöglicht werden. Giesecke nennt die Lehrer-Schüler-Beziehung eine pädagogische Beziehung:

„In einer pädagogischen Beziehung treffen Kinder oder Jugendliche und Pädagogen aufeinander, die immer schon über Erfahrungen verfügen, die sie mit sich, mit anderen, mit der Schule oder überhaupt mit der Welt gemacht haben. Diese Erfahrungen lassen sich sprachlich artikulieren, und sie werden mobilisiert, wenn der Pädagoge - z.B. ein Lehrer - sie mit neuen Erfahrungen - z.B. einem Unterrichtsstoff - konfrontiert. Der alte Erfahrungszusammenhang reicht aber immer über die besondere Absicht des Unterrichts hinaus, ist ´ganzheitlich´ im Vergleich zur Begrenzheit etwa des jeweiligen Unterrichtsstoffs, deshalb kann neues Wissen in den bisherigen Erfahrungszusammenhang sinnvoll integriert werden.

Die Auseinandersetzung mit neuen Erfahrungen kann der Pädagoge teilweise erzwingen - wie in der Schule - oder auch anbieten - wie in der Freizeitpädagogik - , aber immer handelt es sich dabei um einen wechselseitigen Austausch; denn auch der Lehrer lernt von den Erfahrungen seiner Schüler, zumindest im Hinblick auf die Vermittlungsmöglichkeiten seiner ´Sache´, die er im Blick hat.“ (Giesecke) Im Austauschprozess ist ein Verhalten hilfreich, das so weit als möglich auf Symmetrie angelegt ist.

Das Berufsbild ´Lehrer´ ist ein ethisch ausgerichteter Sozialberuf mit pädagogischen und psychologischen Elementen, die sowohl Wissensinhalte, als auch Erziehung umfassen. Professionelles pädagogisches Handeln intendiert das Weiterentwickeln von Kindern bzw. Schülerinnen / Schülern durch innervierendes, intervenierendes und begleitendes Lernen auch im sozialen Bereich. Dabei sind die inhaltlichen Lehr- und Lernprozesse in zwischenmenschliche Beziehungsabläufe eingebettet.

Dieses komplexe Beziehungsgeschehen spielt eine zentrale Rolle sowohl was die sachbezogenen, als auch die sozial emotionalen Prozesse angeht. Es ist bedeutsam nicht nur für ein gelingendes pädagogisches Vermittlungshandeln, sondern auch für die Persönlichkeitsentwicklung der Schülerinnen / Schüler zu sorgen, was auch die Einstellung zum Lernen umfasst. Wie in jeder menschlichen Gesellschaft und jedem Berufsfeld ist auch die Lehrerin / der Lehrer in seinem Privat- wie Berufsfeld gemäß der jeweiligen Position oder Funktion an Rollen gebunden, was meist auch mit zugeordneten, bestimmten Erwartungen verknüpft ist. Hieraus können Konflikte erwachsen; denn niemand kann allen Erwartungen gerecht werden („Inkonsistenzdilemma" (vgl. Gerhard)).

Exkurs Inkonsistenzdilemma:

„Inkonsistenzen zwischen den diversen, ein Verhalten in einem Handlungszusammenhang prägenden Rollen kommen schon deshalb vor, weil der einzelne Verhaltensakt - rollenanalytisch betrachtet - überdeterminiert ist. Die Regeln des Rollenbezuges in einem gegebenen Handlungszusammenhang sind widersprüchlich. Das Individuum trifft Entscheidungen an welche der verfügbaren Regeln es sich tatsächlich hält. Das Verhalten resultiert aus solchen Entscheidungen, die das Inkonsistenzdilemma für den Handelnden beseitigen. [...] Vom Individuum aus betrachte, besteht mithin kein Konflikt. die Person befindet sich in einem Dilemma. Dieses wird gelöst durch differentielle Konformität gegenüber den verschiedenen Rollen." (Gerhard) Konkret auf Lehrkräfte bezogen wird deutlich, dass es ihnen unmöglich ist, alle an sie gestellten Erwartungen zu erfüllen. So konstatiert Böhnisch, „da schon die Funktionen in sich nicht konsistent sind, so macht ihre gegenseitige Widersprüchlichkeit den Lehrern wohl ebenso bzw. noch mehr zu schaffen." Eingedenk dieses Dilemmas muss jede Lehrerin / jeder Lehrer jedoch tagtäglich pädagogisch handeln und trotz der Ambiquität der Rollen verantwortliche Entscheidungen treffen.

Im pädagogischen Handeln ist es aus Sicht jeder Erzieherin bzw. Lehrerin / jedes Lehrers wichtig, dass die situativ passende Rolle eingenommen wird. Dazu gehören: Das Anleiten, das Vermitteln und Beraten, das Wege weisen, das Unterstützen und das Stärken ebenso wie das Beobachten, das Bewerten und Beurteilen.

Je nach Situation oder Inhalt ist auch die klare Rolle als Expertin / Experte mit kurzen, prägnanten Aussagen wichtig. Da das Lernen in der Schule entweder in Lerngruppen oder ganzen Klassen stattfindet, muss auch geführt werden (wollen) im Sinne von Orientierung geben. Wohingegen in Phasen, mit hoher Selbsttätigkeit und selbstverantwortetem Tun der Kinder bzw. Schülerinnen / Schüler, die ggf. auf unterschiedlichen Niveaus arbeiten, z.B. beim Basteln, Konstruieren mit Technikbaukästen oder Präsentieren der Arbeitsergebnisse, auch die Rolle der Moderation eines Prozesses angesagt sein kann.

Soziale Beziehungen in pädagogischen Institutionen (z.B. Schulen) sind durch institutionelle Rahmenbedingen geprägt. In einer Schule z.B. verpflichten diese institutionellen Rahmenbedingungen die Schülerinnen / Schüler zur Übernahme der Schülerrolle, was z.B. die formalen Elemente der Interaktionen von Lehrkräften und Schülern betrifft und im Organisatorischen ein Unterordnen erfordert. Auch ist die jedem Schüler / jeder Schülerin zugeordnete Gruppe oder Klasse eine Zwangsgemeinschaft. Um so bedeutsamer sind die sozialen und pädagogischen Beziehungen sowohl für das Zusammenleben, als auch für das gemeinsame und individuelle Lernen.

Wir wissen, dass soziales und inhaltliches Lernen um so besser gelingen, je höher deren individuelle Bedeutungszumessung ist, was vor allem auch durch Emotionen beeinflusst wird. Besonders erfahrbar und sichtbar wird dies bei nicht oder noch nicht im Interessenhorizont der Kinder / Jugendlichen befindlichen Inhalten; denn diese stellen eine Zumutung dar, was z.B. eben schulisches Lernen so mit sich bringt: Hier wirken positiv erfahrene soziale Beziehungen zwischen Erziehungs- bzw. Lehrpersonen und Kindern / Jugendlichen und frühere positiv erlebte Situationen i.d.R. so, dass sich über die bestehenden sozialen Beziehungen Zugänge der Kinder bzw. Schüler / Schülerinnen zu einem zunächst als ´sperrig´ und ´uninteressant´ empfundenen Thema eröffnen.

Das heißt, die Kinder / Jugendlichen sind in der Lage, aufgrund grundlegender, positiver Emotionen aus den sozialen Beziehungen heraus ihre Aufmerksamkeit bewusst zu steuern, um dann bei ansprechend aufbereitetem Thema / Inhalt wiederum eine bedeutsame Lernsituation zu erfahren. In solchen Situationen wirken auch frühkindliche Prägungen, welche die Selbstsicht, die Selbstbewertung, die Breite des Interessenhorizonts (Erfahrungswelt), die Freude an Neuem (u.a. Neugierde, Erkundungsverhalten) und z.B. das je eigene Fähigkeitskonzept im Sinne von Lernfreude und Lernstrategien umfassen: Interesse und Erfolg sind so gesehen ´zwei Seiten einer Medaille´.

Ein wichtiger Faktor ist auch das Interesse und die gezeigt echte Begeisterung der Lehrperson für ein Thema, welche dann auf die Kinder / Jugendlichen überspringen können.

Nicht immer ist ein Thema auch für einen Lehrer / eine Lehrerin ´begeisternd´, dann greift die Pflicht, das Beste aus der Situation zu machen. Auch ein solches, positives Pflichtverhalten von Seiten einer Lehrerin / eines Lehrers stellt für die Schülerinnen / Schüler, entsprechend kommuniziert, ein wichtiges Erfahrungsfeld dar: Wie kann ich mich bei einer ´sperrigen´ Pflichtaufgabe verhalten, um diese bestmöglich, sachlich korrekt und zügig zu bearbeiten und mich dann auch noch dafür bewusst bestätigen: „Prima gemacht.“; „Das ging doch besser als gedacht!“; usw. - Ein solches schon früh gelerntes Verhalten, das mehrfach praktiziert zu einer Haltung werden kann, erhöht enorm das Selbstbild, indem es die so erfahrene Selbstwirksamkeit auch bei widrigen Gegebenheiten erfahrbar macht und stärkt.

So kann aus einer zunächst vordergründig mit innerer Abwehr gesehenen Aufgabe durch die Fähigkeit des bewusst vorgenommenen Umdeutens bei wiederholtem Vorkommen gleicher oder ähnlicher Aufgabenstellungen mittel- und langfristig eine erfahrbare, persönliche Stärke werden. Solche Situationen werden dann zwar als z.B. unliebsame Herausforderung gesehen, jedoch zusammen mit den bisherigen Erfahrungen, ggf. einem stillen Selbstgespräch: „Das kann ich!“, „So etwas wirft mich nicht um!“; „Das packe ich in dieser ... Weise an!“; „Das bearbeite ich möglichst zügig und korrekt, dann ... !“; „Das ist neu / ungewöhnlich, daran könnte ich etwas für ... lernen!“; usw. entwickelt sich eine andere Sichtweise auf die Herausforderung, die das Empfinden der eigenen Handlungsfähigkeit stärkt.

Oder psychologischer formuliert: Die Fähigkeit des Umdeutens einer ungeliebten Aufgabe hin zu einer bewältigbaren Herausforderung und deren sachkundige, korrekte und zügige Bearbeitung besetzt mit positiven Emotionen bewirkt bei ähnlichen Situationen eine zunehmende innere, aufmerksame und achtsame Gelassenheit, was personbezogen enorm psychisch stabilisiert bis hin zu Humor mit sich selbst.

Exkurs Interesse:

Erste Phase: *„In der Interessenforschung wurden Anhaltspunkte dafür gefunden, dass aus der reflexartigen Hinwendung des Säuglings zu attraktiven, neuen Gegenständen, Vorläuferformen von späteren umfassenderen Interessenbereichen und Beschäftigungsvorlieben entstehen. Wenn diese Vorläuferformen in den nachfolgenden Jahren durch kontinuierliche weitere Anregungen und Förderungen ausgebaut werden, ist die Wahrscheinlichkeit gross, dass sie eine motivationale Eigendynamik entwickeln und das Explorationsverhalten der Kinder mehr und mehr steuern. Die Kinder suchen dann ‚passende' neue Gegenstände aus und beginnen damit, sich konzentriert und ausdauernd mit diesen zu beschäftigen. Ihre Auseinandersetzungsformen werden immer vielfältiger und differenzierter, und sie beziehen Nah- und Fernsinne ein."* *(Kasten)*

Zweite Phase: *Ab zirka vier Jahren steht die Geschlechterrollenentwicklung im Mittelpunkt, es entstehen kollektive Interessen in altersgleichen Geschlechtergruppen. Passt ein Interesse nicht zur (stereotypen) Geschlechterrolle, kann es ziemlich plötzlich verschwinden oder es muss so „getarnt" werden, dass keine Konflikte mit den Gleichaltrigen entstehen. Vor allem Knaben werden in ihre Geschlechterrolle gedrängt.*

Dritte Phase: *Ab zirka elf Jahren beginnen die Kinder über ihre aktuelle und zukünftige Stellung in der Gesellschaft nachzudenken. Interessen, welche nicht zum Selbstbild passen, werden ausgesondert.*

Vierte Phase: *Jugendliche fragen sich, welche Interessen sie als einzigartige Person auszeichnen – dies kann zu radikalen Interessenwechseln führen."* (siehe Stamm; Mac Naughton; Kasten)

Auslösende Momente für neue Interessen sind Personen, welche über Modelllernen wie auch Anleitungen, gezeigte Talente oder auch situative Faktoren wirken (vgl. Stamm). Hier greift das Sprichwort: Für die Erziehung eines Kindes ist ein ganzes Dorf erforderlich! Will heißen, neben Eltern, anderen Erziehungspersonen (z.B. Erzieherinnen), Bezugspersonen im privaten oder gesellschaftlichen Umfeld und Lehrerinnen / Lehrern wirkt vor allem auch das gesamte gesellschaftlich-kulturelle Umfeld, z.B. die medialen Informationsträger, Idole (z.B. Prominente), institutionelle Würden- und Funktionsträger als Personen, usw. maßgeblich auf die Haltungen und damit auch auf z.B. die Vorstellungen, Ausdauer, Anstrengungs- und Lernbereitschaft, Frustrationstoleranz, usw. eines heranwachsenden Menschen ein.

Es stellt sich gerade in pädagogischen Beziehungskonstellationen die Frage, wie jungen Menschen eine realitätsnahe und doch weitgehend selbstbestimmte Lebens- und Interaktionsweise im Raume einer pädagogischen Institution, z.B. einer Schule, ermöglicht werden kann, wissend, dass internale und externale Faktoren menschliches Verhalten bestimmen und jedes Gehirn eines Mensch seine eigene Wirklichkeit aufgrund von Sinnesreizen und gespeicherten Erfahrungen selbst konstruiert. Pädagogische Institutionen, so auch Schule, müssen zunächst auf externe Verhaltensregulationen setzen. Deci & Ryan unterscheinen vier Typen:

- „Bei der **externalen Regulation** werden die Verhaltensweisen durch externe ‚Kontingenzen' wie Belohnung oder Bestrafung reguliert. Fallen diese ‚Anreizbedingungen' weg, ist der oder die Lernende weder motiviert das Verhalten aufrecht zu erhalten, noch in neuen Situationen aufzugreifen.
- **Introjizierte Regulation** bezieht sich auf Verhaltensweisen, die aufgrund innerer Anstösse und Druck erfolgen. Lernleistungen werden angestrebt, weil es für das eigene Ansehen in der sozialen Umgebung wichtig ist.

- Der Typ der **identifizierten Regulation** ist erreicht, wenn eine Verhaltensweise als persönlich wertvoll anerkannt wird.
- **Integrierte Regulation** entspricht dem höchsten Grad der erlebten Selbstbestimmung. Die verfolgten Ziele sind integrierter Bestandteil des eigenen Wertsystems und tragen zur Aufrechterhaltung des eigenen Selbstkonzeptes bei." (Deci / Ryan; Krapp)

Die Gründe, warum jemand etwas tut sind ein zentrales Element, die Bezüge haben zur jeweiligen, bis jetzt gewachsenen Persönlichkeit (z.B. Erleben in den ersten drei Lebensjahren), dem eigenen Wertesystem (Bedeutungen), persönlichen Zielen und bewusst durchlebten Erfahrungen. Pädagogische Beziehungen sollten sich orientieren an psychologisch begründeten Bedürfnissen:

- „Bedürfnis nach Kompetenz oder Wirksamkeit;
- Bedürfnis nach Autonomie oder Selbstbestimmung;
- Bedürfnis nach sozialer Eingebundenheit." (Deci / Ryan)

Schülerinnen / Schüler, die in einer Umgebung mit gehäuften Risikofaktoren aufgewachsen sind bzw. aufwachsen, bedürfen einer besonderen, passenden pädagogischen Zuwendung; denn sie benötigen bestmöglich passende, ggf. sehr individuelle strukturgebende Hilfsangebote, die kompensatorisch und auch protektiv wirken können.

Dies kann eine allgemeinbildende pädagogische Institution personell nur durch eine ausreichende Zahl entsprechend ausgebildeter Fachkräfte stemmen, bei passenden Räumlichkeiten und Ausstattungen. Nur so sind die entsprechenden intensiven Angebote in Geborgenheit gebender und Identität stiftender Umgebung z.B. in längerfristigen Kleingruppen gewährleistet. Kooperationen innerhalb einer entsprechenden pädagogischen Institution (z.B. Schule) hätten das Ziel, entsprechende Kinder / Jugendliche aus den Kleingruppen in möglichst viele soziale Prozesse und Projekte innerhalb und außerhalb einer pädagogischen Institution einzubeziehen, um sie dann sukzessive in z.B. entsprechende Gruppen / Klassen wieder zu integrieren.

Ein wesentliches Element pädagogischer Beziehungen ist die Anerkennung jeder Person als Mitmensch unabhängig von z.B. Leistung,

Aussehen, Körperstärke, Sprachfertigkeit. Dies umfasst insbesondere eine persönliche Wertschätzung im jeweiligen So-Sein. Hierbei ist klar zu unterscheiden zwischen Person und Verhalten. Mit dem Anerkennen der Person wird eine bedeutsame Voraussetzung geschaffen, um eine individuelle, positive Selbstbeziehung zu ermöglichen.

Dies wiederum eröffnet Möglichkeiten der positiven Interaktion mit Anderen und so ein gegenseitiges achtsames, faires Verhalten und gegenseitigen Respekt in einer Gemeinschaft. Ein Anerkennen als Person ermöglicht das starke positive Empfinden von Zugehörigkeit, was wiederum verhaltensregulierend wirken kann. Kognitives Lernen wird nach Dreesmann gefördert, wenn das Unterrichtsklima in der Tendenz durch die folgenden Fakten gekennzeichnet ist:

- ein gutes persönliches Verhältnis zwischen Lehrperson und Lernenden sowie unter den Lernenden;
- die Förderung des Selbstvertrauens der Lernenden in ihre Fähigkeiten;
- die Förderung von selbstkontrolliertem und selbständigem Vorgehen;
- die Förderung eines differenzierten und realistischen Wahrnehmungsvermögens eigener Schwächen und Stärken;
- die Aussicht, dass eigene Anstrengung zum Erfolg führt;
- einen höheren Anforderungscharakter beziehungsweise einen höherer Schwierigkeitsgrad;
- gute Verständlichkeit des Unterrichts;
- Organisiertheit und Disziplin des Unterrichts (vgl. Dreesmann).

Entscheidenden Einfluss auf das Beziehungsgeschehen nehmen z.B. auch von außen gesetzte Faktoren: Zusammensetzung und Größe der Lerngruppe oder Klasse, Organisation des Alltags einer pädagogischen Institution, z.B. der Schulalltag, die materielle Ausstattung, die Gegebenheiten des Gebäudes, offen artikulierte oder unbewusste Erwartungen. Ein Gestalten einer eigentlich erforderlichen Beziehungspraxis kann dadurch mehr oder weniger stark oder ganz begrenzt werden.

Auch suggeriert „der auf Leistung und Output gerichtete gesellschaftliche Fokus die stark simplifizierende Prämisse, dass Wissen und Fähigkeiten eines Menschen relativ stabile Faktoren darstellen, während die Lernmotivation stärker von situationsspezifischen Anreizfaktoren abhängig sei. Wir alle wissen aber: Dem ist nicht so! Wir vergessen Gelerntes wieder und im Gegensatz dazu sind wir teilweise überdauernd motiviert, gewisse Dinge zu tun oder zu lassen." (Walter-Laager/Pfiffner) In dieser outputorientierten Sicht wird völlig ausgeblendet, dass es in pädagogischen Institutionen wie einer Schule z.B. zum einen der Zuwendung der Kinder / Jugendlichen zu Themen und Inhalten bedarf und zum anderen ein dies stark beeinflussender sozialer Kontext besteht.

Unbestitten ist, dass schon zwischen zwei kommunizierenden Menschen Aspekte von Macht vorkommen können. Solche Aspekte sind in Gruppen oder gar Klassen permanent virulent, da dort immer wieder interne Machtspiele stattfinden. Im institutionell geprägten pädagogischen Arbeitsfeld bestehen auf Seiten der Lehrenden zum einen eine funktionale Macht und zum anderen eine der Person zugeordneten bzw. von dieser erarbeiteten Macht (Autorität). Einen Überblick bietet die folgende Tabelle (Steins):

Machtgrundlagen	**Lehrer/-innen**	**Schüler/-innen**
Belohnungsmacht	Lob, gute Noten, positive Aufmerksamkeit	Soziale Anerkennung, aufmerksames Verfolgen des Unterrichts, positives Feedback
Macht zu zwingen	Tadel, Verweise, Konferenzen, Eltern informieren, Drohungen	Gerüchte, Boykottieren des Unterrichts, Sabotage des Unterrichts, offene Beleidigungen
Legitime Macht	Ausübende eines öffentlichen Amtes mit entsprechendem Qualifikationsweg	Rechtsanspruch auf Schule
Referenzmacht	Charisma, überzeugendes Auftreten	*Beliebtheit bei anderen Schülern; soziometrisch: der Star einer Gruppe*
Expertenmacht	Geschicklichkeit und hervorragende Fähigkeiten in dem Fach	*Geschicklichkeit und hervorragende Fähigkeiten in dem Fach*
Informationsmacht	Rationaler Dialog, sachliche Diskussion	*Rationaler Dialog, sachliche Diskussionen*

Für das Arbeiten an einer pädagogischen Beziehung insbesondere innerhalb einer Gruppe oder Klasse, aber auch mit Blick auf Lehr- und Lerneinheiten z.B. im Unterricht sind „die Mehrheitsverhältnisse in einer

Klasse und das sensible Bewusstsein der Lehrer für Schülerentscheidungen, die auf Konformitätsstreben in der Gruppe beruhen ausschlaggebend. [...] Von den Machtverhältnissen in der Klasse hängt zuletzt auch die Glaubwürdigkeit der Lehrer ab, die, um ihre Autorität und administrativ gewirkte Macht zu erhalten, in ihren Entscheidungen nicht wankelmütig und widersprüchlich agieren dürfen." (Steins) Problematisch wird es, wenn Lehrerinnen / Lehrer in der pädagogischen Beziehung die Zuneigung von Schülerinnen / Schülern suchen. „Professionell agierende Lehrer müssen sich deshalb ihrer emotionalen Bedürfnisse bewusst werden, sie beständig reflektieren und können diese z. B. anhand eines zu entwickelnden leitenden Berufsethos korrigieren." (Tipker)

In der sozialpsychologischen Literatur finden sich empirische Befunde, die zeigen, dass es für die Lehrer-Perspektive ersichtlich ist, dass „das zu erwartende Schülerverhalten das Lehrerverhalten in der pädagogischen Interaktion entscheidend steuert und bei mutmaßlichen Fehleinschätzungen zur selbsterfüllenden Prophezeihung werden kann." (vgl. Steins) Umfragen unter älteren Schülerinnen / Schülern belegen, dass für sie die wichtigsten Eigenschaften von Lehrerinnen / Lehrern diejenigen einer hohen fachlichen und didaktischen Kompetenz sowie einer transparenten, klaren Kommunikation sind.

Diese Umfrageergebnisse zu Schülererwartungen an Lehrpersonen, die oft ambivalent formuliert sind, entsprechen dem „Konzept eines durch kulturelle Distanz und asymmetrische Machtverhältniss geprägten, professionalisierten und partnerschaftlichen Lehrerhandelns in einer pädagogischen Interaktion." (Tipker) Umgekehrt führen ungeschickt oder falsch genutzte Machtverhältnisse in pädagogischen Beziehungen meist zu für Schülerinnen / Schüler negativen Erfahrungen mit kritischen Folgen z.B. für ein aktuelles oder auch zukünftiges schulisches Lernen.

Professionelles pädagogisches Handeln in Interaktionen zeigt sich auch daran, dass die Schülerinnen / Schüler sich sowohl bei sachbezogenen, als auch bei persönlichen Fragen an ihre Lehrerin / ihren Lehrer wenden können und dort respektvolle, fürsorgliche, verständisvolle und fachkompetente Aufnahme und Beratung erfahren. Eine solche kooperative Lehrer-Schüler-Beziehung, das individuelle Eingehen auf Anliegen der Schülerinnen / Schüler, das Anerkennen von Bemühen und Anstrengung und das Einbeziehen vorgebrachter Vorstellungen,

Argumente und Sichtweisen bewirkt ein beziehungsorientiertes, verlässliches und emotional positives Klima zwischen den Beteiligten.

Ein solcherart positives Klima wirkt nachhaltig förderlich und verhaltensstabilisierend auf das Wohlbefinden sowie das Lern- und Arbeitsverhalten. Praktizieren möglichst viele Lehrpersonen ein oben genanntes Verhalten, so strahlt dies auf die gesamte Schülerschaft aus und prägt das Schulklima mit positiven Rückwirkungen auf die Art und Weise der pädagogischen Beziehungen und das Sozialverhalten.

Professionelles pädagogisches Handeln wird so weit als möglich, jeden einzelnen Schüler bzw. jede Schülerin an jedem Schultag in den Blick nehmen, um gerade auch im zwischenmenschlichen, sozialen Bereich, individuelle Lernprozesse anzuregen, zu fördern und zu unterstützen. Bei in sozialen Brennpunkten liegenden pädagogischen Institutionen, z.B. Schulen, kommt dem persönlichen Zuwenden der Lehrpersonen sowohl für Wissensvermittlung, als auch für in Erziehungsfragen professionelle Personen eine entscheidende Bedeutung zu. Hilfreich ist hier die organisatorische Möglichkeit, dass z.B. in einer Gruppe oder Klasse möglichst wenige " nur" Fachpersonen tätig sein sollten. Besteht jedoch eine solche Situation, ist es erforderlich, dass diese Personen möglichst eng miteinander kooperieren.

Empirisch konnte gezeigt werden, dass Kinder / Jugendliche sich kompetenter, selbstbestimmter und sozial eingebundener empfinden, wenn in den Lehr- und Lernprozessen auf ihre Interessen und Lebensbezüge eingegangen wird. So können sie das Gelernte flexibler und kritisch anwenden, vor allem, wenn sich die Lehr- wie auch Erziehungspersonen für ihre Aktivitäten interessieren (vgl. Deci / Ryan). Entscheidend ist, dass vor allem beim sozialen Lernen hier möglichst viele bzw. alle Lehrerinnen / Lehrer an einer Schule mitziehen; denn in diesem Bereich gemachte positive Erfahrungen von Schülerinnen / Schülern sowohl was die je eigenen Fähigkeiten, als auch das Erleben von persönlicher Zuwendung und Unterstützung betrifft, wirken sich auch auf das sach-und inhaltsbezogene Arbeiten und Lernen aus.

Förderlich sind gerade bei sozialem Lernen aktive Lernformen mit erprobendem, selbstgesteuertem Handeln z.B. in Rollenspielen, Sketchen, kleinen szenischen theaterähnlichen Spielen, die dann in der Schule z.B. vor Mitschülern oder Eltern aufgeführt werden könnten. Ein reflexibles soziales Verhalten fördern können auch Projekte an der Schule wie z.B. Erste-Hilfe-Kurse mit anschließender ′Tatigkeit′ als Ersthelfer in den Pausen, einer Art Schulsanitätsdienst. Eine weitere Möglichkeit wären ′Patenschaften′ mit anderen, von jüngeren Schülerinnen / Schülern besuchten Gruppen oder Klassen. Auch das Einbeziehen z.B. der Schulsozialarbeit in jeweilige soziale Vorhaben kann ein konstruktives Gefühl beim Einzelnen oder ein selbstverantwortliches Wir-Gefühl einer Gruppe oder Klasse stärken.

Solche Elemente mit Ernstcharakter bewirken lebendige Lernsituationen, in denen die Lehrerin / der Lehrer eher in der Rolle von Beratenden oder den Prozess Begleitenden auftreten und die Schülerinnen / Schüler Spielräume zum Mitgestalten eröffnet bekommen. Solche lebendige Lernsituationen fordern immer wieder geradezu zum gemeinsamen, respektvollen Reflektieren und ggf. gemeinsamen Weiterentwickeln auf, was sich i.d.R. sehr positiv auf die gegenseitigen pädagogischen Beziehungen auswirkt.

Exkurs: Rollenspiel

Das Rollenspiel oder szenisches Spiel ist eine im pädagogischen Bereich vielfältig einsetzbare und fachübergreifende Methode. Sie ermöglicht auf spielerischer Weise aktuelle oder akut gewordene Themen aufzuarbeiten bzw. ansprechbar zu machen. Solche Themen können z.B. Beziehungsstrukturen, Konflikte und Sozialverhalten bei Personen sein. Im Einarbeiten und Ausgestalten einer jeweiligen Rolle werden gleichzeitig Einfühlungsvermögen, Fähigkeit zur Konfliktbewältigung, Sozialverhalten, Phantasie und die Freude am Spiel gefördert.

So lassen sich im Rollenspiel, z.B. bei mehrfachem Spielen verschiedene Rollen einnehmen und spielen, was bei jeweilig Spielenden die Fähigkeit erhöht, auch in realen Situationen einen inneren Rollenwechsel, nämlich dass Einnehmen einer anderen Sichtweise, fördert. Sowohl die Vermittlung von Inhalten und/oder die Verdeutlichung von Beziehungen sind im Rollenspiel möglich. Hilfreich ist ein Rollenspiel um jeweilige, z.B. auch geschichtliche oder aktuelle gesellschaftliche, Themen erlebbar und fassbarer zu machen.

Auch aufkommende oder bestehende Probleme in einer Gruppe können Themen sein, wodurch diese z.B. in einer anschließenden Reflexionsphase aus einer aus dem Spiel heraus entstandenen gewissen Distanz auf der Metaebene betrachtet werden können.

Erforderliche Vermittlungs- und Aushandlungsprozesse sind oft konfliktbehaftet durch ungebremstes, direktes Verhalten von Schülerinnen / Schülern (ggf. auch von Eltern oder Bezugspersonen) mit unmittelbar ausgelebten Gefühlen und Impulsen und können oft nur rudimentär bearbeitet werden. Eine professionelle pädagogische Haltung ist hier oft schwer aufrechtzuerhalten. Ihre Entwicklung ist jedoch schon aus Sicht der eigenen Psychohygiene wichtig: Sie beinhaltet eine mitfühlende, jedoch klare Haltung in Bezug auf Nähe und Distanz im pädagogischen Berufsbereich (siehe Riemann-Thomann).

Nur so können die im Verhalten von Schülerinnen / Schülern (ggf. auch Eltern) sichtbaren Formen von zwar unpassenden Bewältigungsversuchen persönlicher, virulenter Probleme als solche gesehen werden im Sinne: Das Problem liegt bei der jeweiligen Person. Dies ermöglicht es, das ungestüme, unpassende Verhalten einzuordnen, auf die Metaebene zu gehen und von dort her analysierend die eigene Handlungsfähigkeit zu erhalten bzw. wieder zu gewinnen.

Ein auf diese Weise wiederholt praktiziertes und ritualisiertes Verhalten erlaubt ein sowohl mitfühlendes, respektvolles, als auch passendes, durchdachtes und damit professionelles Verhalten. Dies ermöglicht aufgrund der eigenen inneren Distanz ein zunehmend souveränes Handeln, mit eben solchen Signalen nach außen.

Eine solche innerpsychische Distanz dämpft oder verhindert eigene (u. U. überschäumend durchbrechende) Emotionen und damit psychische Belastungen und macht sie z.B. in Supervisionen bearbeitbar. An schulischen Institutionen mit besonderen Schülerpopulationen oder Einzuggebieten ist die Möglichkeit zur Supervision dringend geboten, um Belastungen aufarbeiten bzw. bearbeiten zu können.

4.2.6 Nähe und Distanz in pädagogischen Beziehungen

Soll Lernen und gemeinsames Arbeiten sowohl an sachlichen, als auch sozialen Themen in pädagogischen Institutionen gelingen, bedarf es tragfähiger Beziehungen zwischen allen Beteiligten. Vor allem ein professionelles Arbeiten an sozialen Themen, z.B. der Art und Weise des Miteinanders, erfordert für eine erfolgreiche Zusammenarbeit ein ausgewogenes Verhältnis von Nähe und Distanz. Das Ausgestalten von Nähe und Distanz sowohl im konkreten Umgang mit Kindern / Jugendlichen, als auch grundsätzlich in einer pädagogischen Institution betrifft die Frage nach dem Selbstverständnis beim Umsetzen des Erziehungs- und Bildungsauftrags und sollte daher immer wieder Anlass für Reflexionen und Umsetzungsideen in einem Kollegium sein.

Die Begriffe Nähe und Distanz stellen Metaphern für Vorgänge dar, die nach Dörr & Müller auf die vielfältigen, zwischenmenschlichen Interaktionen und deren Beziehungsgestaltung übertragen werden. Individuelle, emotionale und gefühlsmäßige Prozesse und deren Interpretationen bestimmen dabei das „jeweils als ´richtig´ empfundene Maß“. Dieses Maß hängt von bisherigen Erfahrungen eines Menschen, sowie aktueller, individueller Bedürfnisse ab. In einer professionellen, pädagogischen Beziehungsarbeit sind beide aufgrund der hohen subjektiven Einflüsse dynamisch zu sehen, d.h. sie sind situativ anzupassen. Professionell handelnde Erwachsene sollten daher immer wieder auf die Metaebene gehen, um die jeweilige Beziehungsentwicklung zu reflektieren.

Exkurs: Begriffe Nähe und Distanz:

Mit dem Begriff ´Nähe´ werden meist z.B. die Begriffe Vertrauen, Zuneigung, Schutz, Bindung, Geborgenheit und Verlässlichkeit assoziiert. In zeitlicher Hinsicht wird ´Nähe´ im gemeinsamen Erleben erfahrbar. In räumlicher Hinsicht wirken Lebensumwelt und -räume durch Vertrautheit. Im zwischenmenschlichen Bereich greifen Beziehungsmuster und Rollenzuschreibungen, z.B. Mutter, Vater, Oma, Opa, Freund. ´Nähe´ wird hier z.B. durch Abhängigkeit, gegenseitigem Verstehen und Vertrautheit erfahren. Um im pädagogischen Arbeitsfeld einem Kind / Jugendlichen professionall ´Nähe´ im Miteinander erfahren zu lassen, ist eine Orientierung an dessen

Lebensbedingungen im Sinne eines so weit als möglichen Antizipierens erforderlich, um die je sich ergebenden individuellen Bedürfnisse zumindest erahnend ins konkrete Handeln einbeziehen zu können.

Nohl bezeichnet dies als „pädagogische Liebe!. Unabdingbare Elemente dabei sind ein fürsorgliches, wertschätzendes, respektvolles und verantwortungsbewusstes Verhalten gegenüber dem jeweiligen Kind / Jugendlichen mit dem Ziel, diesem Chancen der persönlichen Entwicklung zu eröffnen (vgl. Colla / Krüger). Das Ausgestalten eines pädagogischen Handelns unter dem Aspekt ´Nähe´ bedingt auch Authentizität und dies in zweierlei Hinsicht: Zum einen gilt es ein offenes, ehrliches Umgehen mit sich selbst und den eigenen Gefühlen zu praktizieren, was zum anderen ein Offensein für die Gefühle z.B. eines Kindes / Jugendlichen begünstigt.

Ebenso erfordert echte professionalle ´Nähe´ ein Mitfühlenkönnen und ein sich Einfühlen in erkennbare Denkweisen und Emotionen des Gegenüber, wodurch zumindest ein Bemühen um Verstehen bis hin zu einem Gefühl gegenseitigen Verstehens für diesen erfahrbar wird. In diesem Zusammenhang ist auch bedeutend, dass Kinder / Jugendliche ihre pädagogische Bezugsperson erleben können, indem diese passend von ihren persönlichen Erfahrungen, damit verbundenen Emotionen und jeweils in einer Situation getroffenenen Entscheidungen berichtet, sodass eine Teilhabe möglich wird.

Das Empfinden von echter, professioneller ´Nähe´ ist auch deshalb für das Arbeiten in pädagogischen Institutionen bzw. konkret in Gruppen / Klassen so bedeutsam, weil sich über das je individuelle Gefühl von Akzeptanz und Anerkennung ein Zutrauens- und Vertrauensaufbau ergeben kann, welche sich dann konkret in verlässlichen „Arbeitsbündnissen" zeigen. Solche erleichtern enorm sowohl das sachlich-inhaltliche, als auch soziale Arbeiten in und mit der Gruppe / Klasse.

´Distanz´ ist beim Modell von Riemann & Thomann als Gegenpol zu ´Nähe´ definiert. Mit dem Begriff ´Distanz´ werden z.B. folgende Begriffe assoziiert: Sachlichkeit, Neutralität, Objektivität, Selbstschutz, Selbstbestimmung, Freiraum. Für das Ausgestalten pädagogischer Beziehungen sind die Begriffe Sachlichkeit, Objektivität und Selbstschutz besonders relevant, treten doch beim pädagogischen Arbeiten oft Situationen und Probleme

mit damit verbundener hoher Emotionalität auf. Hier ist dann die Fähigkeit zur inneren Distanz für ein möglichst rationales und handlungssicheres Agieren hilfreich.

Wie bei ´Nähe´ ist für ein professionelles Handeln die Fähigkeit erforderlich, sich in entsprechenden Situationen geistig auf eine Metaebene begeben zu können, um von dort aus die aktuelle Lage zu analysieren und Zusammenhänge und Handlungsmöglichkeiten zu durchdenken, bevor eine Entscheidung getroffen wird. Eine professionelle Distanz ist, da aufgabenorientiert, für die Handlungsfähigkeit in pädagogischen Beziehungen unabdingbar.

Im Einzelfall kann diese professionelle Distanz auch ein Mitfühlen dahingehend begrenzen, indem innerlich eine klare Abgrenzung erfolgt als psychischer Schutzmechanismus. Mitfühlen und Antizipieren der Lebenswelt eines Kindes / Jugendlichen hat einerseits seinen Stellenwert, andererseits ist die jeweilige Lebenswelt des Gegenüber ´seine Sache´, was bedeutet, dass für das pädagogische Arbeiten professionelle Maßstäbe gelten, indem z.B. jeweilige Alltagserfahrungen hinterfragt werden, um die dort wirkenden komplexen Zusammenhänge wahrzunehmen.

Nur durch ´Distanz´ bzw. distanziertes Betrachten der jeweiligen Lebenswelt lassen sich, so möglich, passende, unterstützende Maßnahmen finden und einleiten. Hierbei gilt es insbesondere die Gegenwart zu sehen, um eine Chance zu haben, die nahe Zukunft gemeinsam zu gestalten. Eine zeitliche Distanz ergibt sich aus Vergangenem, was nicht mehr änderbar ist. Eine räumliche Distanz ergibt sich aus allem Abgeschlossenen oder nicht zugänglichen oder unveränderlichen Bereichen.

Eine pädagogische ´Distanz´ ist erforderlich im Hinblick auf wachsende Entwicklungschancen zu Selbstverantwortung, Selbstregulation und Selbständigkeit. Hierzu benötigen Kinder / Jugendliche für sich Freiräume, um im Rahmen ihrer Möglichkeiten selbst Entscheidungen treffen und daraus folgende Erfahrungen machen zu können. Eine pädagogische ´Distanz´ umfasst somit auch Offenheit für Entwicklungsprozesse, ggf. deren Begleiten und vor allem Anerkennen. Zur eigenen, inneren ´Distanz´ beim pädagogischen Arbeiten gehört auch das Wissen und das Bewusstsein eigener Grenzen und deren klares Aufzeigen, sodass bei Kindern /

Jugendlichen ein klares Zeichen deutlich wird, wo ihre Selbstverantwortung einsetzen muss.

Sollten Kinder / Jugendliche aus welchen Gründen auch immer einer ihnen gezeigten, erfahrbaren professionelle pädagogische Distanz ablehnend gegenüberstehen, so bleibt ihrer pädagogischen Bezugsperson nichts anderen übrig, als auf eine Distanz zu rekurieren, die eine hierarchische, stark formal strukturierte Rolle aufweist: Regeln werden vorgegeben und strikt kontrolliert, Interaktionen werden klar gesteuert und Gruppenzusammensetzungen ggf. verändert.

´Nähe´ und ´Distanz´ stehen in Wechselbeziehung zu einander und sollten so gut als möglich situativ in Balance zueinander sein. Da Gegebenheiten selbst in zeitlicher und räumlicher, vor allem jedoch in personaler Hinsicht wechseln, gilt es, dieses Balancegewinnen dynamisch zu sehen. Jedes pädagogische Arbeiten sollte angesichts wechselnder Spannungsverhältnisse unter der Prämisse einer anzustrebenden dynamischen Balance stehen (siehe Ruth Cohn: Themenzentrierte Interaktion). Soll dies gelingen, ist gegenseitiger Respekt und „pädagogischer Takt“ (Nohl in: Colla et. al.) erforderlich. Herausfordernd ist das subjektive Wechseln von Bedürfnissen, damit Motivationen und Emotionen, sowie dadurch gesteuertes Verhalten.

Im Bemühen um dynamische Balance sind für eine Erzieherin / Lehrerin / einen Lehrer sowohl reflektiertes fachlich-theoretisches Wissen, als auch reflektierte, praktische Erfahrungen, sowie die Fähigkeit beide zu verknüpfen, sehr wichtig. Ein wichtiger Maßstab für das Gestalten pädagogischer Beziehungen ist ein lebensweltorientierter Ansatz bzw. der Lebensbezug, der vor allem bei sozialen Themen so oft als möglich in das erzieherische Geschehen mit ´Ernstcharakter´ einbezogen und erlebbar sei sollte.

Psychohygienisch gesehen, sollte jede im pädagogischen Bereich tätige Person für sich selbst auch nach innerer dynamischer Balance streben, wissend, dass bei zu viel pädagogischer ´Nähe´ emotionale Belastungen auftreten, bei zu viel pädagogischer ´Distanz´ Gefahren von Resignation oder Zynismus drohen. Entscheidend ist, wie eine jeweilige Situation wahrgenommen, interpretiert und emotional erlebt wird: Auch in professionellen pädagogischen Beziehungen spielen subjektive Emotionen und Gefühle eine Rolle.

Das Modell des „Inneren Teams" (Schulz von Thun) stellt hilfreiche Elemente bereit, um sich seiner eigenen Emotionen und Gefühle bewusst zu werden und sie rational zu reflektieren. Bei einem solchen, unbedingt anzuratenden eigenen Tun ist die wichtigste Eigenschaft Geduld, auch ein humorvolles Umgehen mit sich selbst, was Übung erfordert: Folgerung daraus ist für die eigene Psychohygiene und Gesundheit, so frühzeitig, auch bei vermeintlichen Kleinigkeiten, beginnen und daran regelmäßig, geduldig mit und an sich zu arbeiten. (Anm.: Anfänglich 10 bis 15 Minuten pro Tag, später ggf. passend rhytmisiert je nach Situation mehrmals pro Woche. Einen guten Anfang kann ein thematisch dazu passendes Seminar sein.)

4.2.7 Aspekte zu Gesprächen in pädagogischen Beziehungen

Bei professionellen pädagogischen Beziehungen, in denen eine gelingende Kommunikation bzw. Interaktion wünschenswert und erforderlich ist, kommt der Gesprächsführung eine besondere Bedeutung zu. Eine solche Fähigkeit zur konstruktiven, konfliktminimierenden Gesprächsführung kann erlernt und geübt werden. Trainingsgruppen wären hier eine große Hilfe; denn nur über in entsprechenden Situationen gemachte wiederholte Erfahrungen gelingt es, auch in aktuellen, unvermittelten oder kritischen Momenten die wahrscheinlich passende Verhaltensweise in der Kommunikation aktivieren zu können.

4.2.7.1 Beratungsgespräche

Jede Person, die in einer pädagogischen Institution mit Kindern oder Jugendlichen arbeitet, ist i.d.R. immer auch in ihrem Kerngeschäft mit einer beratenden Funktion tätig. Erziehung und Bildung umfasst als einen wesentlichen, weil essentiellen Teil das Sprechen, Anhören und Beraten sowohl von dort Lernenden z.B. Schülerinnen / Schülern und vor allem auch deren außerschulischen Bezugspersonen, die Eltern und/oder Erziehungsberechtigten. Hierbei ist es erforderlich, dass ein strukturell passendes und persönlich ausgestaltetes Beratungskonzept vorhanden ist.

Eine Beratung im pädagogischen Handlungsfeld, auch durch eine Fachkraft, z.B. einen Lehrer / eine Lehrerin, stellt einen Kommunikationsprozess dar. Dieser Prozess ist reziprok und zirkulär.

Exkurs: ***Zirkularität*** *bedeutet das Gegenmodell zur linearen Kausalverkettung und meint, dass jedes Element eines Systems zugleich als Ursache und Wirkung zu sehen ist. Bei der Rekursivität handelt es sich um das Zurückwirken des Ergebnisses eines Prozesses auf den Prozess selbst.*

Bei jeder Beratung ist zu bedenken. dass man selbst und die zu beratende Person selbstreferentielle Systeme sind. Das bedeutet, dass „das Gehirn sich als ein funktional und semantisch selbstreferenzielles oder selbstexplikatives System auffassen läßt. Unter funktionaler Selbstreferentialität eines Systems verstehe ich die Eigenschaft, mit den eigenen Zuständen rekursiv oder zirkulär zu interagieren, so dass jeder Zustand aus der Interaktion früherer Zustände resultiert.

Selbstreferentielle Systeme sind in ihren Zustandssequenzen selbstbestimmt oder autonom. Ihre Zustandssequenzen sind nicht von außen steuerbar. Wichtig ist, dass Selbstreferentialität nicht Isoliertheit bedeutet: Selbstreferentielle Systeme sind i.d.R. durchaus von außen beeinflussbar oder modulierbar. Die Wirkungen dieses Einflusses, seine Quantität und Qualität, sind aber vollständig durch das selbstreferentielle System bestimmt. D.h. ob ein externes Ereignis überhaupt auf das System einwirken kann und, wenn ja, in welcher Weise und Stärke, legt das System fest“ (Roth).

Jeder Beratungspartner „ist Element in der Wirklichkeit des anderen. Beide Partner sind sich gegenseitig Wahrnehmungsobjekt und -subjekt. Kommunikation ist damit eine Sozialhandlung, sie ist reziprok und zirkulär. Der jeweilige Sprecher erweckt einen Eindruck beim Hörer und dieser Eindruck ist wiederum von der Subjektivität des Hörers abhängig bzw. mit bedingt. Wie etwas wahr- und aufgenommen wird, hängt von der subjektiven Welttheorie ab. Und diese sozial geprägte subjektive Welttheorie umfasst individuelle Einstellungen, Motive und Erwartungen ebenso wie Lebenserfahrung, Denkstil und Selbstbild des Einzelnen“ (Ungeheuer).

Ziel der pädagogischen Beratung ist die Hilfe zur Selbsthilfe, die neue Sichtweisen und Handlungsmöglichkeiten eröffnet. „Im Mittelpunkt pädagogischer Beratung steht die Ressourcen-Aktivierung:

- Pädagogische Beratung zielt darauf ab, Ressourcen zu erhalten und zu stärken.
- Pädagogische Beratung ist hinsichtlich ihrer grundsätzlichen Ausrichtung individuumszentriert.
- Pädagogische Beratung geht von der Bildsamkeit des Menschen aus.
- Pädagogische Beratung basiert damit auf anderen theoretischen Prämissen als Ansätze, die auf der nomothetischen Verifikation von Defiziten und Störungen beruhen,"
- Pädagogische Beratung berücksichtigt die Vernetztheit im Umfeld. Hinsichtlich des Umfeldes ist in der pädagogischen Beratung vor allem die Eruierung belastender und unterstützender Funktionen von zentraler Bedeutung" (Zwick); (siehe auch den TZI-Ansatz: „Globe").

Die zu beratende Person gilt es dergestalt zu unterstützen, dass sie selbst (wieder) in der Lage ist, die gestellten Herausforderungen zu überblicken und genau zu bestimmen, für sie erreichbare (ggf. erste) Ziele zu definieren, durchdachte, passende Entscheidungen zu treffen, zielkonforme und zielgerichtete Handlungspläne zu entwerfen, ihre individuellen Ressourcen zu erkennen und zu nutzen und die von ihr selbst angedachten bzw. eingeleiteten Handlungen bzw. Handlungsstrategien auf ihre Effektivität und Effizienz hin zu überprüfen (siehe Krause).

Beratung wird so zu einer besonderen zwischenmenschlichen „Interaktionsform, die planvoll, sachkundig und methodisch geschult durchgeführt wird" (Hartmann). Professionelle Beratung ist problembezogen und fachkundig. Sie baut auf den Fähigkeiten des Beraters zu Akzeptanz, Empathie und Kongruenz zusammen mit fachlicher Kompetenz auf:

- *Akzeptanz:* Achtung und Anerkennung des anderen.

- *Empathie:* Sich in Situation und Gefühlslage des anderen hineinversetzen können und so dessen Perspektive erfassen sowie das innere Bezugssystem wahrnehmenund verstehen können.
- *Kongruenz:* Echtheit - Äußerungen entsprechen ihrem Fühlen und Denken. Eine ressourcenorientierte pädagogische Beratung richtet ihr Augenmerk auf problembezogene und entwicklungsorientierte Inhalte. Sie weist als wesentliches Strukturelement den Aspekt der Prozesssualität auf.

Damit beinhaltet sie ein Grundgerüst: Eine Problemanalyse, Zielbestimmung und die Frage der selbstgesteuerten / selbstverantworteten Realisierungsmöglichkeiten. Ziel jeder pädagogischen Beratung ist der Aufbau, die Stabilisierung und ggf. die Wiederherstellung individueller Handlungsfähigkeit unter Einbezug der Frage nach der situativen Angemessenheit (nach Hartmann).

4.2.7.1.1 Beratungsgespräche vorbereiten und führen

Ein zentraler Gesichtspunkt für die Vorbereitung jeder Beratung ist die Frage: Wer wird beraten und wer hat das Problem?! Ist dies geklärt, ergeben sich Fragen nach meiner Rolle (Rollenklarheit) in der Beratung / dem Gespräch: „Passen die angestrebten Ziele zu meiner Gesprächsrolle? Passt die Gesprächsrolle zu meinen Zielen?“ Weiter gilt es für sich vorweg zu klären: „Wie gehe ich damit um, wenn die Beratung / das Gespräch im (teilweisen) Dissens endet? Wie kann ich zu Beginn des Gesprächs meine Gesprächsintentionen so formulieren, dass mit der zu beratenden Person darüber eine Art Kontrakt entsteht?“ (nach: Bartz,).

Letzteres ist von Bedeutung, weil es zum einen gegenseitiges, professionelles Vertrauen und zum anderen gegenseitige Achtung bzw. gegenseitigen Respekt signalisiert. Ein Gespräch sollte in jedem Fall alters- und situationsbezogen strukturiert sei. Hilfreiches Ritual wäre für ein geplantes Gespräch, sowohl für Erziehungsbereichtigte, als auch ältere Kinder, Jugendliche und junge Erwachsene, dass sie sich anhand einer Art Liste auf das Gespräch vorbereiten können (Was ist Thema des Gesprächs? Welche Punkte sollen im Gespräch thematisiert werden?).

Zugleich gibt eine solche Checkliste einen gewissen Rahmen der im Gespräch zu thematisierenden Inhalte vor. Eine solche Checkliste wird von Ihnen als professionelle Beratungssperson situations-, themen- und personbezogen vor der Einladung zum Gespräch erstellt und mit der Einladung der zu beratenden Person übergeben, sodass sich diese vorbereiten kann.

Für jedes geplante Gespräch, so auch ein Beratungsgespräch, sollte eine passende Zeit ohne jedwede Störung vorgesehen sein. Ebenso ist es hilfreich, für das Gespräch ein zeitliches Limit festzusetzen. Ein solches Limit bestimmen Sie als Beratungsperson.

Dabei gilt es immer eine situations- und themenangemessene Balance zu finden, die sich zwischen Kürze (zielbewusst, „auf den Punkt bringen") und Länge (weitschweifig, „über thematische ´Dörfer´ gehend) befindet.

Bartz gliedert das Beratungsgespräch durch die Beratungsperson in vier Phasen:

1. „Orientierungsphase:

Orientierung auf der Beziehungsebene:

- positive Beziehung herstellen (Akzeptanz)
- Selbstinstruktion als Berater/-in:

  ´Die Beratung hat zum Ziel, die Fachkraft dabei zu unterstützen, selbst eine Lösung zu finden´.

Orientierung auf der Inhaltsebene:

- Was ist Thema der Beratung?
- Was soll nach Abschluss der Beratung das Ergebnis sein?

Kontrakt zwischen Beratungsperson und zu beratender Person:

- Definition der Situation als Beratung und Klärung der entsprechenden Rollen;
- Kontrakt über das Thema: Worum genau geht es in der Beratung?
- Kontrakt über Zeitrahmen und Vorgehen.

2. Klärungsphase:

- Die zu beratende Person berichtet frei über ihre Sichtweise bzw. (Problem-)Situation.
- Die Beratungsperson unterstützt die Klärung durch Verständnis und Sondierungsfragen, die sich auf den Zusammenhang von Person, Rolle und System beziehen.

3. Veränderungsphase:

Sammlung von Lösungsmöglichkeiten für die Fragestellung bzw. das Problem:

- Die zu beratende Person findet selbst neue Lösungen; die Beratungsperson unterstützt sie dabei durch lösungsorientierte Fragen (Prozessberatung).
- Die zu beratende Person bringt angedachte / mögliche Ansätze bzw. Strategien ein.
- Die Beratungsperson stellt mögliche Lösungsansätze / Handlungsstrategien vor (Expertenberatung).
- Bewertung der Lösungs- bzw. Handlungsstrategien (Blick auf: „Sowohl-als-auch-Strategien):

-> Die Fachkraft bewertet die gefundenen Lösungs- bzw. Handlungsideen.

-> Die Leitungsperson unterstützt sie dabei und durchdenkt / überprüft gegebenenfalls die Belastbarkeit der Lösungen, die die Lehrkraft für sich findet, zum Beispiel durch die Frage, was bei der angestrebten Lösung / Handlungsstrategie schlimmstenfalls passieren könnte und ob die Fachkraft eine solche Worst-Case-Situation ertragen / steuern kann oder ob die Lösungs- bzw. Handlungsstrategie weiter durchdacht, bearbeitet oder abgesichert werden muss (Prozessberatung).

4. Abschlussphase:

- Entwicklung eines konkreten Handlungsplans (Prozessberatung), z.B. mit Erziehungsberechtigten: „Was nehmen Sie als Ergebnis mit? Was machen Sie mit diesem Ergebnis? Was sind ihre nächsten Schritte?"

Kontrakte:

- Kontrakt, den die zu beratende Person mit sich selbst in Anwesenheit der Beraterin oder des Beraters macht: „Ich werde . . ."
- Kontrakt über Abschluss der Beratung und ggf. über einen neuen Beratungstermin." (verändert nach Bartz, A.).
- Es hat sich als hilfreich erwiesen, Kontrakte zumindest in Kurzform schriftlich in einer Art Prtokoll festzuhalten. Dadurch erhalten diese eine höhere Verbindlichkeit und können später als Erinnerungshilfe fungieren.

4.2.7.2 Kurzgespräche
– eine entschleunigende Gesprächs- und Beratungsform -

Die Gesprächs- und Beratungsform „Kurzgespräch" ist eindeutig von den „Tür-und-Angel"-Gesprächen zu unterscheiden. Das "Pädagogische Kurzgespräch" ist eine gegliederte Gesprächsform. Sie greift die oben genannten Ziele und Kriterien für pädagogische Beratungsgespräche in einer besonderen Weise auf: So wird bei einem Kurzgespräch von der Beratungsperson insbesondere auf das sprachliche Begriffsfeld der/des zu Beratenden ebenso geachtet wie auf die effiziente Zeitnutzung.

Integriert in ein Kurzgespräch sind wie bei allen Beratungsgespräche Phasen des „Aktiven Zuhörens", um sich zu vergewissern, dass das Gehörte auch das ist, was die zu beratendee Person tatsächlich aussagen wollte.

Mit Hilfe mäeutischer Fragen bzw. Erkundungsfragen soll der / die Beratene sich selbst erkunden, zum Nachdenken kommen und eigene Kraftquellen bzw. Lösungsansätze erkennen. Dabei orientiert sich die Beratungsperson an (Teil-) Sätzen, an dortigen Wortfeldern oder sprachlichen Repräsentationsebenen (nach Lohse) der/des Beratenen, in denen das Kernanliegen benannt bzw. beschrieben wird.

Solche vom Beratenen verwendeten körperbezogenen Sätze verweisen unbewusst auf seine individuelle Tiefenstruktur:

- „Eine innere / äußere Bewegung;
- das Sehen;
- das Hören;
- das Riechen;
- das Schmecken." (Lohse)

Beispiele für Äußerungen des / der Beratenen:

„So steht es um mich." oder „Ich stehe unter Druck." (innere / äußere Bewegung);

„Das sieht gut aus." oder „Ich muss wieder einen Überblick gewinnen." (Sehen);

„Das klingt noch in mir nach." oder „Jetzt verstehe ich nichts mehr." (Hören);

„Mir stinkts!" oder „Ich wittere etwas." (Riechen);

„Das hat einen unangenehmen Nachgeschmack." oder „Dieses Problem frisst mich auf." (Schmecken).

Solche Äußerungen sind Signale für Berater im Kurzgespräch, um mit dem Beratenen sukzessive das eigentliche Problem aufzudecken zu helfen; denn dann kann der erste Schritt einer Lösungsstrategie aufleuchten und vereinbart werden.

Eine weitere Besonderheit des Kurzgesprächs ist, dass genannte Nomina in der Art der Frage zu Adjektiven (Zuschreibungen) oder Verben (Geschehensabläufe) umformuliert werden. Beispiel bei der Beratung älterer Jugendlicher, junger Erwachsener oder Erziehungsberechtigter:

„Für mich ist alles ohne Sinn.! → Was ist für Sie sinnvoll?, oder

„Mir geht ein Licht auf." → Was leuchtet Ihnen ein?, usw..

Ebenso wird bei den Fragen in Kurzgesprächen eine im Konjunktiv vorgebrachte Äußerung in der Frage z.B. in den Indikativ Präsens, den Indikativ Futur oder gar in eine Als-ob-Fiktion umgewandelt. Beispiele:

„Ich möchte Sie was fragen.“ → „Was fragen Sie mich?“ (Fragestellendenstimmlage tief!) oder

„Hätten Sie für mich Zeit?“ → „Wie wollen Sie die Zeit verwenden?“ oder

„Ich würde Sie gerne sprechen!“ → „Über was sprechen wir?“, usw..

Weist eine Aussage Komparative oder Superlative auf, so wird die Beratungsperson diese auf einfache Adjektive oder Verben reduzieren. Beispiele: „Da muss ich mich verbessern!“ → „Was machen Sie gut?“ oder „Das Schlimmste ist für mich ...!“ → „Wie schlimm ist ... für Sie?“, usw..

Hilfreich bei allen Fragen sind die Worte „Was ... ?“ und „Wie ... ?“ Zu vermeiden sind Fragenstellungen, die mit „Warum ...?“, „Weshalb ...?“ und „Wieso ... ?“ beginnen sowie negative Fragestellungen, da sie die zu beratende Person in ihrem inneren, meist negativen Muster belassen. Beziehen Sie sich auf z.B. die Kehrseite der vorgebrachten Äußerung. So kann es gelingen, dass sich der/die Ratsuchende aus dem bisherigen „Problemkarussell“ löst.

Beispiele für „Opfermuster“: „Ich fühle mich immer schuldig!“ → „Wofür tragen Sie die Verantwortung?“ oder „Ich finde keine Hilfe!“ → „Was schaffen Sie aus eigener Kraft?“

Beispiele für „Sackgassenmuster“: „Ich stecke mit ... fest!“ → „Was befreit Sie?“ oder „Ich fühle mich blockiert!“ → „Bremsen blockieren, wenn man zu fest draufdrückt!“

Beispiele für „Desorientierungsmuster“: „Ich kann nicht mehr!“ → „Wofür haben Sie Kraft?“ oder „Woran soll ich mich noch halten?“ → „Was hält Sie?“, usw. (nach Lohse).

4.2.8 Erzieherische Momente in der pädagogischen Beziehungsarbeit

Ein entscheidendes Moment der pädagogisch-erzieherischen Beziehungsarbeit ist das Erkennen und Durchbrechen von strengen Ursache-Wirkungs-Zusammenhängen bei zwischenmenschlichen Interaktionen. Solche Ursache-Wirkungs-Zusammenhänge werden oft in kritischen oder konflikthaften Situationen vornommen. Erkannt werden können diese Prozesse anhand von Äußerungen, die jeweils einer anderen Person die alleinige Ursache zuschreiben mit dem Hinweis, dass nur diese Person allein die Lösung bewerkstelligen könnte. Meist liegen auch (hoch) emotionale Betroffenheiten vor. Hier hilft systemisches Denken, nämlich das Konstatieren, dass vor allem in so gut wie jeder kritischen Situation ein zirkulärer Prozess zwischen den Beteiligten abläuft. Die folgenden Grafiken sollen dies verdeutlichen:

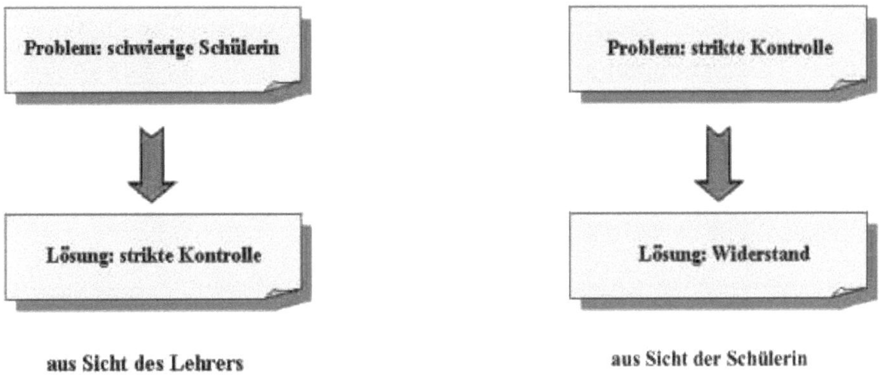

(Regelkreis aus personaler Sicht (Conrad))

Solcherart ablaufende Prozesse wirken aufeinander zurück: Sie wirken zirkulär.

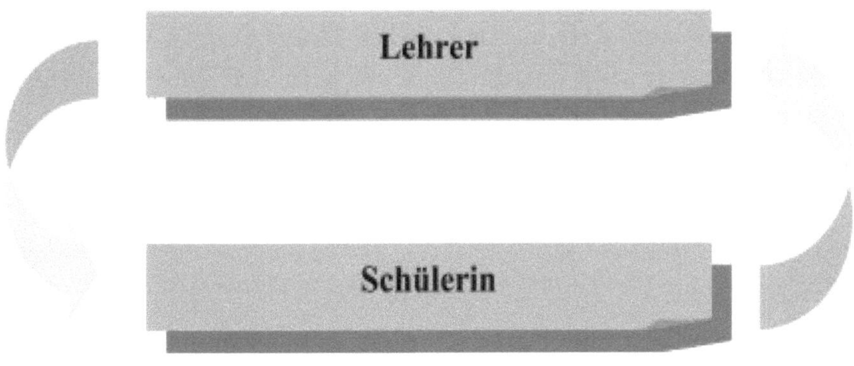

(Zirkuläre Sichtweise (Conrad))

Will heißen, alle Beteiligten beeinflussen sich gegenseitig, was zum Aufschaukeln eines möglicherweise zu Anfang bestehenden periferen Konflikts führen kann. Hier ist ein Innehalten und ggf. das Hinzuziehen einer kundigen, außenstehenden Person als ´Mediator´ (z.B. Beratungslehrkraft) sinnvoll. In den dann folgenden Gesprächen mit und zwischen allen Beteiligten erfolgt ein genaueres Durchdenken gefolgt von einer Hypothesenbildung zu den Vorgängen und Verhaltensweisen der beteiligten einzelnen Personen mit dem Ziel, die Wechselwirkungen, die zirkulären Zusammenhänge, offenzulegen und dann zu klären. Alle an der kritischen Situation bzw. dem Konflikt Beteiligten erhalten so die Chance und Aufforderung, sowohl die sich wechselseitig beeinflussenden Systembestandteile zu erkennen, zu diskutieren, als auch individuelle, neue, passendere Verhaltensweisen zu entwickeln.

In der pädagogischen Literatur finden sich verschiedenste Strömungen, die das Erziehen von Kindern problematisieren oder in ihren Modellen gar ablehnen. Alle Modelle kommen jedoch zum Schluss, dass Kinder einer Art ´Beeinflussung´ von außen bedürfen, jedoch mit der Vorgabe weniger einengend oder regulierend zu sein. Bei allen Modellen ergeben sich auch in irgend einer Form Erziehungsziele, wobei die Frage, wie und wozu Kinder zu erziehen seien offensichtlich in einem gesellschaftlichen Kontext immer wieder neu zu beantworten sein wird. Rotthaus drückt dies mit einer „passenden Erziehungsweise" aus. „Letztlich wird man sagen müssen: Wer Umgang mit Kindern pflegt, kann nicht nicht erziehen – allein schon deshalb, weil er sich nicht nicht verhalten kann." (Rotthaus) Dies verweist darauf, dass es in der Erziehung bereits von frühen Kindheitstagen an sowohl auf die Ziele, als auch auf die Haltung der Erziehungspersonen ankommt. Bei der Haltung kommt es auf die je persönliche Idee von Kindheit und darauf gründend von Erziehung bei den jeweilig ein Kind erziehenden Personen an. Auch stellt sich die Frage, wo die Kindheit oder das Jugendlichsein endet und das Erwachsensein beginnt?

Laut Rotthaus sind hier kaum noch strenge Abrenzungen möglich. In den pädagogischen Institutionen, seien dies Kinderkrippe, Kindergarten und Schule werden hier zwar formale Vorgaben gesetzt, jedoch ist die Wirklichkeit der heranwachsenden Menschen auch hinsichtlich von

Wissen und Erfahrungen selbst in den institutionell gesetzten pädagogischen ´Schonräumen´ sehr unterschiedlich. Auch ist zu fragen, wie die jeweilige Qualität des ´Schonraums´ ausgestaltet sein sollte, damit ein sogenanntes ´Ausschleifen´ stattfinden kann, damit ein Mensch echte Selbstverantwortung mit allen Chancen und Risiken möglichst erfolgreich erfährt. Des Weiteren zieht sich die Zeit des Lernens bis zum Erwachsensein immer mehr in die Länge. Zumal heute von einem lifelong learning die Rede ist, was bedeutet, dass auch Erwachsene immer wieder Phasen von ´Schülersein´, d.h. einen Rollenwechsel, erleben.

Schon in der Grundschule und zunehmend in den Sekundarstufen stellt sich aus pädagogischer Sicht die Frage nach dem Grad des eigenverantwortlichen Umgangs mit den Lernangeboten sowie dem eigenverantwortlichen Gestalten von zwischenmenschlichen Beziehungen. „Für viele Schüler ist es eine große Hürde, aktiv zu überlegen, ob sie am Lernangebot teilnehmen wollen oder nicht und so eine ihr schulisches Leben betreffende Entscheidung zu fällen.“ (Conrad) Auch überschauen viele nicht (mehr) die Bedeutung von Lernen und Ausbildung für ihr zukünftiges Leben. Haben sie im Elternhaus keine entsprechenden Erfahrungen z.B. des Aufschiebens von Wünschen; des systematischen, ausdauernden Arbeitens; der Freude Neues gezielt zu erproben und zu reflektieren; leben viele sozusagen auf Sicht oder gar in einer Art ´medialen Parallelwelt´ ohne eine zumindest ansatzweise realitätsnahe Vision für ihr weiteres Leben.

„Für Eltern, Lehrer(-innen) und Erzieher(-innen) ist es unerlässlich, zur Kenntnis zu nehmen, dass sich die Rahmenbedingungen für Erziehung stark geändert haben. [...] Kindheit in diesem Sinne [Schonraum] endet spätestens gegen Ende des ersten Lebensjahrzehnts. Die Notwendigkeit einer Sinngebung in unterschiedlichen Situationen erfordert vom Einzelnen, sowohl Lehrer als auch Schüler, eine sehr hohe Flexibilität; es verlangt die Fähigkeit zur Rollenvielfalt und zum Erkennen der jeweils situativ angemessenen Rolle.“ (Rotthaus) Dies bedeutet für die pädagogische Beziehungsarbeit mit Blick auf Erziehung, dass alle in diesem Bereich z.B. einmal als fachlicher Experte, Berater, Beurteiler und Wissensvermittler auftreten.

Jedes Kind ist auf vielfältige Weise mit seiner jeweiligen personalen Umwelt verbunden und in Wechselwirkung. Was für die Sicht auf ein Kind bedeutet: „Das Kind ist vielmehr zu betrachten als [...] autonomes, eigenständiges Lebewesen eigenen Rechts [...] mit gleichberechtigten Wünschen und Bedürfnissen und gleichem Recht auf Meinungsäußerung [...] das noch klein ist, vieles noch nicht kann und weiß und der Anregung und Unterstützung der Erwachsenen bedarf. [...] Erziehung wird dann verstanden als ein interaktiver Prozess, in dem die Handlungen aller Beteiligten gleich wichtig sind, auch wenn Kinder und Erwachsene unterschiedliche Rollen und Aufgaben haben." (Rotthaus) Dies erfordert beim Umgang mit Kindern und Jugendlichen, dass diese in ihrem So-Sein als vollwertige Personen gesehen werden sollten, eingedenk der jeweils aktivierbaren Fähigkeiten.

Dies bedeutet, dass sowohl hinsichtlich von Wissensinhalten als auch von sozialem Verhalten eine passende Ansprache erfolgen muss, immer mit Blick auf jeweilige Entwicklungsmöglichkeiten. Das bedeutet für eine förderliche pädagogische Beziehungsarbeit, dass zumindest jede pädagogische Fachkraft, z.B. eine Lehrerin / ein Lehrer, alle Erziehungsprozesse als interaktive Prozesse sehen und gestalten sollte. Was wiederum das Einbeziehen auch der Kinder und Jugendlichen in ihren Erziehungsprozess bedingt: Wie sieht z.B. das Kind bzw. der/die Jugendliche eine Situation, wie den Erziehungsprozess?

„Während Kinder früher durch eine übermäßige, einengende, autoritäre Erziehung in ihrer Entwicklung behindert wurden, scheint dies heute dadurch zu geschehen, daß sie aufgrund von Erziehungsunsicherheit und Erziehungsresignation kaum noch Grenzen kennenlernen." (Rotthaus) Eine passende Ansprache muss auch klare, transparente Grenzziehungen bzw. einen solchen Orientierungsrahmen umfassen, nämlich überall dort, wo ersichtlich das Kind bzw. der/die Jugendliche noch keine geeigneten bzw. ausreichenden Fähigkeiten und passenden Erfahrungen aufweist.

Aus systemischer Sicht beeinflusst der/die Erziehende den/die zu Erziehende und umgekehrt in einem interaktiven, zirkulären Prozess. Die pädagogische Beziehungsarbeit in der auch Erziehung stattfindet ist eine gemeinsame Entwicklung, bei der alle Beteiligten mit- und voneinander lernen. Mit entscheidend ist die jeweilige Art und Weise der Kommunikation. Professionelles Handeln umfasst hier z.B. die Reflexion und das Fragen nach: „Was haben die Schüler mir beigebracht? Inwiefern habe ich von der Erziehungspartnerschaft profitiert / vom gemeinsamen Unterricht profitiert? Was habe ich im gemeinsamen Tun und in der Erziehung gelernt?“ (Rotthaus) Auf diesem Hintergrund ist die nachfolgende Definition von Erziehung eine logische Paradoxie, da es sich bei allen Beteiligten um autonome, nicht triviale Systeme handelt (vgl. Foerster in Rotthaus).

Hinsichtlich einer pädagogischen Beziehungsarbeit lassen sich Erziehungsprozesse wie folgt beschreiben: „Erziehung ist – nach allgemein akzeptierter Definition – zu charakterisieren als absichtsvolles Beeinflussen einer Person, zumeist eines Kindes, durch einen anderen Menschen, die Erzieherin, in Richtung auf ein von der ErzieherIn festgelegtes Ziel. Erziehung ist damit ein „Spezialfall“ des Prozesses, den man Sozialisation nennt, in dem Kinder unter dem Einfluss ihrer Umwelt in die jeweilige Kultur hineinwachsen, ihre Werte und Normen übernehmen, Handlungsstrategien aufnehmen und Voraussetzungen für die Bewältigung neuer oder veränderter Umweltanforderungen erlernen. [...] Erziehung existiert jedoch nicht als spezifische Handlungsform. [...] Erst wenn ein Mensch seinen Handlungen des Anregens, Beratens, Informierens, Erklärens, Lobens, Tadelns, etc. erzieherische Absicht zuschreibt und diese erzieherische Absicht auf einen oder mehrere andere Menschen [...] richtet, findet Erziehung statt.“ (Rotthaus)

Eingedenk der oben genannten Paradoxie wird deutlich, dass Erziehung eine Planbarkeit ausschließt, was gerade im Kontext pädagogischer Beziehungsarbeit den oft vorhandenen Erwartungs- und Erfolgsdruck mildert. Mit Blick auf das Verständnis von Planung wird deutlich, dass ein solches zwar erforderlich ist, jedoch verstanden werden sollte als ein Durchdenken verschiedener, passender Handlungsmöglichkeiten oder -alternativen für unvorhersehbare, möglicherweise eintretende Situationen.

Ein Handeln innerhalb eines pädagogischen Beziehungsgeschehens sollte als eine Art zwischenmenschliches „Spiel“ aufgefasst werden und von daher in dynamischer Balance und möglichst harmonischer Dynamik ´gespielt´ werden. Diese, z.T. auch auf die Wissensvermittlung übertragbaren unplanbaren Momente sind die eigentliche Herausforderung und zugleich der Reiz des Tätigseins im pädagogischen Bereich, da sie ein ständiges, breites Vorbereiten erfordern, das vor allem ein mentales Sicheinstellen und Sichausrichten auf unplanbare Situationen erfordert. Diese im Tätigkeitsfeld hohen, auch psychischen Anforderungen müssen ihr Äquivalent in achtsamen, auf bewusstes Entspannen angelegten Phasen außerhalb des Berufsfeld finden.

Für das erzieherische Handeln gerade in einer pädagogischen Beziehung sind die Erkenntnisse von Maturana und Varela interessant, die das Gehirn als ein in sich geschlossenes, autopoietisches System beschreiben, das sich mit seinen Nervenzellen selbst reprodziiert in basaler Zirkularität: „Diese operationale Geschlossenheit des Nervensystems mit ihren daraus resultierenden Folgerungen ist nicht leicht nachzuvollziehen, weil sie nicht unseren geläufigen Vorstellungen entspricht. Sie ist aber ganz elementare Voraussetzung für menschliches Sein und überhaupt dafür, dass wir uns als eigenständige Wesen begegnen können. Sie gewährleistet, dass wir nicht den von außen auf uns einwirkenden Einflüssen hilflos ausgeliefert und damit unbegrenzt manipulierbar sind.“ (Maturana in Rotthaus)

Mit Blick auf die Arbeit in pädagogischen Berufsfeldern ist dies einerseits irgendwie beruhigend und zum anderen eine hohe Herausforderung, besagt dies doch nichts anderes, als dass das jeweilige Kind, der jeweilige Jugendliche bzw. allgemein jede Person selbst bestimmt, welche erzieherische Aktivität bei ihm ankommt bzw. wirkt und letztlich zu einem entsprechenden Verhalten führt, d.h. von außen betrachtet ´Erfolg´ hat.

„Die Tatsache, dass die internen Prozesse im Kind ausschlaggebend für seine Reaktion sind, können aber auch für den Erzieher zur Entlastung werden, da eine, aus der Sicht des Erziehers wenig erfolgreiche Erziehung, nicht auf seine „Fehler“ zurückzuführen ist. Außerdem wird auf diese Weise deutlich, dass ein zu Erziehender nicht auf eine Erziehungsmaßnahme boshaft oder widerwillig reagiert, sondern sich lediglich so verhält, wie es gemäß der „Passung“ oder auch Viabilität des Angebots an das System möglich ist. [...] Auch wenn das Kind autonom handelt, ganz gleich wie alt es ist, so heißt dies nicht, dass es auch autark sei, nämlich unabhängig und sich selbst genügend. Vielmehr sind Außenkontakte für das Individuum lebensnotwendig, da nur sie Lernen und Entwicklung ermöglichen.“(vgl. Conrad / Rotthaus)

Anders gesprochen stellt sich jede kulturell geprägte Reizsituation von außen als eine Anregung zur Selbstsozialisation dar. Von außen gesehene unpassende Verhaltensweisen eines Kindes stellen sich für das Kind selbst aus seiner ´Sicht´ als zunächst einmal als passend und funktional dar. Was bedeutet, dass bei einem von außen gesehen kulturell und gesellschaftlich unpassenden Verhalten in der Weise agiert bzw. reagiert werden muss, indem der entsprechenden Person passende Impulse, Erprobungsfelder z.B. für andere Sichtweisen oder Interpretationen, usw. in ansprechender, passender Form ermöglicht bzw. angeboten werden müssen. „Dabei ist dann das Verhalten des einen Bedingung, aber nicht Ursache für das Verhalten des anderen.“ (Rotthaus)

Für das Gestalten pädagogischer Beziehungen stellt dies eine wichtige Veränderung der Sicht- und Denkweise dar, die auch ein anderes Format des Verhaltens von Seiten z.B. der Lehrkräfte erforderlich macht. Welche Maßnahmen sinnvoll sind benennt Rotthaus mit: „Allerdings wird von dem betroffenen Individuum immer nur ein Bruchteil der Reize aus seiner Umwelt wahrgenommen, nämlich nur die, die einerseits in irgendeiner Weise anschlussfähig, dem bisher Gedachten nahe genug sind, die andererseits aber in irgendeiner Weise bedeutsam für den Betroffenen sind, weil sie sich vom bisher Gedachten hinreichend unterscheiden. „Informationen“, die Entwicklung anregen sollen, müssen also Neuigkeit enthalten, dürfen aber vom Bisherigen auch nicht zu weit entfernt sein.“ (Rotthaus)

Besonders jüngere Kinder zeigen nach Rotthaus im Kontakt mit Erwachsenen eine hohe Bereitschaft vom anderen zu lernen, sich anregen und damit erziehen zu lassen. Je jünger ein Kind ist, desto mehr lernt es durch ein Modell, d.h. in erster Linie in der Familie und sozialisiert sich so selbst. Dies geschieht auch noch im Kindergarten oder

der Grundschule, was bedeutet, dass hier die Erziehungspersonen eine hohe Selbstreflexivität in Form der Selbstbeobachtung hinsichtlich des je eigenen Verhaltens, z.B. der Arbeits- und Lernweise, haben sollten um Kinder entsprechend vorbildlich anregen zu können.

Durch die Art und Weise des Handelns z.B. einer Lehrerin / eines Lehrers wird einem Kind die Möglichkeit geboten bzw. es wird dazu angeregt, ein entsprechendes Verhalten nachzuahmen. Ein Kind lernt so unbewusst vielfältige Gedanken (Denkweisen), Aktionen und Reaktionen sowie Handlungsweisen, um das es umgebende System immer besser einschätzen und für sich nutzen zu können (vgl. Rotthaus). In der Jugendzeit übernehmen zumindest teilweise sogenannte ´Leitfiguren´ oder ´Idole´ diesen Part zusammen mit den zunehmend an Bedeutung gewinnenden Peers, den Gleichaltrigen bzw. deren Gruppe.

Ein wichtiges Element der Kommunikation, die bei einer anderen Person eine Veränderung bewirken will, ist die Art und Weise in der die Rückmeldungen, das Feedback geschehen. Stangl hat dazu eine klare und knappe Übersicht erstellt:

4.2.9 Regeln für das Geben von Feedback

„Die größte Kunst dabei ist: Ich sage einem Menschen, wie ich ihn sehe, ohne ihn dabei zu verletzen. Feedback sollte zielorientiert sein, d.h. welche Möglichkeit gibt es für die Zukunft, aus diesen Fehlern zu lernen und sollte also nur gegeben werden, wenn es hilfreich sein kann. Um dies zu erreichen, müssen einige Grundsätze beachtet werden. Feedback sollte daher immer

- *konstruktiv sein*, d.h. Perspektiven für die Zukunft bieten;
- *beschreibend sein*, d.h. man sollte Bewertungen und Interpretationen außen vor lassen. Außerdem ist Meckern, Schimpfen und Beleidigen völlig unangebracht. Kritik immer sachlich äußern!
- *konkret sein*. Durch Verallgemeinerungen und pauschale Aussagen weiß der Betreffende nicht, wie er das Problem beseitigen kann. Außerdem ist es für den Beteiligten am einfachsten, das Feedback nachzuvollziehen, wenn das Ereignis möglichst konkret beschrieben wird.

- *subjektiv formuliert sein.* Wenn man von seinen eigenen Beobachtungen und Eindrücken spricht und nicht von denen anderer, fällt es dem Beteiligten leichter, das Feedback anzunehmen.
- *nicht nur negativ sein.* Man sollte stets daran denken, daß es schwer ist Kritik einzustecken. Daher ist es für den Beteiligten leichter, Verbesserungsvorschläge zu akzeptieren, wenn er merkt, daß man nicht nur herumkritisieren möchte, sondern auch die positiven Seiten sieht.

  Die *Sandwich-Theorie* empfiehlt, jede negative Kritik zwischen zwei Schichten von positiven Elementen zu betten." (Stangl).

Heidenberger gibt dazu zehn anschauliche Tipps in einer Art Checkliste: Wenn Sie „Feedback geben, dann

1. beginnen Sie immer mit den positiven Aspekten. Erst dann kann die Kritik folgen. Und nicht in umgekehrter Reihenfolge,
2. unmittelbar nach dem Werk, der Handlung, der Aussage etc.
3. nie in Form eines Vorwurfs,
4. möglichst auch gleich mit einem Verbesserungs- / Änderungsvorschlag,
5. keine Verallgemeinerungen verwenden wie „Sie machen bzw. du machst das immer ...", sondern zu einer konkreten Situation Stellung nehmen,
6. in der Ich-Form, z. B. „Ich habe den Eindruck, dass Sie/du ..." und nicht auf die Art „Sie sind bzw. du bist ...",
7. immer so, dass die Person „ihr Gesicht nicht verliert",
8. möglichst in kleinen Happen. Diese sind leichter „verdaulich" und die durch das Feedback gewünschte Handlungs- / Verhaltensänderung ist leichter umsetzbar,
9. stellen Sie Fragen, um die Perspektive des Gegenübers zu erkennen, z. B. „Wie sehen Sie das/wie siehst du das?" oder „Haben Sie auch diesen Eindruck/Bist du auch der Meinung, dass ...?",
10. möglichst so, dass Sie selbst Ihr Feedback annehmen würden."

5 Disziplin - Grundlage oder Ziel pädagogischer Beziehungsarbeit?

Wer die Praxis übt, ohne sich vorher mit der Theorie beschäftigt zu haben, gleicht einem Steuermann, der sein Schiff ohne Kompass und Steuer besteigt und nicht weiß, wohin er fährt. (Leonardo da Vinci)

Wahrnehmen, vor allem das darauf aufbauende Erkennen, Wissen und Schlussfolgern wird stark von individuellen und sozial gelernten neuronal-intrapsychischen Konstruktionsprozessen beeinflusst. Auch Erkennen und Wissen sind danach keine voraussetzungsfreien Zugänge zur tatsächlich gegebenen Realität. Die von jedem von uns über ein Wahrnehmen erfahrene bzw. vermittelte Wirklichkeit ist kein reales Abbild derselben, sondern das Ergebnis von Verarbeitungsprozessen unseres Gehirns.

Im Folgenden sollen verschiedene Faktoren betrachtet werden, die wesentlich sind, um überhaupt „Disziplin", meist als „Selbstdisziplin" gemeint, wachsen lassen. Der Begriff „Disziplin" beinhaltet ursprünglich, eine Sache genauestens zu analysieren (auseinander zu nehmen) und sie dann wieder zusammen zu setzen (eine Lernweise); später wurde der Begriff „Disziplin" überformt bzw. stark eingegrenzt auf „Gehorsam". Im schulischen Kontext steht Ersteres im Vordergrund, nämlich sich von einer Sache so ´fesseln´ zulassen, dass nach den Vorgaben der Sache möglichst genau verfahren wird (Aufmerksamkeit, Konzentration, Ausdauer). Letzteres kommt eher zum Zug bzw. wird erforderlich, wenn „Selbstdisziplin" nicht greift zu Lasten anderer Menschen. So wird erkennbar, dass das Konstrukt „Disziplin" interessante Facetten aufweist.

5.1 Grundlegende Ansätze

Die ‚Aneignung' von Wissen über die Welt stellt eine individuelle, sozialgeprägte, sowie aktive, kreative Tätigkeit dar. Wir machen uns die Welt ‚zu eigen', indem wir sie aufgrund subjektiver, interner Kriterien konstruieren. Vorstellungen von und Erfahrungen mit der uns umgebenden Welt gehen auf Wahrnehmungen und deren Interpretation zurück. Damit ist die Frage nach einer wahrnehmungsunabhängigen, einer objektiven Realität und der erlebten Wirklichkeit unbeantwortbar, da unsere Wahrnehmung mit all ihren Begrenzungen unser einziger Zugang zum Original, der Realität bzw. Welt ist.

„Unterschiedliche Lebens – und Erfahrungsbereiche führen zu unterschiedlich differenzierter Wahrnehmung und bringen demnach auch verschiedene Unterscheidungen und Begriffe hervor." (King)
Konstruktionsprozesse von ´Wirklichkeit´ finden ohne unser bewusstes Zutun bzw. ohne bewusste Möglichkeiten der Einflussnahme in unserem Gehirn statt. Wirklichkeit entsteht durch subjektive und phänomenale, d.h individuelle Verarbeitungsprozesse und erzeugt eine Erlebniswelt. Jedes Gehirn konstruiert aufgrund seiner Wahrnehmungen demnach seine Wirklichkeit aufgrund individueller Dispositionen. Unsere Erlebniswelt ist weitgehend bestimmt durch Gedächtnisprodukte, d.h. durch Emotionen und Erfahrungen (nach Roth). Dabei wird Emotionen die Wirkung zugeschrieben, Verhalten zu bahnen und das Denken zu beeinflussen. Damit verfügen Emotionen über ein handlungsleitendes Moment. Emotionen beruhen auf dem im Langzeitgedächtnis gespeicherten Erfahrungwissen.

Neuronale Signale der Sinnesorgane deutet und bewertet das Gehirn nach aus Erfahrungen entwickelten Kriterien als ein kognitiv in sich abgeschlossenes System. Realität, Herkunft und Bedeutung der neuronalen Signale sind dem Gehirn nicht verlässlich bekannt. Es entscheidet nach dem Prinzip der Selbstorganisation auf der Grundlage seiner bisherigen Erlebniswelt. Jede Veränderung im Gehirn bzw. seinem System wird durch es selbst gesteuert. Für unser Gehirn sind bei allen es erreichenden Sinneseindrücke, deren Verarbeitung sowie Einordnung die Gangbarkeit, Brauchbarkeit oder Durchhaltbarkeit die entscheidenden Aspekte. Es entscheidet in seiner Vorgehensweise nach dem Prinzip des ´Wahr´ ist, was sich ´bewährt´. Reize, durch die Sinnesorgane aufgenommen und ans Gehirn weitergeleitet, werden zu Wahrnehmungen, indem je nach Situation das Arbeits- oder das Langzeitgedächtnis aktiviert wird. Letzteres stellt „antizipierende Schemata (Ordnungsrahmen) bereit, die auch im folgenden die Interpretationen der aufgenommenen Informationen ermöglichen: Wir können nur sehen (wahrnehmen), wonach wir zu suchen vermögen. Daher bestimmen diese Schemata (zusammen mit der wirklich verfügbaren Information), was wahrgenommen wird." (Neisser in Goldstein)

Unser Gehirn ist ein Organ, das unseren Organismus und damit unser Leben sichern will und ist begierig auf Informationen, die es in diesem Zusammenhang sammeln, kategorisieren und zusammen mit jeweiligen Emotionen im Langzeitgedächtnis abspeichern kann (Erfahrungen).

Da jeder Mensch evolutionär grundlegend ein auf Gemeinschaft angelegtes Wesen ist, findet auch ein Konstruieren der Wirklichkeit im Gemeinsamsein statt, oder wie Martin Buber sagt: „Der Mensch wird am Du zum Ich." Das bedeutet konkret, dass Interaktionen mit anderen Menschen auf mich zurückwirken in der Weise, wie ich das interaktionelle Wir erfahre.

Für die Ausprägung der Faktoren oder Elemente, die letztlich Disziplin ausmachen, sind im wesentlichen vier Faktoren maßgeblich:

- Die aus der Art und Weise, sowie Qualität der Interaktionen und daraus gewonnener Erfahrungen in den ersten vier bis fünf Lebensjahren, sowohl mit jeweiligen Bezugspersonen, als auch mit Dingen aus der Lebenswelt.
- Die aus Nachahmung und selbständigem Erproben, sowie Rückmeldungen und Orientierung gebenden Maßnahmen gewachsenen individuellen Bewertungen und Interpretationen.
- Der aktuelle Ausprägungsgrad von Fähigkeiten wie Selbstmotivation, Selbstwirksamkeit und Selbstregulation.
- Erfahrungen, die in Interaktionen mit Gleichaltrigen in Zweier- wie in Gruppenbeziehungen gemacht wurden, sowie dortige Rollenzuweisungen.

5.2 Ansätze in der Pädagogischen Beziehungsarbeit

In den oben gemachten Aussagen wird beispielhaft deutlich, welchen Einfluss und welche Wirkungen bisher erfahrene Situationen schon ab der frühen Kindheit haben. Die Art des Zuwendens der Bezugspersonen, der Anregungsgehalt und -grad der unmittelbaren Umwelt usw. bestimmen die Qualität der über alle Sinneskanäle aufgenommenen Wahrnehmungen und bewirken mehr oder weniger neuronale ´Verknüpfungen´ im jungen Gehirn. Mit zunehmendem Alter und sich verbreiterndem Erfahrungsumfeld, so z.B in außerhäuslichen Spielgruppen von Nachbarschaftskindern, in der Gruppe im Kindergarten, in Gruppen von Vereinen oder Jugendorganisationen, sowie der Schule erweitern und differenzieren sich die jeweilig gemachten Erfahrungen. Dabei bildet das frühkindliche Erfahrungsfeld hinsichtlich eines Grundvertrauens eine wesentliche Basis, die durch die nachfolgenden Erfahrungsfelder bis in die frühe Jugendzeit hinein ergänzt wird. Die in diesen Zeiträumen gemachten Erfahrungen bilden sozusagen den grundlegenden Erfahrungsschatz jedes Menschen, der prägend für das ganze Leben sein kann. ´Kann´ deshalb, weil das menschliche Gehirn eine hohe Plastizität besitzt. Will heißen, das menschliche Gehirn ist ein ganzes Leben lang empfänglich für neue Sinneseindrücke und damit verbundene Emotionen, deren neuronale Verarbeitung im Gehirn neue Neuronen und neuronale Verbindungen entstehen lässt. Somit können neue, andersartige oder unverhoffte, sowie vor allem positiv durch- oder erlebte Situationen und darin gemachte Erfahrungen auch im fortschreitenden Alter modifizierend auf das menschliche Denk- und Verhaltenrepertoire wirken. Hinsichtlich der pädagogischen Beziehungsarbeit bedeutet dies, dass die mit den Begriffen Selbsttätigkeit, Selbstwirksamkeit, Selbstmotivation, Selbstvertrauen, Selbstsicherheit und Selbstkontrolle sowie Selbstdisziplin verbundenen Erlebnis- und Erfahrungsfelder schon frühzeitig konkret passend, d.h. alters- und personangemessen, angeregt, gefördert und im positiven Sinne ´trainiert´ werden sollten.

Wesentliche Ansatzpunkte einer pädagogischen Beziehungsarbeit sind die aus der Selbsttätigkeit und darin erfahrenen Selbstwirksamkeit erwachsende Selbstmotivation. Je jünger ein Mensch ist, desto ´mächtiger´ erlebt er die ihn umgebenden Erwachsenen und um so mehr ist er auf deren liebevoll annehmende, förderliche, fürsorgliche und an ihm interessierte Zuwendung angewiesen, z.B. der achtsame, respekt- und liebevolle Körperkontakt, das verbale und nonverbale Zuwenden, das miteinander Spielen, das vielfältige Bewegen (auch ´Toben´), das gemeinsame Betrachten von Büchern verbunden mit Erzählen, das Vorlesen, das gemeinsam etwas Unternehmen, das Erkunden und Erproben dürfen, sowie das ansprechende Erleben von sinnvollen, passenden Ritualen. Ein fürsorgliches, interessiertes Zuwenden umfasst auch ein passendes Gestalten der Lern- und Aktionsmöglichkeiten, wobei hier vor allem bei der materiellen Ausstattung für Kinder im Alter bis zu ca. vier Jahre das Sprichwort gilt: „Weniger ist mehr!“ Entscheidend ist die Qualität sowohl der Zuwendung, als auch diejenige der eher wenigen, durchdacht ausgewählten, jedoch vielfältig nutzbaren Spielgegenstände. Alle damit verbundenen positiven Erfahrungen in vielfältigen Aktivitäten und Lernprozessen, die auch das Aushalten, Durchsehen und Bewältigen kritischer Situationen beinhalten, bewirken sowohl eine wachsende, sich festigende Selbstmotivation, als vor allem auch ein zunehmendes Selbstvertrauen, das sich auf alle zukünftigen Aktivitäten auswirkt.

Festigt sich das Selbstvertrauen durch angemessene, vielfältige Lernprozesse und Aktivitäten, so kann schon ein Kleinkind eine zunehmend breitere Sicht auf sich selbst, seine unmittelbare Umwelt und damit mehr echte Selbstsicherheit gewinnen.

Kommt ein Kind in den Kindergarten oder später in die Grundschule, so bringt es schon vielfältige, meist unbewusst wirkende Erfahrungen aus seiner bisherigen Lebenswelt mit. Jetzt gilt es darauf aufbauend, die neuen oder auch ungewohnten Erfahrungsfelder, die meist auf gesetzten Rahmenvorgaben beruhen, so weit als möglich passend in den Blick- oder Interessenhorizont eines jungen Menschen zu bringen. Dabei behält die fürsorgliche, interessierte Zuwendung ihre Bedeutung, jedoch in gewandelter Form: Sie erfolgt in professioneller Weise. Dies bedeutet eine Erzieherin, Lehrerin oder ein Lehrer verhält sich in der Kommunikation und Interaktion z.B. repektvoll, achtsam, pädagogisch neugierig (interessiert), zuverlässig und klar (transparent), sowie reflektierend mit professioneller, innerer Distanz. Auch bei dieser interessierten, professionellen Zuwendung kommt der Verbindung von zu bearbeitendem Inhalt und individuellen Emotionen eine große Bedeutung zu. Entscheidende Elemente einer pädagogischen Beziehungsarbeit bei den Kindern / Jugendlichen sind, an deren Selbstmotivation sowie ihrer Fähigkeit der Selbstkontrolle anzuknüpfen und diese so gut als möglich aufzunehmen, fördernd zu stärken und Chancen zu eröffnen, die individuellen Fähigkeiten angemessen weiterentwickelnd, auch modifizierend auszubauen.

5.3 Selbstmotivation - Disziplin

Jeder Mensch ist einzigartig und ist bestrebt, seine individuellen Bedürfnisse zu erfüllen. Dabei ändert sich die eigene, aktuelle Motivstruktur dynamisch entsprechend der an Bedeutung wechselnden Bedürfnisse. So ändert sich auch die individuelle Motivation bzw. Verhaltensbereitschft. Grundsätzlich will ein Mensch entsprechend seiner Bedürfnisstrukturen und Wertesysteme für sich einen möglichst hohen, erwarteten subjektiven Nutzen erzielen. Maslow hat mit seiner Bedürfnispyramide eine Klassifikation von Bedürfnissen entworfen, in der er die fünf grundlegenden, auf einander aufbauenden Bedürfnisse benennt:

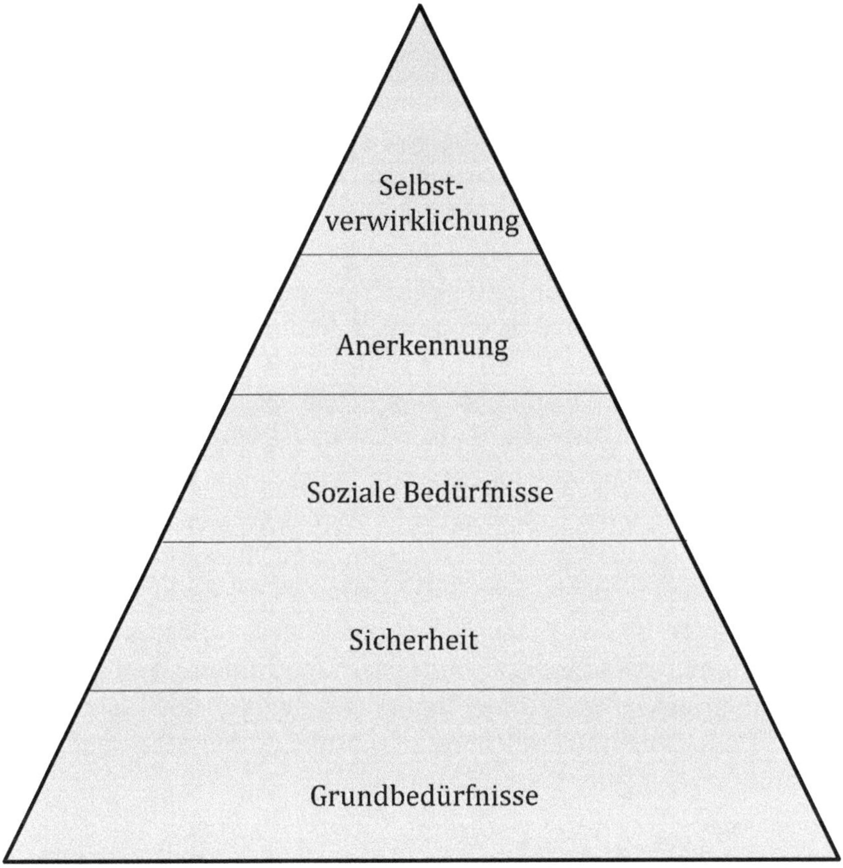

Diese grundlegenden Bedürfnisse bestimmen, ohne hier genauer auf jedes einzelne einzugehen, auch die Art und Weise sowie den Zielkorridor der Selbstmotivation. Schon Säuglinge wenden sich, sind ihre Grundbedürfnisse gestillt (z.B. ausreichende Nahrung, gesichert empfundene personale Zuwendung, positives Körpergefühl (z.B. wärmendes Bettchen, Hygiene)), entsprechend ihrem Ausdauer- und Bewegungsvermögen den sie umgebenden Personen und Dingen zu. Sie suchen z.B. Gesichter und reagieren auf diese: Aus Zulächeln wird ein Zurücklächeln, aus dem verbalen Zuwenden wird ein intensives Bemühen im selbst Laute Erzeugen. Schon während des ersten Lebensjahres versuchen Säuglinge Dingen, die sich bewegen, mit den Blicken zu folgen. Sie erproben die Möglichkeiten ihrer Hände und Arme, indem erreichbare Dinge durch ein Ertasten, Packen und Bewegen oder in den Mund Stecken erkundet werden. Das den Kopf heben, das sich auf Rücken oder Bauch

Drehen, das Krabbeln und später das Laufen können stellen zusammen mit dem Bemühen um das sprachlich mit den sie umgebenden Menschen in Kontakt zu treten enorme Bedürfnisse bzw. Motive dar. Bewundernswert ist die dabei erkennbare Ausdauer, das häufige Wiederholen bis der gewollte Laut, die gewollte Bewegung oder später passende Körperhaltung zunehmend gelingt. Ich kann mich noch gut erinnern, wie strahlend jedes meiner Kinder mir zeigte, wie es von der Krabbelhaltung zum aufrecht Stehen gelangte. Zwar zu Beginn noch sehr unsicher und immer wieder auf den Po zurückfallend, jedoch unbeeindruckt davon das Aufstehen wieder und wieder erprobend. Verstärkt wird dies erkennbar durch das ermunternde, interessierte Zuwenden und das jedem Bemühen unmittelbar folgende begeisterte Würdigen durch noch intensiveres Zuwenden. In solchen Prozessen ist unmittelbar erkennbar, wie sehr ein Mensch auf die nur ihm geltende, ermunternd, achtsame, liebe- und respektvolle Zuwendung, sowie das unmittelbar emotional erfahrbare Würdigen und Bestärken seiner jeweiligen Bemühungen angewiesen ist. Erkennbar ist auch die hohe Selbstmotivation z,B. im Säuglings- , Kleinkind- und Kindalter. Diese offensichtlich hohe, grundlegende intrinsive Motivation, bestimmte Fähigkeiten zu erlernen und diese immer wieder zu üben bis sie automatisiert sind, ist daran zu erkennen, dass solches Bemühen auch in zeitweiser Abwesenheit einer Bezugsperson stattfindet.

Mit dieser blitzlichtartigen Exkursion in die frühe Kindheit eines Menschen soll exemplarisch deutlich werden, dass nach Stillen von Grundbedürfnissen, das große Bedürfnis besteht nach selbstätigem Tun, nach Handlungs- und Erprobungsmöglichkeiten der aktuell aktivierbaren Fähigkeiten und Fertigkeiten. Damit einher geht das Wachsen der Selbstsicherheit in den entsprechenden Situationen sowie das zunehmende Selbstvertrauens: Das ´Ich´ entfaltet sich sukzessive im ´Wir´, um sich später vom ´Wir´, bezogen auf die anfänglichen Bezugspersonen, differenzierend zu lösen.

Die Ergebnisse Maslows zusammenfassend, lässt sich grundlegend sagen, dass bereits der junge bzw. heranwachsende Mensch immer auf den unterschiedlichsten Bedürfnisebenen in seiner aktuellen Lebenslage unterwegs ist. Das bedeutet:

- Jeder Mensch handelt eher bedürfnisgesteuert und situationsabhängig.

- Jeder Mensch ist anders und jeder definiert die für ihn aktuell bestimmende Wertigkeit der einzelnen fünf Bedürfnisebenen anders.

Für den Einen zählt die soziale Anerkennung mehr als für den Anderen, für einen Zweiten steht die Sicherheit aktuell im Vordergrund, dem Dritten ist seine Selbstverwirklichung besonders wichtig und daher handlungsleitend, während ein Vierter zentral um die Sicherung seiner Grundbedürfnisse ringt.

5.3.1 Selbstmotivation - pädagogische Beziehungsarbeit

Im Kindergarten und in den ersten beiden Grundschuljahren kann bei der pädagogischen Arbeit mit den Kindern meist deren Neugier und breites Interesse unmittelbar beobachtet und erfahren werden, vor allem z.B. bei allen Themen, die mit Bewegung, dem gemeinsamen oder individuellen Erkunden und Erproben verbunden sind. Hierbei treten jedoch oft schon deutlich die qualitativen Unterschiede zwischen Kindern hervor: Die Einen sind z.B. länger bzw. ausdauernder bei einer Sache und beschäftigen sich intensiver damit, während Andere rasch von einer Aktivität oder Sache zur nächsten wechseln, meist ohne sich genauer damit zu beschäftigen. Hier setzt die pädagogische Beziehungsarbeit vor allem in der Kindergartengruppe an, was sich jedoch bis in die ersten Grundschuljahre erstrecken kann: Die interessierte Erzieherin oder Lehrerin wird versuchen, über jeweils passende, intensivere Zuwendung z.B. ein eher ruhiges, für sich beschäftigtes Kind mehr in gemeinsame Aktivitäten einzubeziehen oder ein meist agiles, mit überschießendem Bewegungsdrang agierendes Kind immer wieder zu mehr oder weniger langen Phasen des Beschäftigens mit einer entsprechend interessanten Sache anzuregen. Hierbei gilt es ein jeweils individuell ausbalanciertes Maß von ´Sowohl-als-auch´ zu finden. Da vor allem im Kindergarten und den ersten beiden Grundschuljahren bisher vom Kind gemachte Erfahrungen leichter modifiziert bzw. angemessen ergänzt werden können, ist es wichtig, dass dort je nach Zusammensetzung einer Gruppe oder Klasse genügend Zeit für das individuelle, gezielte Zuwenden bzw. den Aufbau einer vertrauensvollen, achtsamen und respektvollen Beziehung möglich ist.

Je nach sozialer Struktur des Einzugsgebietes einer pädagogischen Institution ist hier unbedingt mehr ´women- bzw manpower´ erforderlich; denn je älter die Kinder bzw. Jugendlichen werden, um so mehr verfestigen sich die im unmittelbaren, meist familiären Umfeld gemachten Erfahrungen und daraus sich ergebende Verhaltensweisen.

Sozial belastete Menschen haben so Krüger „nicht selten ein Problem damit, ihre vehementen Gefühle (z.B. Aggression) so in den Griff zu bekommen, dass sie soziale Werte und Normen, aber auch die Würde des sozialen Gegenüber nicht verletzen. [...] Dies hat auch zu tun mit der Fähigkeit, sich in andere Menschen einfühlen zu können." (Krüger) Insbesondere solche Kinder und Jugendlichen benötigten frühzeitig in z.B. überschaubaren, verlässlichen Kleingruppen entsprechende Trainings, um eine sozial angemessenes Verhalten aufbauen zu können. „Viel zu oft und viel zu viel bedient sich die Praxis im professionellen Umgang mit belasteten jungen Menschen aus und in problematischen sozialen Situationen des verbalen Mediums und versucht darüber bei ihnen Einsichten herzustellen. Sie unterstellt dabei grundsätzlich deren Erkenntnis- und Reflexionsfähigkeit, Einfühlungsvermögen und Motivation - also Rationalität und andere hochwertige Ich-Leistungen. Darüber hinaus setzt sie auch eine vergleichsweise differenzierte Verfügung über Sprache und verinnerlichte Bedeutungen voraus. Jedoch die Bedeutung der Deprivation ist eine Deprivation an Bedeutung." (Krüger)

Eine individuell förderliche Selbstmotivation umfasst grundlegende Elemente und setzt diese in konkretisierenden Maßnahmen gezielt ein, um damit sowohl eine bestehende Selbstmotivation aufzugreifen, als auch eine solche passend anzubahnen bzw. weiterzuentwickeln. Solche Chancen der Entwicklung eröffnenden Elemente, die in pädagogischen Institutionen aufgegriffen bzw. beachtet werden sollten sind:

Lern- und Erfahrungsspielraum: Kinder und Jugendliche benötigen diesen Spielraum, um grundsätzlich die Möglichkeit zum Entfalten und Realisieren von individuell geprägter Neugier bzw. daraus erwachsenen Interessen, sowie einer angemessenen sozialen und räumlichen Bewegungsfreiheit zu haben.. Dabei sollten sich in der pädagogischen Arbeit die individuellen, emotionalen, kognitiven oder sozialen Entfaltungsmöglichkeiten jeweils im Blick befinden. Grundfragen für Handlungsansätze in diesem Spielraum können sein: Welche Möglichkeiten gibt es für dieses Kind bzw. diesen Jugendlichen sich zu entfalten, bisher unterentwickelte Fähigkeiten auszubauen, durch welche Strukturen und Angebote lässt sich ein emotionales, kognitives und soziales Weiterentwickeln fördern, welche Zugangsmöglichkeiten gibt es sowohl zur jeweiligen Person, als auch passend zur Sache?

Kooperations- und Kontaktspielraum. Kinder und Jugendliche wollen sich mit der Art und Weise ihrer Kommunikation als auch ihren Interaktionen im sie umgebenden sozialen Feld erproben (können). Sie wollen über ihre Art Kontakte herzustellen in Beziehung treten zu den Mitgliedern ihrer Gruppe bzw. grundsätzlich zu Menschen ihrer Umgebung, die für sie Bedeutung haben. Sie wollen auch Erfahrungen des Abgrenzens gegenüber anderen sammeln. In der pädagogischen Arbeit ist es wichtig, solche Spielräume zu eröffnen und die dort beobachteten Kommunikations- und Interaktionsweisen z.B. altersgemäß anzusprechen und gemeinsam zu reflektieren. Im Beobachterstatus der Erziehrerin bzw. der Lehrerin / des Lehrers können somit folgende Grundfragen von Interesse sein: Inwieweit finden Kooperationen und Interaktionen statt, zwischen wem, wann, wie oft und zu welchen Themen?

Muße- und Regenerationsspielraum: Beim Gestalten der sachbezogenen und pädagogischen Arbeit mit Kinder und Jugendlichen ist es allgemein, jedoch besonders nach eher intellektuell fordernden Phasen sinnvoll und geboten, Möglichkeiten des Ausgleichs zu den psychischen Belastungen als auch Belastungen durch das intensive Lernen und Arbeiten gezielt vorzusehen. Eine Möglichkeit vor allem im Kindergarten oder der Grundschule liegt im Gestalten der Art und Weise des ´Arbeitens´ in den musischen Fächern. Hier könnten vermehrt Themen eine Rolle spielen, die ein individuelles ´Arbeiten´ bzw. Ausgestalten erlauben. Daraus sich ergebende Grundfragen können sein: Welche Möglichkeiten lassen sich wann und wie eröffnen um sich von Belastungen im z.B. Schulalltag zu erholen? Welche präventiven Maßnahmen sind konkret möglich, wo und wann liesen sie sich einplanen. Kann z.B. mit älteren Kindern bzw. Jugendlichen über dieses Thema gesprochen werden?

Entscheidungs- und Dispositionsspielraum: Kleinkinder, Kinder und vor allem Jugendliche sollten die Möglichkeiten erhalten, entsprechend ihren Fähigkeiten innerhalb ihres unmittelbaren, von ihnen überschaubaren Lebensbereichs so weit als möglich selbst Entscheidungen treffen zu können. Dies auch unter dem Gesichtspunkt, dass sie danach die Folgen erfahren dürfen. Je jünger ein Kind ist, desto mehr sollte hier der ´spielerische Ernstcharakter´ gegeben sein. In diesen Situationen mit ´spielerischem Ernstcharakter´ geht es um Möglichkeiten und das passende Maß an Beteiligung und Mitentscheidung in verschiedenen Lebensbereichen. Grundfragen in diesem Bereich sind: Wo und wann gibt es Entscheidungsmöglichkeiten, welche Art von Beteiligung ist möglich. Auf welchen Ebenen ist Mitbestimmung möglich und wo können eigene Interessen mit eingebracht werden? (vgl. Grieper)

Ein Entscheidungs- und Dispositionsspielraum ist als Lern- und Erfahrungsraum für das Wachsen von Selbstmotivatien sehr bedeutsam. So lassen sich (gezielt) Freiräume eröffneen, die ausdrücklich angemessene, selbstständige Planungs-, Organisations- und Kontroll-erlebnisse bieten, was auch das Erfahren von Misslingen einschließt, dies jedoch nach dem Grundsatz: Wichtig ist nach einem Hinfallen das rasche Aufstehen und weiteres, reflektiertes Erproben.

Dies solle eine Bezugsperson zum einen selbst vorleben und zum anderen ein Kind / einen Jugendlichen dazu ermuntern bzw. auffordern; denn dies ist das Besondere in pädagogischen Institutionen: Sie stellen Chancen des Lernens und Erprobens in Situationen mit Ernstcharakter bereit. Solche gezielt eröffneten Erfahrungsräume, die sowohl sachbezogen, als auch personbezogen sein können beinhalten z.B.:

- das Lern- und Arbeitstempo;
- die Anzahl, Lage und Dauer von Arbeitsunterbrechungen und Pausen;
- die notwendigen Lern- und Arbeitsschritte;
- die zeitliche Dauer und Abfolge von Lern- und Arbeitsschritten;
- die sachbezogene, individuelle Vorgehensweise und;
- die erforderlichen bzw. wählbaren Arbeitsmittel.

Bezogen auf das Spielen, Beschäftigen mit Dingen im Kindergarten oder das Lernen und Arbeiten als Schülerin / Schüler in der Schule, sind hierbei oft schon aus den gesetzten organisatorischen Rahmen heraus grundsätzlich enge Grenzen gesetzt. Um so wichtiger ist es, dass die jeweilige Erzieherin, Lehrerin oder der Lehrer zumindest zeitweise diese Grenzen überwindet, indem z.B. in besonderen Zeiträumen, in Doppelstunden oder besonderen, themenpassenden Phasen, z.B. bei projektorientiertem Arbeiten bzw. während eines Vorhabens oder Projektes die organisatorischen Grenzen überwunden bzw. ausgesetzt sind. Dies ist leichter umzusetzen, je mehr Teile ihres Deputats einer

Erziehungs- oder Lehrperson in ihrer Gruppe zugeordnet sind, um flexibler agieren zu können.

Die Chancen einer sich individuell entwickelnden Selbstmotivation wird weiterhin beeinflusst durch das Vorhandensein weiterer Faktoren, die Hackman & Oldman als fünfdimensionale Sichtweise entwickelt haben. Diese Faktoren stellen ganz konkrete Kriterien vor, von denen möglichst viele in einer konkreten Lern- oder Arbeitssituation erfüllt sein sollten, um eine vorhandene Selbstmotivation zu erhalten und weiterzuentwickeln, oder eine teilweise oder flukturierend gegebene Selbstmotivation zu festigen und auszubauen, sowie eine rudimentär erkennbare Selbstmotivation bewusst und gezielt anzuregen und aufzubauen. Diese konkreten, grundlegenden Faktoren sind:

Vielfalt der passenden Aufgaben: Dies bestimmt, in welchem Maß verschiedene Fähigkeiten und Fertigkeiten angeregt, gefestigt und ausgebaut sowie erhalten und weiterentwickelt werden können.

Ganzheitscharakter der Aufgabe: Dies bestimmt, in welchem Maß die Sinnhaftigkeit des je individuellen Anstrengens (z.B. Ausdauer, Qualität des Engagements) und des zielgerichteten Tuns (z.B. Planen, Arbeitsschritte) empfunden bzw. gesehen wird. Hieraus entwickeln sich dann zunächst eine Vorstellung, sodann das Durchdenken und Planen des anstehenden Prozesses hin zum konkreten Umsetzen (z.B. Erproben, Anpassen, Verändern), um schließlich ein bestimmtes Arbeitsergebnis (z.B. konkretes Produkt) zu erreichen und ´zu feiern´.

Bedeutungsgehalt der Aufgabe: Bereits beim Ganzheitscharakter der Aufgabe ist i.d.R. die Sinnhaftigkeit einer Aufgabe erkennbar. Für den Bedeutungsgehalt einer Aufgabe ist es darüber hinaus entscheidend, dass das zu erarbeitende oder zu erstellende Produkt einen möglichst hohen tatsächlichen Nutzwert aufweist. Hierbei kann der individuelle, identifizierte Wert durchaus variieren. Wichtig ist dabei jedoch der Gesichtspunkt, dass das Produkt z.B. auch Personen außerhalb der pädagogischen Institution (z.B. andere (ältere) Kinder bzw. Jugendliche, Eltern, Fachleute) präsentiert werden kann und dort mit hoher Wahrscheinlichkeit eine individuell bedeutsame Anerkennung erfahren wird.

Autonomie des Handelns: Für eine wachsende bzw. zunehmend beständige Selbstmotivation sind Erfahrungen des selbständigen Handelns und damit der Selbstwirksamkeit wichtig. Dazu gehören insbesondere Tätigkeiten, die es erlauben, eigene Vorstellungen und Fähigkeiten flexibel sowohl beim Planen, als auch beim Erforschen und Erproben bis hin zum konkreten Umsetzen einbringen bzw. umsetzen zu können. Dies umfasst auch innerhalb eines gegebenen, zwar sachbezogen, zur Aufgabe passenden, möglichst weiten Handlungsrahmens vor allem Möglichkeiten einer selbstverantworteten, passenden zeitlichen Einteilung im Arbeitrhytmus.

Rückkopplung: Schon beim z.B. hobbymäßigen, vollkommen selbständigen Handeln, sind bewusst vorgesehene ´Marksteine´ in Form des Feststellens eines Zwischenergebnisses mit Reflexion z.B. des beschrittenen Weges bzw. der getroffenen Entscheidungen und deren Wirkungen bzw. Umsetzung wichtig. Um so mehr ist ein solches Vorgehen auch hinsichtlich erforderlicher Informationen im Rahmen von Lern- oder Arbeitsaufgaben zum Erweitern von Wissen und individuellen Fähigkeiten / Fertigkeiten essentiell: Die folgenden Schritte bzw. Entscheidungen und deren Auswirkungen sollen letztlich ja mit Blick auf das angestrebte bzw. zu erzielende Arbeitsergebnis sowohl im Planen, als auch konkreten Tun zielgerichtet sein.

Hierzu ist z.B. ein Feedback durch eine fachkundige, an Person und Ergebnis interessierte andere Person hilfreich, die objektiv außerhalb des individuellen Prozesses steht (Beobachtungs- bzw. Beratungsfunktion). So können bisherige Arbeitsergebnisse begutachtet und gewürdigt werden, sodass für das weitere Denken und Arbeiten sich in perspektivischer Weise neue oder unverhoffte Sicht- und Handlungs-, sowie Strukturmöglichkeiten eröffnen können. Damit ergibt sich i.d.R. ein förderliches Erweitern und Differenzieren des situtionsspezifischen, objektiven und subjektiven Handlungsspielraums.

In folgender Graphik wird überblickartig verdeutlicht, wie der objektive Handlungsspielraum nach Hackford/Nitsch sich weiter ausdifferenziert.

Situationskomponenten	**Bewertungsaspekte**	
	Handlungsvalenz (Aufforderungsstruktur)	**Handlungskompetenz** (Anforderungsstruktur)
Person (Handlungsvoraussetzungen)	**Motive** (Individuelle Grundanliegen)	**Fähigkeiten** (Verfügbare Fähigkeiten)
Aufgabe (Handlungserfordernisse)	**Intrinsische Anreize** (Attraktivität der Aufgabe)	**Anforderungen** (Geforderte Fähigkeiten)
Umwelt (Handlungsbedingungen)	**Extrinsische Anreize** (Anregung durch Bedingungen)	**Möglichkeiten** (Realisierbare Fähigkeiten)
	Handlungsspielraum	

(vgl. Hackfort)

Aufforderungsstrukur wie Anforderungsstruktur sind in pädagogischen Institutionen zwar dem Rahmen nach z.B. in Lehr- oder Bildungsplänen vorgegeben, jedoch die konkrete, auf eine bestimmte Personengruppe umzusetzenden Aufgaben und Maßnahmen liegen weitgehend im pädagogischen Ermessen der diese Prozesse initiierenden Erzieherin bzw. Lehrerin / dem Lehrer. Bei der sachbezogenen und ebenso bei der pädagogischen Arbeit mit Kindern und Jugendlichen gilt es in der Sprache so angemessen, bildhaft und transparent wie möglich die das konkrete Handeln leitenden Ziele zu verdeutlichen; denn je präziser und verständlicher Ziele formuliert sind, um so zielgerichteter und systematischer kann daran gearbeitet werden. Je nach Sprachvermögen der Kinder / Jugendlichen kann hier die „einfache Sprache" hilfreich sein. Auch lässt sich nur bei klar definierten Zielen beim Ergebnis oder Arbeitsabschluss kontrollieren und entscheiden, ob Ziele auch erreicht wurden. Dabei sollten Zielformulierungen folgende Kriterien erfüllen:

- Ziele müssen überschaubar sein, sich auf einige, wesentliche Ziele beschränken. Es gilt Etappenziele (´Marksteine´) zu benennen, die, wenn erreicht, eine wichtige Rückbesinnungsphase einleiten können.
- Ziele müssen realistisch sein, d.h. eine machbare Herausforderung darstellen.

- Ziele müssen eindeutig sein. Sie dürfen sich nicht gegenseitig ausschließen: z.B. Zeiteinsatz für Freizeitaktivitäten und intensives Lernen,
- Ziele müssen konkretisiert, d.h. genau genannt und positiv formuliert sein.
- Ziele müssen terminbezogen sein und
- Ziele müssen überprüfbar und ihr Erreichen konkret erfassbar sein (Kriterien). (vgl. Meier)

In jeweiligen Situationen im pädagogischen Arbeits- und Beziehungsfeld gilt es, für die dort mit den Kindern bzw. Jugendlichen arbeitenden Personen, adäquat eine stimmige Balance zu finden zwischen Über- oder Unterforderung, Fremd- oder Selbstbestimmung, Zufriedenheit oder Selbstzweifel. Da im pädagogischen Arbeitsfeld oft auch zahlreiche, von außen wirkende Anreize anzutreffen sind, sollten diejenigen sinnvoll einbezogen werden, die dem Ziel eines Erweitern sowohl des Wissens, als auch der Fähigkeiten und Fertigkeiten dienlich sind. Sinnvoll bedeutet in diesem Zusammenhang, dass eine solche von außen kommende Motivation (extrinsische Motivation) das individuelle Gefühl der grundlegenden Selbstbestimmung nicht beeinträchtigen darf, da sonst die eigene Aktivität und deren individuelle Wertigkeit sich mindern mit fatalen Folgen für die persönliche Entwicklung gerade bei Kindern und Jugendlichen; denn „die Zufriedenheit, die durch extrinsische Motivation ausgelöst wird, ist immer nur von kurzer Dauer." (Haas)

Bei Berücksichtigung bzw. gezieltem Einbezug der oben genannten Faktoren sowohl in das sachbezogene, als auch pädagogische Arbeiten bzw. Handeln wird sich mit der erfahrenen Selbstwirksamkeit auch das Selbstvertrauen und mit der persönlichen Handlungskompetenz auch die Selbstsicherheit positiv verstärken, weiterentwickeln und festigen, was meist auch die Fähigkeit zur Selbstregulation verbessert und nachhaltig stabilisiert.

5.3.2 Selbstkontrolle - Selbstregulation - Disziplin

Wie schon beim Thema Selbstmotivation ersichtlich, hängen die Themen eng miteinander zusammen bzw. bedingen sich sogar gegenseitig (´Verschiedene Seiten derselben Münze´): Exemplarisch gesehen bedingt z.B. ein selbständiges Erkunden und Erproben sowohl ein anzustrebendes Ziel, als auch jeweils regelmäßige, stimmige Zwischenkontrollen mit nachfolgend passenden Modifikationen in der Handlungsplanung und -durchführung. Ebenfalls hat jeder Mensch seit seiner frühen Kindheit erfahren, dass seine von ihm intendierten selbständigen Handlungen an von außen gesetzte Grenzen stoßen. Sei des nun eine Grenze aufgrund der Beschaffenheit von Dingen oder einer Grenzziehung im Sinne eines Orientierungsgebens durch seine Bezugspersonen.

Ein heranwachsender Mensch sollte schon in jungen Jahren als Kind Erfahrungen der Selbstregulation machen können. Erfahrungen der Selbstregulation sind Vorstufen für das, was später als „diszipliniertes Verhalten" bezeichnet wird. Solche Erfahrungen beinhalten immer mehr zielbewusste Koordinationen von Denken und erprobendem Handeln, was auch hoch emotional sein kann:

Beispielhaft dafür soll das Klettern eines Kindes in einem Klettergerüst betrachtet werden, das aus zu Rautenstrukturen verknoteten Seilen eine Art offene Pyramide bildet: Vor Jahren befand sich ein solches, etwa vier Meter hohes Klettergrüst im Urlaubsort auf einem Spielplatz, den meine Kinder gerne besuchten. Alle waren fasziniert und erprobten zunächst die unteren ´Etagen´, bei denen sie sich nur etwa bis zu einem Meter über dem darunter befindlichen Sandboden bewegten. Als Eltern konnten meine Frau und ich aufgrund der Art der in der Gerüstkonstruktion verspannten Seile nur am Rande stehend beobachten. Beim nächsten Mal wurden die Kinder schon mutiger und unsere, sonst eher bedächtige, vorsichtig agierende zweite Tochter, damals vier Jahre alt, kletterte, ohne dass wir es als Eltern zunächst bemerkten, Etage auf Etage an den verspannten Seilen nach oben bis zur Spitze. Sie war die Einzige, die dies wagte. Oben angekommen blickte sie, dann mit einem erkennbar sehr zufriedenen Lächeln herab. Meine Frau und ich waren vollkommen überrascht und reagierten mit einer eher neutralen Äußerung: „Toll, mal sehen, wie du wieder hierunter kommst!"; denn wir konnten aufgrund der Gerüstkonstruktion nicht dabei helfen. Sie schaffte das in einer sichtbar kontrolliert, bedächtigen Art und Weise. Sie war anschließend, auch in den Gesprächen mit ihren Geschwistern, sehr mit sich zufrieden. Die anderen schafften es, etwa die gesamte Spannbreite des Klettergerüsts erkundend, bis zur mittleren Höhe und waren damit auch zufrieden. Träbert schildert eine solche Situation mit Blick auf damit gemachte Selbstwirksamkeits- und Selbstregulationserfahrungen: „Was geschieht eigentlich, wenn ein Kind klettert? Es muss die Stellen aussuchen, nach denen es greift und auf die es tritt. Es muss seine Körperkraft dosieren und sie mit bestimmten Bewegungen abstimmen. Es muss sein Gleichgewicht taxieren und immer wieder beim Fuß- oder Handwechsel ausbalancieren. Es muss vorwärts schauen, um die nächsten Bewegungsabfolgen zu planen. Es muss zurück und auch nach oben schauen, um sich zu vergewissern, wie weit es schon ist. Es muss auch dieses Kribbeln in sich spüren, die Aufregung, die es bedeutet, wenn es den sicheren Boden verlässt und in die Höhe steigt. Es muss prüfen, was größer ist: Die Neugier und der ´Kick´ des Kletterns oder aber die Angst vor der Höhe und vor einem möglichen Herunterfallen. Wenn ein Kind das tut, ohne dass jemand seine Tritte und Griffe steuert, dann bedeutet das eigene Erfahrung - die Erfahrung von Selbstwirksamkeit" (Träbert) und Selbstregulation; denn dieser koordinierte Einsatz eigener Kraft, eigenen Geschicks und eigenen Wollens erlebbar durch das Vorankommen zu einem selbstgewälten Ziel, ist ein emotionales Erlebnis und zugleich eine Erfahrung des Selbstwirksamseins und unbewusst der Selbstregulation bzw. Selbstdisziplin. Werden solche Erfahrungen immer wieder gemacht, auch aus Sicht eines Erwachsenen bei ´kleinen´ Gelegenheiten, so stärkt dies auch die Sichtweise auf sich selbst, nämlich eigene Entscheidungen passend umsetzen zu können, was die Selbstsicherheit erhöht.

Ein Kleinkind, das sich unverhofft an einem von ihm übersehenen, im Weg stehenden Stein gestoßen hat, beschimpfte diesen z.B. mit: „Böser, blöder Stein!" Ein anderes, das sich auf einem schmalen, nassen und teilweise glitschigen, unebenen Weg von der Hand des Vaters bewusst gelöst hatte, stolpert und fällt in eine am Wegrand befindliche, tiefere Pfütze: Es zeigt laufstark seinen Unmut über sein Missgeschick und wird vom Vater getröstet, der nassen äußeren Kleidung entledigt, in eine mitgeführte Decke gehüllt, in den Kinderwagen gesetzt und erhält den Hinweis, zukünftig genauer auf den Weg zu sehen. Ein Drittes hört auf dem Spielplatz am Spielgerät genau seiner Mutter zu und erprobt dann selbständig das Erklimmen einer Seilleiter: Es kommt strahlend oben an, jetzt kann es zur ersehnten Rutsche gelangen: Es erprobt dieses danach mehrere Male ohne Zutun der Mutter.

In den Beispielen wird deutlich, dass Selbstregulation eine Anforderung darstellt, die auch eine Impulskontrolle einschließt und damit Elemente von Selbstdisziplin enthält. Mit fortschreitendem Alter eines Kleinkindes, Kindes oder Jugendlichen sollten dieses bzw. dieser in verschiedensten, möglichst natürlich gegebenen Situationen erfahren, dass ein alleiniges

Befolgen aktuell aufkommender, innerer Impulse sehr oft zu unpassenden, ungewollten und sogar selbstgefährdenden Situationen führen kann. Auch lässt sich schon früh in entsprechenden Situationen erfahren, dass es bei wichtigen Handlungen erforderlich ist, seine volle Aufmerksamkeit darauf zu richten und jedwede Ablenkung zu vermeiden. Ein Mensch lernt aus und in solchen Situationen aufkommende innere Impulse oder Widerstände bewusst wahrzunehmen und zu überwinden. Das Sprichwort: „Aus Erfahrung wird man klug!", bringt dies plakativ zum Ausdruck.

Jeder Mensch hat demnach schon vielfältige, individuelle Erfahrungen mit eigenen, selbstreguliert vorgenommenen und von außen vorgegeben, selbstkontrolliert ablaufenden Prozessen und diese sowohl mit positiven wie negativen Erfahrungen verbunden. Nur, ab einem bestimmten Alter laufen die meisten davon automatisch ab und werden nicht mehr bewusst wahrgenommen. Dies wird erst wieder bewusst, wenn eine wie auch immer geartete Intervention eintritt, z.B. nach einer Unachtsamkeit, einer körperlichen oder geistigen Beeinträchtigung (z.B. Unfall- oder Krankheitsfolgen), sodass etliche Dinge oder Abläufe meist unter hohem Energieaufwand wieder neu gelernt und ausdauernd erprobend wieder gesichert und automatisiert werden müssen.

Für das Arbeiten in und an pädagogischen Beziehungsfeldern ist die Kenntnis des Zusammenspiels von Selbstwirksamkeit und Selbstregulation, sowie dem aufbauendem Selbstvertrauen bzw. der Selbstsicherheit (Verhaltenssicherheit) im Zusammenarbeiten von Kindern / Jugendlichen und den jeweiligen Lehr- und/oder Erziehungspersonen besonders bedeutsam, weil sich so meist alternative, breitere, und stimmigere Handlungsansätze eröffnen.

Selbstregulation bzw. Selbstdisziplin ist eine Form der bewussten Verhaltenssteuerung durch die gewohnheitsmäßige oder spontane Verhaltenstendenzen zurückgestellt, modifiziert oder unterdrückt werden. Ein selbstkontrolliertes, zielbewusstes und emotional ausgeglichenes Verhalten bewirkt auch ein situativ passenderes, zielbezogenes Denken und entsprechende Handlungen.

5.3.3 Selbstkontrolle - Selbstregulation - Emotionen

In pädagogisch arbeitenden Institutionen bestehen auch aufgrund der gesetzten Rahmenbedingungen besondere Anforderungen an die

Selbstregulation und Selbstkontrolle aller dort tätigen und betreuten Personen. Für das je individuelle Verhalten bestehen spezifische Emotionskontrollanforderungen, sowie eine angemessene Emotionskontrollfähigkeit. Dies setzt eine grundsätzliche Fähigkeit zur verstandesgesteuerten Selbstregulation und Selbstkontrolle voraus. Sofern noch nicht oder nur rudimentär vorhanden, muss mit Hilfe entsprechender Lernprozesse in passenden Settings die individuelle Fähigkeit erworben werden, ablenkende Ereignisse und zielwiderstrebende Emotionen bewusst auszublenden. Hier setzt Selbstregulation und Selbstkontrolle zum einen auf die Elemente und Fähigkeiten der Selbstmotivation und die dort ablaufenden motivationalen Prozesse, zum anderen auf die von außen gesetzten Anreize (z.B. Schulfähigkeit, Niveaustufe, Versetzung) als Formen der extrinsischen Motivation.

Exkurs: Emotionen - Emotionserleben

Der Begriff „Emotion" wird in der Literatur oft als Oberbegriff mit den Begriffen „Affekt", „Stimmung" oder „Gefühl" umschrieben. Auch finden sich Hinweise, dass „Emotionen" aufgrund von Sinnesreizen und deren Verarbeitung im Gehirn neuronale Bewertungs- und Interpretationprozesse auslösen, die als „Gefühle" ins Bewusstsein gelangen. Der Begriff „Affekte" wird meist sehr starken, intensiven „Emotionen" oder auch „diffusen Emotionen" zugeschrieben, während unter „Stimmungen" eher diffuse affektive Zustände verstanden werden.

„Emotionen" entstehen nach Koole durch „Aufmerksamkeit, Wahrnehmung und Körperebene". Beim Menschen treten kulturübergreifend, weil evolutionär entstanden, die Grundemotionen Zorn, Angst, Trauer, Freude, Überraschung, Ekel und Verachtung auf. Emotionale Prozesse steuern und beeinflussen alle menschlichen Gedanken, Wünsche, Handlungen, Ziele, sowie Interaktionen. Überlebenswichtig sind Emotionen bei Säuglingen und Kleinkindern, da diese nur darüber ihre Grundbedürfnisse äußern können. Auch im späteren Alter haben Emotionen die Funktion eines Kommunikationsmediums, um nach Außen die jeweilige Befindlichkeit, Motivation und Handlungstendenz zu vermitteln (vgl. Lammers).

Ein Emotionserleben ist immer an einen Bewertungsprozess gebunden, der sich nach „Zielrelevanz, Zielstimmigkeit und Art der Ich-Beteiligung, sowie nach Veratnwortlichkeit, Bewältigungspotential und Zukunftserwartung" (Lammers) richtet. Die so im Gehirn verarbeitete / interpretierte Emotion wird dann im Bewusstsein z.B. als „positives oder negatives, Gefühl bzw. als

Gefühl der Hoffnung oder Mitgefühl" (Gysling-Tappeiner) *empfunden. Mögliche affektive Erfahrungen lassen sich nach Russell auf zwei unabhängigen und bipolaren Achsen darstellen:*

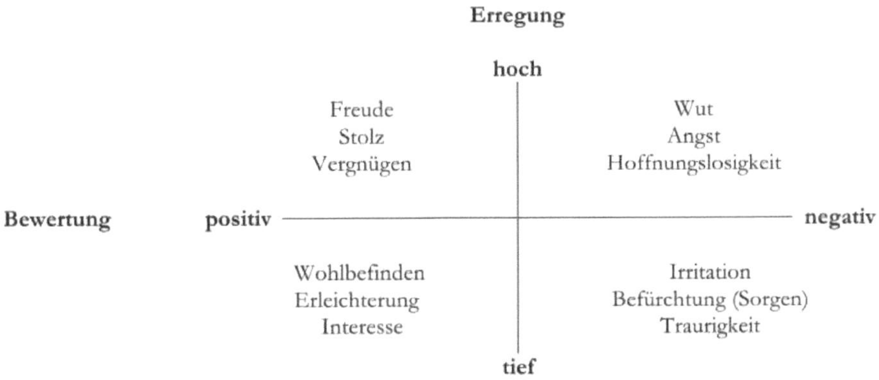

(Russel)

Ein emotionales Erleben, d.h. eine ins Bewusstsein als Gefühl vordringende Emotion ist immer inmittelbar auch körperlich wirksam, d.h. neben dem Aktivieren von neuronalen Gebieten im Gehirn zeigen sich auch vegetative Körperreaktionen, was von außen sich z.B. in einer veränderten Körperhaltung, der Mimik und ggf. Bewegungen erkennen lässt. Vor allem in einer pädagogischen Beziehungsarbeit ist bedeutsam, dass Emotionen die Wahrnehmung, die Vorstellungen und Gedanken beeinflussen, was z.B. bei negativen Gefühlen zu deren Einschränken oder Verengen führt und die Qualität der individuellen Reflexionsfähigkeit maßgeblich verschlechtert. Dadurch wird das Handlungsrepertoire bzw. dessen Steuerung in mehr oder weniger starke Mitleidenschaft gezogen bis hin zu schädigendem Verhalten. Aus dieser Erkenntnis heraus, ist bei Kindern / Jugendlichen die Fähigkeit zur Emotionskontrolle besonders wichtig.

5.3.4 Emotionsregulation

Ein grundlegendes, wesentliches Element der Fähigkeit zur Selbstregulation und Selbstkontrolle ist diejenige, die eigenen Emotionen und damit die ins Bewusstsein dringenden Gefühle wahrzunehmen, kognitiv zu bewerten und daraus passende Entscheidungen zu treffen. In diesem Zusammenhang gewinnt das Konzept der „emotionalen

Intelligenz“ eine enorme Bedeutung. Nach Lammers umfasst diese die Fähigkeiten „zur Wahrnehmung, Einschätzung und dem Ausdruck von Emotionen; des angemessenen und hilfreichen Umgangs mit Emotionen, und die Regulation von Emotionen.“ (Lammers)

Der Begriff der Emotionsregulation wird in der Literatur unterschiedlich dargestellt. Allen gemeinsam ist, dass über verschiedene Prozesse ein Individuum versucht, (unvermittelt) aufkommende Emotionen bewusst zu beeinflussen bzw. sich selbst zu disziplinieren. Diese Prozesse umfassen sowohl unbewusste, bewusste, als auch intentionale Abläufe, wodurch sich z.B. unter Aktivierung bisheriger Erfahrungen das Erleben und die handlungsleitenden Gedanken verändern. Emotionsregulation umfasst mehr als nur das Abmildern negativer Emotionen. Sie tritt bei jeder emotionalen Erregung in Aktion und umfasst sowohl das Steigern und Aufrechterhalten positver Gefühle, als auch das Abmildern negativer Gefühle. Durch die Fähigkeit zur Emotionsregulation verändert sich bei emotional bestimmten Gefühlen Entscheidendes hinsichtlich von Bewertung und Erregung (siehe Exkurs Emmotionserleben) (vgl. Koole).

Ein Mensch wird um so selbstsicherer, je besser er die in ihm aufkommenden Emotionen wahrnehmen und bewusst, d.h. willentlich in situativ passendes Verhalten umsetzen kann (Selbstdisziplin). Wiederholt misslingende Versuche zur Emotionsregulation hat für die jeweilige Person nachhaltige Beeinträchtigungen zur Folge bis hin zu psychischer Erkrankung (vgl. Gruber et al.).

Das Ausbilden der Fähigkeit zur Emotionsregulation ist kontextbezogen und beginnt schon vor dem Kleinkindalter, indem durch Interaktionen mit den jeweiligen Bezugspersonen erste Ansätze zum Regulieren der eigenen Emotionen erlernt werden: Das Kind lernt unbewusst durch diese Interaktionen und dabei Wahrgenommenes zunehmend Strategien zur je eigenen Regulation seiner Emotionen. Mit altersspezifisch zunehmend breiterem Erfahrungsfeld durch zahlreiche, weitere Interaktionen mit Mitmenschen lernt ein heranwachsender Mensch immer besser, seine Emotionen wahrzunehmen. Sie durch entsprechende Verhaltensweisen in ihrer Intensität, Qualität und Dauer nach und nach auch mental zu beeinflussen (intrapersonale Emotionsregulation). Die Fähigkeit der eigenen Emotionsregulation kann soweit reichen, dass aufgrund von genauem Beobachten und entsprechendem Verhalten die Emotionen von Interaktionspartnern beeinflusst werden können (interpersonelle Emotionsregulation) (vgl. Lazarus; Gross). In Studien wurde nachgewiesen, dass die Fähigkeit zur Emotionsregulation, d.h. die Qualität der Emotionalen Intelligenz, großen Einfluss hat sowohl auf die psychische und körperliche Gesundheit, als auch auf die Zufriedenheit in Beziehungen und die berufliche Leistungsfähigkeit.

Für die Arbeit in und an pädagogischen Beziehungen ist es mit Blick auf konkrete Kinder / Jugendliche daher entscheidend, diesen Erfahrungsfelder zum Auf- und Ausbau ihrer je individuellen Emotionsregulation und damit ihrer Emotionalen Intelligenz zu eröffnen. Solche Erfahrungsfelder finden sich z.B. bei vielen Aktivitäten im erlebnispädagogischen Bereich oder beim Training von Achtsamkeit (siehe de Jong), beim Arbeiten mit dem „Inneren Team" (siehe Schulz von Thun), sowie Persönlichkeitskursen der Themenzentrierten Interaktion (siehe Cohn; Lamaack). In all diesen Ansätzen werden konstruktive Strategien aufgezeigt und Erprobungs- und Trainingsmöglichkeiten genannt bzw. konkret erfahrbar gemacht, um die eigene Emotionsregulation besser verstehen und dann auch in förderlich-positiver Weise anwenden zu können. Die Art und Weise der Emotionsregulation ist jeweils im Zusammenhang eines subjektiven, kontextbezogenen Erlebens aufgrund der aktuellen sozialen und emotionalen Situation zu sehen. Wobei im Hintergrund alle bisherigen Erfahrungen in der individuellen Lerngeschichte in eine aktuelle Situation hineinwirken.

Koole hat eine Klassifizierung von Emotionsregulation hinsichtlich ihrer Funktionen vorgenommen, die hilfreich sein kann, um Strategien für konkrete Ansätze des Lernens und Erprobens von Emotionsregulation zu entwickeln:

	Aufmerksamkeit	**Wahrnehmung**	**Körperebene**
Bedürfnis-orientierte Emotionsregulationsstrategien	Lenkung der Aufmerksamkeit weg von negativen Informationen oder hin zu positiven Informationen	Neigung zur Neuinterpretation von situativen oder kontextuellen Aspekten	körperliche Aktivitäten, wie Essen, Rauchen, Sport oder Suchen körperlicher Nähe
Zielorientierte Emotionsregulationsstrategien	Ablenkung durch kognitive Betätigung	Kognitive Umbewertung	Unterdrückung einer emotionalen Reaktion, übertriebene Reaktionen oder impulsives Ausagieren
Personorientierte Emotionsregulationsstrategien	Aufmerksamkeitslenkung auf Informationen, welche dem Gegenteil des subjektiven aktuellen emotionalen Zustand entsprechen	Kognitive Tätigkeiten, z.B. expressives Schreiben oder sich befassen mit biographischen Erinnerungen	Methoden wie kontrolliertes Atmen oder Progressive Muskelrelaxation (Jacobson, 1938)

Grundsätzlich ergeben sich für konkrete Planungen von Aktivitäten zum Stärken der Emotionsregulation folgende Aspekte: Nur bei zielorientierten Strategien sind die die Kognition ansprechenden Strategien effektiver. Bedürfnisorientierte Strategien auf Körperebene schaffen zwar meist rasch eine emotionale Erleichterung; dies geht jedoch oft zu Lasten eines längerfristigen Wohlbefindens. Meist effektiv wirken zielorientierte, kognitive Strategien. Wird ein längerfristiges Wohlbefinden angestrebt, so sind personorientierte Strategien angesagt.

Graz & Roemer kommen zur Auffassung, dass „eine gelungene Emotionsregulation nicht nur die Fähigkeit beinhaltet, den emotionalen Ausdruck und das Emotionserleben zu kontrollieren, sondern auch die eigenen Gefühle wahrzunehmen und auf sie zu vertrauen sowie eine Balance zwischen Rationalität und Emotionalität zu erringen." Da all diese Maßnahmen eine Verhaltensänderung einer Personen anstreben, müssen diese zwar gezielt bestimmte Aspekte beinhalten, jedoch so breit angelegt sein, dass mittels methodisch-didaktischer Entscheidungen für entsprechende Settings (z.B. Kleingruppen- oder Partnerbezug) im jeweiligen Kontext (z.B. exkursionsähnliche Aktivität, Bewegungsformen, Phantomime oder spielerische Szenen (Sketche), meditative Übungen, Yoga-Stellungen) sich für die jeweilige Person individuell passende Handlungs- und Erfahrungsfelder ergeben können.

5.3.5 Selbstregulation versus Selbstkontrolle

In der Literatur findet sich oft im Zusammenhang mit der Kontrolle der eigenen Emotionen der Begriff der Selbstkontrolle und damit verbunden der Begriff der Selbstdisziplin. Den Blick verengend ist dabei der Aspekt der 'Kontrolle', da dieser meist assoziiert wird mit der Ansicht, dass ein Mensch nur ausreichend Willen zeigen bzw. aufwenden müsse, um z.B. sein Verhalten entsprechend bestimmter Normen auszurichten. Verbunden sind damit jedoch oft in einer jeweiligen Situation eher auf übertünchter eigener Hilflosigkeit beruhend vorgebrachte Äußerungen oder 'Ratschläge'. Aus konstruktivistischer Sicht ist allein ein individuelles 'Wollen' nur eingeschränkt wirkungsmächtig. In der Literatur, vor allem der Organisationspsychologie, findet sich der Begriff der Selbstregulation anstelle desjenigen der Selbstkontrolle. Der Begriff Selbstregulation ist hinsichtlich eines pädagogischen Arbeitens angemessener, weil er differerenzierend verschiedene Aspekte einbezieht, wobei Selbstkontrolle einer davon ist.

Exkurs: Selbstregulation - Selbstkontrolle

- ein Definitions- und Abgrenzungsversuch -

Selbstregulation ist ein weiterer Begriff für bewusst gesteuerte Handlungen, der sich im Gegensatz zur Selbstkontrolle nicht nur auf die Aufrechterhaltung oder Hemmung von Impulsen, Emotionen etc. bezieht, sondern auch individuelle Bewertungsprozesse einschließt. Kuhl und Fuhrmann unterscheiden Selbstregulation und Selbstkontrolle als wesentliche Mechanismen der volitionalen Handlungssteuerung. Selbstregulation beschreibt dabei die Anpassung eigener Handlungen an das Selbstbild bzw. an eigene Überzeugungen und Werte. Die Selbstre-gulation ist daher ein intrinsisch motivierter Prozess. Demgegenüber wird Selbstkontrolle eingesetzt, um ein aktuelles Ziel bewusst zu verfolgen, das nicht unbedingt bzw. noch nicht im Einklang mit persönlichen Zielen stehen muss. Diese Prozesse sind eher extrinsisch motiviert und ermöglichen es dem Individuum, persönliche oder gesellschaftliche Ziele zu erreichen, die erst längerfristig einen potentiell positiven Nutzen aufweisen. (Hupke; vgl. Kuhl und Fuhrmann)

Zahlreiche Lerninhalte und damit verbundene Lernprozesse sind in pädagogischen Institutionen inhaltlich von außen gesetzt und müssen in einer vorgegebenen Qualität sowie meist innerhalb eines vorgegebenen Zeitraums erreicht werden. Mit Hilfe der individuellen Selbststeuerung muss z.B. jede Schülerin / jeder Schüler aufgrund einer Rückmeldung oder eines erhaltenen Feedback lernen, sein Arbeits- und Lernverhalten nachzujustieren, um so verhaltensbezogene Änderungen in seinem individuellen Zielkurs bzw. -verhalten konsequent einzuleiten und umzusetzen: Dies schließt ein angemessenes Maß an Anstrengungsbereitschaft ein. Solche bewussten Regulationsprozesse, die herausfordernd und entscheidend für ein erfolgreiches Handeln sind, laufen im präfrontalen Kortex des Gehirns ab, also dort, wo das rationale Bewusstsein verortet ist.

Erfolgreich durchlaufene Prozesse der Selbstregulation knüpfen z.B. an Neugier, Interesse und individuell sinnhafte Theman an. Sie sind mit positiven Emotionen verbunden, was die Anstrengungsbereitschaft erhöht. Selbstregulation fördernde Trainingssequenzen fordern das Arbeitsgedächtnis und sind daher im Umfang an dessen Kapazität auszurichten, da mit Blick auf das Arbeitsgedächtnis ressourcenschonend: Kurze, kleinschrittige und dafür häufigere Maßnahmen z.B. Arbeits- und Lernstrategien anhand gleicher oder ähnlicher Aufgaben. Solche Trainings sollten in entspannteren Phasen durchgeführt werden, die zeitlich außerhalb des Vorbereitens auf Lernkontrollen oder Prüfungen liegen, um ein zu hohes Beanspruchungsniveau (Kapazitätsgrenze des Arbeitsgedächtnisses) zu vermeiden. Eine hohe Beanspruchung ist meist auch mit Sorgen oder Ängsten verbunden. Solche erfolgreichen Prozesse können, wiederholt und gleichgerichtet durchlaufen, zu einem automatisierten Verhalten führen, das dann keiner bewussten Aufmerksamkeit mehr bedarf und somit das Arbeitsgedächtnis entlastet: Sie sind dann zu einem individuellen, erfolgreich erprobten Handlungsschemata geworden.

Prozesse der Selbstregulation, auch exekutive Prozese genannt, sind dafür verantwortlich, erforderliche und aktuell anstehende Handlungstendenzen, d.h. die volle Aufmerksamkeit im Arbeitsgedächtnis auf ein Ziel hin zu festigen bzw. aufrecht zu erhalten und dazu irrelevante Reize auszublenden (vgl. Oaten & Cheng). Ebenso können solche exekutiven Prozesse, z.B. solche der bewussten Steuerung der Aufmerksamkeit und damit ein bewusstes Aktualisieren des Arbeitsgedächtnises, ein flexibles Handlungsmuster unterstützen, sodass entsprechende Reize eine differenzierte Form des Reagierens bewirken, um rasch Handlungsänderungen einzuleiten.

Auch in Bezug auf das Handeln in pädagogischen Tätigkeitsfeldern ist mit Blick auf einen konstruktivistischen Ansatz der Begriff der Selbstregulation passend: Er geht mehr die Fähigkeit der Selbststeuerung einher. Regulationsprozesse umfassen auch solche des Entscheidens, der aktiven Entscheidungsgenese und -findung sowie diejenigen zukünftigen Handelns.

Bei allen Lern- und Arbeitsprozessen ist die aktivierbare Spanne der Aufmerksamkeit, die Aufmerksamkeitsdauer, entscheidend. Die Aufmerksamkeitsdauer steht in enger Wechselwirkung mit motivationalen Prozessen, so auch der Qualität der Selbstmotivation und ebenso des aktuellen Gesundheitszustands und Stresserlebens. Die aktivierbare Spanne der Aufmerksamkeit hat auch Auswirkungen auf die Fähigkeit zur Selbstregulation sofern entsprechende erforderliche Prozesse noch aufgebaut oder geübt werden müssen, also eine Automatisierung erst noch erfolgen muss.

Je nach individuell gegebenem Stresserleben oder Stresslevel ist bei Kindern / Jugendlichen sowohl deren Selbstregulationsfähigkeit, als auch die Aufmerksamkeitssteuerung stark schwankend oder gar reduziert. Bei z.B. zuhause, in der Gleichaltrigengruppe (Clique) oder in der Klasse bestehenden, die jeweilige Person stärker belastenden Gegebenheiten (z.B. Ängste), kann eine mehr oder weniger starke emotionale bzw. mentale Erschöpfung eintreten, die sich u.U. in der pädagogischen Institution in einem fachlichen Leistungsabfall, einem geistigen Abwesendsein oder einer unpassenden, überzogenen Verhaltensweise zeigt: Vermehrt tritt z.B. einerseits agressives oder resignatives Verhalten auf, andererseits können nervöse oder muskuloskelettale Beschwerden eintreten.

Eine für das Kind / den Jugendlichen in der pädagogischen Institution vorhandene Bezugsperson ist hier besonders gefordert. Entsprechende stützende, achtsame und individuell passende Maßnahmen sind allenfalls in einer vom Kind / dem Jugendlichen akzeptierten Kleingruppe oder im geschützten Raum eines Beratungs- oder Betreuungssettings sinnvoll. Da nur dann alle intitutionell möglichen Maßnahmen, die auf das Kind / den Jugendlichen z.B. entspannend, bei Unsicherheit - Sicherheit gebend, bei Aggressivität - Ausagieren ermöglichend, eine positive Wirkung entfalten können. Auch Personen der Schulsozialarbeit sind in solchen Fällen zeitnah zu informieren und werden sich dann mit ihren Möglichkeiten einbringen.

Die Fähigkeit zu einer hohen Selbstregulation zeigt sich schon früh z.B. in den Schul- oder Ausbildungsphasen: So sind davon alle Leistungsbereiche tangiert: Lesefertigkeit, sinnentnehmendes Lesen, Schreibfertigkeit und Sprachfähigkeit, Herangehen an Aufgaben und Herausforderungen, höhere mentale Ausdauer, Vorstellungsvermögen, durchdachtere Arbeitsstrategien, stimmige und sachbezogene Entscheidungen, vernetztes und logisches Denken, stabilere bzw. belastbarere soziale Beziehungen, vermehrtes Achten auf die eigene Gesundheit z.B. durch gegelmäßige, auch sportliche Betätigung usw.

Daher sollten bei allen inhaltlichen und erzieherischen Entscheidungen und Maßnahmen in pädagogischen Institutionen bzw. denjenigen, die die Rahmenbedingungen dazu schaffen, an vorderster Stelle mitbedacht, vorgesehen und implementiert werden, was die Selbstregulation der Menschen zu stärken in der Lage ist. Insbesondere sollten ergänzend zum leistungsbezogenen Lernen und Arbeiten angemessene Möglichkeiten zum Anbahnen und Fördern der Emotionalen Intelligenz erfolgen, Dazu gehören insbesondere alle Themen und Fachgebiete, die ein emotional ansprechendes gemeinsames Tun bzw. Erleben, sowie ein freieres Gestalten kreativer, individueller Ausdrucksmöglichkeiten anregen und fördern. Ebenso gehören dazu entsprechende zeitliche Freiräume zum situativ passenden Ausgestalten, um entweder für die Gruppe / Klasse / Kleingruppe oder auch für eine Einzelperson stimmige Aktivitäten einplanbar und erlebbar zu machen: Z.B. Elemente der Erlebnispädagogik, spielerische oder gestaltende Aktivitäten, Zeiten der Reflexion und Ruhe.

In der Literatur finden sich an der einen oder anderen Stelle Hinweise auf die „Big Five“, die grundlegenden fünf Persönlichkeitsmerkmale bzw. Persönlichkeitseigenschaften, die wesentlich das Denken und Verhalten einer Person beeinflussen bzw. steuern. Diese Auflistung und Beschreibungen von Persönlichkeitseigenschaften in den fünf Kategorien treffen schon bei Erwachsenen (> 25 Jahre) nur sehr eingeschränkt zu, da jede Person sogut wie in jeder Kategorie in mehr oder weniger großen Anteilen zu verorten ist. Allenfalls ließen sich bestimmte Teilbereiche in jeweiligen Kategorien finden, die eher oder etwas mehr bei einer Person in einem bestimmten Kontext anzutreffen sein dürften. Es ließen sich daraus nur vorsichtig und unscharf Schlüsse auf mögliche „Heimatgebiete“ im Denk- und Verhaltensbereich einer Person ziehen. Da eine Beobachtung jedoch immer subjektiv und von der Lebensgeschichte der beobachtenden Person abhängig ist, gibt eine solche mögliche Einordnung in Kategorien der „Big Five“ auch mit hoher Wahrscheinlichkeit deutliche Informationen über die Beobachtungsperson selbst. Allenfalls ließen sich wahrscheinlich nur mit Hilfe von statistisch abgesicherten Testreihen eine mit einer gewissen Wahrscheinlichkeit zutreffende Aussage über eine Person treffen, wissend, dass im Psychologischen hinsichtlich von Messungen der Intelligenz gilt: “Intelligenz ist das, was der jeweilige Intelligenztest misst!“ Eingedenk dieser Sachlage verbietet es sich von vornherein, bei Kindern und Jugendlichen, die noch voll im Wachsen ihrer Persönlichkeit sind, mit oder aufgrund der „Big Five“ Persönlichkeitskriterien eigenschaftszuweisend zu arbeiten.

5.4 Disziplin - ein gängiges Konstrukt

Provokant formuliert ist es hier ähnlich wie bei der Intelligenz: „Disziplin ist das, was der/die Beobachtende unter Disziplin versteht!“ Dies hat etwas für sich; denn in dieser Aussage liegt ein durchaus größeres Körnchen Wahrheit, was sich in zahlreichen, zu diesem Thema geführten Gesprächen sowohl zwischen Kolleginnen / Kollegen als auch solchen mit mir in getrennten Einzelgesprächen zeigte. Wars das dann? Nein!

Das Thema Disziplin als Sammel- und Oberbegriff ist zum einen ein reales, in seinen konkreten, täglichen Ausprägungen umfassendes, herausforderndes und oft zutiefst belastendes Phänomen für alle in pädagogischen Bereichen tätigen Personen. Zum anderen suchen alle, beginnend bei Eltern oder Erziehungsberechtigen, anderen Bezugspersonen, Erzieherinnen / Erzieher in Kindergarten- oder Hortgruppen und später Lehrerinnen / Lehrer nach Möglichkeiten, wie mit z.T. grundlegend normverletzendem Verhalten umzugehen sei. Meistens wird, metaphorisch gesagt, eine Art „Rezept“ gesucht oder eingefordert, das präventiv und erst recht im akuten Fall wirkt.

Bildhaft ironisch gesprochen: „Am besten sollte es ein Medikament geben, mit genauer Anwendungsbeschreibung, das in entsprechenden Situationen verabreicht wird!“ - Anmerkung: Leider führt ein solches Denken zu einer Wirklichkeit, die es in erschreckend hoher Zahl schon gibt, nämlich bei (angeblichen) AHDS-Kindern /-jugendlichen. - Das Phänomen in Form der AHDS-Erkrankung gibt es tatsächlich, jedoch ist die ernste Frage zu stellen, ob und warum diese Diagnose AHDS bei immer mehr Kindern gestellt und damit Kinder mit Psychopharmaka, bei entsprechenden Nebenwirkungen, „therapiert“ werden müssen. -

Doch ist das Thema Disziplin und die damit verbundenen Phäönome zu ernst, um es z.B. allein bei dem Satz eines mir bekannten Kollegen zu belassen: „Bei mir gibt es keine Probleme, was Disziplin in meiner Gruppe angeht!“ - Übrigens der diese Äußerung vorgetragene Kollege hatte einige Jahre später große Probleme mit seinem Kreislaufsystem und wenig später einen schweren Herzinfarkt und musste aus gesundheitlichen Gründen frühzeitig mit unter 60 Jahren, amtsärztlich arbeitsunfähig geschrieben, in den Ruhestand versetzt werden. -

5.4.1 Disziplin - bestimmende Grundlagen

Wie in allen zwischenmenschlichen Beziehungen sind bei „Disziplin“-Situationen mindestens zwei Personen beteiligt, so auch bei den grundlegenden Faktoren, die erst Disziplin z.B. bei einer Einzelperson, in einer Gruppe oder Klasse ermöglichen. - Nochmals ins Gedächtnis gerufen sei, dass in jeder interaktionellen Situation jede beteiligte Person meist unbewusst ihre je persönliche Lebensgeschichte und die darin gemachten, im Langzeitgedächtnis gespeicherten Erfahrungen, sowie damit verbundene Emotionen einbringt. - Dieses eingedenk, werden in den zwei folgenden Teilkapiteln exemplarisch solche für „Disziplin“ grundlegenden Aspekte genauer benannt und beispielhaft verdeutlicht.

5.4.2 Disziplin - pädagogische Bezugsperson

Das Arbeiten bzw. Zusammenarbeiten mit anderen Menschen stellt ganz spezifische Herausforderungen an eine pädagogische Bezugsperson, sei dies nun eine Erzieherin, Lehrerin oder ein Lehrer. Grundsätzlich entscheidend ist für ein weitgehend authentisches Denken und Handeln in pädagogischen Berufsfeldern, dass eine dort tätige Person gerne mit jungen oder heranwachsenden Menschen arbeitet bzw. zusammenarbeitet. Solcherart Selbsterfahrung der eigenen individuellen Werte und einer damit verbundenen Haltung sollte i.d.R. schon im Vorfeld der beruflichen Entscheidung durch entsprechende Erfahrungen zumindest ansatzweise vorhanden sein, z.B.: Jugendleiter(-in) in Vereinen oder der Jugendarbeit in kirchlichen Einrichtungen oder Einrichtungen der freien Jugendwohlfahrt, Mitwirken an Kinder- oder Jugendfreizeiten auch als Hilfskraft, Praktika in Kindereinrichtungen, ein Soziales Jahr in einem Kinderheim. Hierbei können sowohl Erfahrungen mit Einzelpersonen, Kleingruppen und größeren Gruppen gemacht werden, die es ermöglichen, die Entscheidung für einen sozialen, pädagogischen Beruf konkret und reflektiert begründen zu können. Kinderliebe allein ist zwar wichtig, jedoch auf Dauer nicht hinreichend.

Ein hohes Maß an Selbstkontrolle ist gefordert, um die von außen gesetzten Vorgaben, z.B. diejenigen in Lehr- oder Bildungsplänen, auch bei persönlich eher als sperrig empfundenen Themen bestmöglich mit Blick auf die jeweiligen Kinder / Jugendliche ins konkrete Umsetzen bringen zu können.
Selbstkontrolle und Selbstdisziplin sind zwar wichtige Elemente auch für einen pädagogischen Beruf, persönlich langfristig tragend wirken jedoch vor allem die inneren, grundlegenden Haltungen. Für diese Haltungen haben insbesondere jüngere Kinder ein feines Gespür. Jeder Mensch ´strahlt´ diese quasi schon bei seinem ersten Kontakt und auch nachfolgend ähnlich einer ´Duftwolke´ aus (u.a. Körpersprache). Diese Haltungen bilden zusammen mit der umfassenden Ausbildung, deren wesentliche Themen ´gepflegt´ bzw. ´wach-´ und aktuell gehalten sein wollen, einen wichtigen, denk- und handlungsleitenden ´Sockel´, welchen es durch regelmäßige, gezielte Weiterbildungen flexibel zu erweitern gilt, um in den konkreten, täglichen An- und Herausforderungen im Berufsalltag bestehen zu können.

Solcherart persönlich-berufbezogenes Verhalten zeigt sich für Kinder / Jugendliche ´erfühlbar´ im täglichen Miteinander: Sicherheit in der Sache, transparent und konsequent im Fördern und Fordern, mitfühlend und hilfsbereit im Miteinander; dies signalisiert für junge, heranwachsende Menschen eine Person, der sie Vertrauen schenken können, die ihnen Selbstregulierung und Selbstkontrolle vorlebt und damit erlebbar macht. Hier zählt nicht allein oder vorwiegend das fachliche Können, sondern das grundlegend wohlwollende, konsequente Dranbleiben mittel situativ flexiblem, zielbezogenem Handeln und dies auch in beruflich-persönlichen Bereichen.

Selbstkontrolle und Selbstdisziplin sind z.B. auch bei widrigen Gegebenheiten gefordert, um reflektiert und selbstkontrolliert, zumindest nach außen hin sicher und klar zu agieren. Ebenso, um im Nachhinein mit der entweder in den Ausbildungsphasen oder in entsprechenden Weiterbildungen gewollt erlernten und antrainierten Fähigkeit auf die Metaebene zu gehen, um ein vorgekommenes, abgelaufenes Geschehen analysierend betrachten zu können. Was ggf. auch zur Konsequenz haben kann (Selbstkontrolle), hierzu ein Fachgespräch zu suchen oder an einer regelmäßigen Supervision teilzunehmen. Nach einigen Berufsjahren besteht dann die wachsende Wahrscheinlichkeit, dass das eigene, pädagogische Handeln z.B. sowohl durch ein zunehmendes, von Klarheit geprägtes, respekt- und humorvolles, als auch souveränes und situationsangemessenes Verhalten gekennzeichnet ist. Ergänzend dazu wird sich auch eine passende, eigene Psychohygiene entwickeln, sodass die immer wieder auftretenden, belastenden Situationen besser verarbeiten werden können.

Zur Selbstreflexion kann es für einen erwachsenen Menschen durchaus sinnvoll sein, sich z.B. einmal im Riemann-Thomann-Kreuz intuitiv zu verorten und dies dann konstruktiv-selbstkritisch durchdenkend zu betrachten, um das bevorzugte ´Heimatgebiet´ sowie die damit verbundenen wahrscheinlichen Handlungspräferenzen genauer zu reflektieren. Auch ein Blick in die „Big Five" kann ergänzend dazu aufschlussreich sein, um z.B. mögliche, noch unentdeckte Facetten der eigenen Person, vor allem solche, die persönlich wünschenswert wären, erprobend kennenzulernen (Fortbildungen / Seminare). Die „Big Five" stellen einen Orientierungsrahmen dar, um Facetten der menschlichen Persönlichkeit in taxonomischer Form zweckmäßig, jedoch auf einem hohen Abstraktionsniveau aufzuzeigen.

Mit Blick auf ein erzieherisches Tun finden sich in der Literatur vielfältige Kataloge von Merkmalen, die dort tätige Personen vorweisen sollten. Meines Erachtens lassen sich diese auf wenige, jedoch aus praktischer Sicht wesentliche Aspekte eingrenzen auch hinsichtlich einer von außen erfahrbaren Selbstdisziplin: <u>Authentischsein</u> bedeutet in dieser Hinsicht, dass Kinder / Jugendliche bei einer für sie wichtigen Bezugsperson zur Person ´gehörende´ Attribute in der Interaktionsweise erkennen und erfahren sollten, z.B.: Verlässlich, zuverlässig, interessiert, transparent konsequent, zielbewusst, humorvoll, freundlich, höflich, einfühlsam, geduldig, fordernd und fördernd, hilfsbereit, fürsorglich.
Hinsichtlich der beobachtbaren <u>Selbstregulation</u> sollten die Kinder / Jugendlichen z.B. folgende Merkmale besonders in ihren Wirkungen für sie selbst erkennen können: Einsatzfreude und Engagement, klare Strukturen, situationsangemessene Flexibilität, vernetztes Denken, konstruktives Konfliktbewältigen, hohes Sachinteresse, Dranbleiben, Geduld, Pünktlichkeit, stimmige Arbeitsweisen, Achtsamkeit.

5.4.3 Disziplin - junge bzw. heranwachsende Menschen

Wie in vorausgegangenen Abschnitten schon kurz angesprochen, besteht eine Wechselwirkung zwischen den von Bezugspersonen eines Kindes / Jugendlichen gezeigten Haltungen und Verhaltensweisen und dem beim Kind / Jugendlichen auftretenden Verhalten, ob diese nun innerhalb der Familie als grundlegend und wesentlich prägende Institution oder im Raum einer sekundär prägenden pädagogischen Institution stattfinden (Sozialisation).

Je jünger ein Kind / Jugendlicher ist, desto mehr werden wahrgenommene / erlebte Verhaltensweisen und Haltungen der Bezugspersonen unbewusst und teilweise auch bewusst übernommen, vor allem wenn sie beeindruckend oder erfolgreich sind, (abschauendes Nachahmen). Da ein so erlerntes Verhalten bzw. eine damit (vorläufig) verbundene ′Haltung′ von den Bezugspersonen i.d.R. gerne gesehen und damit lobend verstärkt wird, umschreibt der metaphorische Spruch: „Der Apfel fällt nicht weit vom Stamm!" oft ganz gut die Situation. Zu einem Verhalten in einer Gruppen- oder Klassensituation kann es große Unterschiede gegenüber z.B. einem Einzelgespräch unter vier Augen geben. Dies bedeutet, dass das Führen einer Gruppe oder Klasse weitere Herausforderungen stellt.

In vorausgehenden Abschnitten wurden die Begriffe Selbstmotivation, Emotionsregulation, Selbstregulation und Selbstkontrolle bereits ausführlicher angesprochen. Alle dort entfalteten Aspekte und Faktoren, sowie deren interpersonale und ggf. intrapersonale Wirkungen kommen nun bei einer Einzelperson beim Blick auf den Begriff „Disziplin" als wichtige Teilaspekte zusammen. Das bedeutet, dass sich mittels sinnesbezogener Reize im Gehirn von diesem ausgehend z.B. ein sogenanntes diszipliniertes oder undiszipliniertes Benehmen bzw. Verhalten selbst kontextbezogen steuert: Dies geschieht sowohl durch aktuelle, intrapersonale Wahrnehmungs-, Verarbeitungs und Bewertungsprozesse, als auch durch ein Zurückgreifen des Gehirns auf wahrgenommene, erlebte ggf. durchlittene Situationen, welche unbewusst und autopoietisch im Gehirn verarbeitet, interpretiert und dann im Langzeitgedächtnis als Erfahrungen gespeichert wurden. Darunter befinden sich auch ergänzende Erfahrungen von situativ und altersbezogen vorgenommenen eigenen kognitiv gesteuerten Entscheidungen und deren Folgen. Je jünger ein Kind ist, desto mehr handelt es intuitiv „aus dem Bauch" heraus, wobei nach eigener Erfahrung schon z.B. ein fast zwei Jahre altes Kind kognitiv gesteuert agieren kann: Meine älteste Tochter, jetzt längst erwachsen, sagte in diesem Alter zu ihrem zwei Jahre älteren Bruder: „Komm, jetzt machen wir mal ´Zirkus´!“ Sie sah mich dabei, der ich an der Tür des Kinderzimmers stand, munter an. - Die Wortbedeutung ´Zirkus´ war in meiner Familie verbunden mit ´Toben´ und ´laut sein´ und wurde in diesem Zusammenhang auch schon früh häufiger gebraucht. Für mich war das damals ein Zeichen dafür, nie zu unterschätzen, was in diesen jungen Persönlichkeiten und deren Gehirn so alles ´vorgeht´. -

Mit Blick auf „Disziplin“ bzw. „Selbstdisziplin“ und ein darunter verstandenes sowohl einzelnes Verhalten, als auch ein Verhalten in der Gruppe, spielen individuelle Erfahrungen eine wichtige Rolle. Diese Erfahrungen umfassen sowohl bisher erlebte, von außen vorgegebene Orientierungen bzw. Strukturen, als auch solche aufgrund eigenem, selbständig gesteuertem Handeln und dessen Wirkungen. Beides beeinflusst die jeweilige Art und Qualität von realisierter Selbstmotivation und Selbstregulation.

Beim Lernen und Arbeiten in pädagogischen Institutionen bzw. in pädagogischen Beziehungen gewinnt jetzt vor allem der vorher eher zurückgestellte oder eingeschränkte Begriff der Selbstkontrolle an Bedeutung. Beim Lernen und Arbeiten in einem zwar grundlegend pädagogisch ausgerichteten Lebensraum, der zugleich jedoch klar umrissene, von außen gesetzte Ziele bei vorgegebenen Rahmenbedingungen erfüllen bzw. erreichen muss, ist ein Einschränken individueller, ggf. emotionsbegründeter Aktivitäten und Interaktionen zumindest für die Zeit des Aufenthalts in dieser pädagogischen Institution in situativ mehr oder weniger großem Maße unausweichlich. Dies schließt ein Hinterfragen z.B. getroffener Entscheidungen bzw. Maßnahmen oder situativ gesetzter Bedingungen durch ein Kind / einen Jugendlichen mit ein, was gerade aus wohldurchdachten, pädagogischen Gründen auch wichtige Lernprozesse einleiten kann.

Erfahrungsgemäß kommt ein Kind / Jugendlicher um so eher mit solchen Einschränkungen klar, je besser vor allem die kurzfristigen Ziele und mit zunehmendem Alter und Verständnis auch die langfristigen Ziele bzw. das Hauptziel erkannt, verstanden und zumindest dem Grunde nach im eigenen, je individuellen Zielkorridor vorzufinden sind. Hier können die von allen am Bildungs- und Erziehungsprozess mitgetragenen und dem Kind / Jugendlichen verständlich, transparent und die institutionellen

Ziele unterstützend gezeigten, passenden Haltungen deutlich erkennbar und nachhaltig wirken. Damit wird ersichtlich, dass das sowohl personal menschliche, als auch das sächliche Umfeld seine Wirkungen mit Blick auf „Disziplin“ hat. Dies zeigt auch das Modell der Themenzentrierten Interaktion, bei dem der „Globe“, das alles umgebende äußere Umfeld, maßgeblich die Beziehungen von „Ich“ (individuelles Kind / Jugendliche / Fachkraft) und „Wir“ (Mitglieder der Gruppe) auch die Art und Weise des Umgangs mit den „Themen“ (Sache, Inhalte) beeinflusst.

5.4.4 Disziplin - Anregungen für Handlungsansätze

Disziplin, gesehen als Konglomerat verschiedener, individuell geprägter Erfahrungen und Fähigkeiten, ist allein unter deren Einbezug zu verstehen und in spezifischen Grenzen von außen zu beeinflussen bzw. steuerbar. Dies betrifft vor allem auch die Möglichkeiten für diszipliniertes Verhalten einer Gruppe bzw. Klasse. Das Verhalten einer Gruppe oder Klasse beruht in wesentlichen Teilen in den jeweils gemachten Erfahrungen, sowie daraus erwachsenen, aktuell vorhandenen Einstellungen und Haltungen ihrer einzelnen Mitglieder bzw. einer größeren Anzahl davon. Entscheidend ist die sowohl soziale, als auch die selbstmotivationsmäßige (Merkmal: Grundsätzlich lern- und arbeitswillig) Zusammensetzung einer jeweiligen Gruppe / Klasse. Wichtige Ansatzpunkte, damit ein mit dem Begriff ´Disziplin´ zu bezeichnetes Verhalten wahrscheinlicher auftritt, sind:

<u>Erfolgserlebnisse ermöglichen:</u>
Ein Mensch benötigt, um seine Aufmerksamkeit gezielt einzusetzen bzw. aufrecht zu erhalten Erfolge in seinem Handeln. Dabei gilt es beim pädagogischen Handeln jeweilige, auch kleine Erfolge zu sehen und zu beachten. Dadurch erfährt ein Kind / Jugendlicher emotional einen motivierenden Effekt, was wiederum seine Anstrengungsbereitschaft erhöht: Eine Art Rückkopplung besteht und wirkt. Erlebnisse des eigenen Erfolgs sollten dabei möglichst vielfältig sein: Soziale Leistungen gilt es gleichgewichtig zu sachbezogenen Leistungen oder der Intensität und Ausdauer eines Bemühens, einer Anstrengung, zu würdigen. Besonders bei Letzterem ist das Ermutigen, das Anerkennen, ggf. zusammen mit passenden, hilfreichen Hinweisen sehr wichtig. Je häufiger Erfolgserlebnisse eintreten, gesehen und beachtet werden, um so eher erleben sich Kinder / Jugendliche auch in einer sozialen Institution, z.B. einer Schule und in der Gruppe / Klasse als autonom und kompetent. Konkrete

Möglichkeiten dazu bieten bei entsprechend geeigneten Inhalten Phasen, in denen selbstgesteuertes Arbeiten und Lernen sowohl individuell, als auch kooperativ umgesetzt werden kann. In diesen Phasen sollten ggf. auch niveauverschiedene Aufgaben bearbeitet werden können.

Stärken sehen und fördern:
Mit diesem Ansatz sollen gezielt jeweilige Stärken eines Kindes / Jugendlichen angesprochen werden. Dies ist sowohl jeweils bei individuell zu erledigenden bzw. zu bearbeitenden Aufgaben, als vor allem auch bei solchen im kooperativen Arbeiten wichtig; denn gerade bei Letzterem wird das Gemeinschaftsgefühl gefördert bzw. gestärkt: Ein Kind / Jugendlicher kann sich dabei als wichtiges Mitglied in der Gruppe / Klasse fühlen und unter den Gleichaltrigen Anerkennung erfahren.
Für das Ziel eines disziplinierten Verhaltens, das auf einer gelingenden Selbstregulation beruht, ist es immer besser, jeweilige Stärken zu sehen, zu fördern und vorhandene Schwächen oder ´Defizite´ einfühlsam modifizierend, als bearbeitbar zu betrachten: Dies bedeutet z.B. Fehler als ´natürlich´, als Lerngelegenheit zu sehen, um sie so gut als möglich zukünftig einzugrenzen bzw. zu vermindern. Die Aufmerksamkeit, auch diejenige eines Kindes / Jugendlichen sollte sich auf das korrekt Geleistete richten. Unbeabsichtigte Fehler, die bei anderer Betrachtung leicht als Misserfolge gedeutet werden, erlangen durch diesen Blickwechsel eine motivationspsychologisch andere Bedeutung und Wertigkeit: Es besteht dann die Chance, dass sie auch beim Kind / Jugendlichen als anzupackende Herausforderung begriffen werden, die es z.B. durch ausdauerndes Üben / Trainieren einzudämmen gilt.

Ängste vermeiden - Frustrationstoleranz erhöhen:
Da Menschen in jede Interaktion, im Hintergrund wirkend, ihre ganze bisherige Lebensgeschichte mit- und einbringen, finden sich darunter solche mit auf bisherigen Erfahrungen beruhender mehr oder weniger hoher Ängstlichkeit. Ebenso finden sich Menschen, die es bisher noch nicht gelernt haben, angemessen mit z.B. bei ihrem Handeln eintretenden Misserfolgen umzugehen: Oft ist dies daran zu erkennen, dass dann alles und jede(r) für ihr Missgeschick verantwortlich gemacht werden.
Eigentlich sollte bereits jedes Kind in seiner Zeit des Heranwachsens erfahren haben, dass immer wieder vor allem bei selbstgesteuerten Aktivitäten selbst bewirkte Missgeschicke auftreten können. Daraus folgernd, solle die Fähigkeit wachsen, sich mit einem Misslingen konstruktiv

auseinanderzusetzen, um i.d.R. erneut einen nächsten, angepassten Versuch des Bewältigens einer Aufgabe zu starten. Vordergründig gut bemeintes Handeln von Bezugspersonen in der Zeit der Kindheit, das einem Kind rundum überfürsorglich, jedes mögliche Ereignis eines Beeinträchtigens fernhält, bewirken, dass ein solcherart ´verwöhntes´ Kind sich mit dieser ´Fürsorge´ arrangiert. Es schränkt dann eigene Aktivitäten ein, lässt sich in der Folge ´bedienen´ und fühlt sich z.B. bei einem Misserfolg als Opfer; denn die Bezugsperson hat es ja nicht beschützt bzw. die Aktivität selbst so ausgeführt, dass sie gelingt bzw. dem Kind passt. Das Kind lernt weder eigene Anstrengungsbereitschaft noch Frustrationstoleranz, sondern es entwickelt meist eine erhöhte Ängstlichkeit.

Ängste entstehen auch durch erfahrungsgemäß zu erwartende, unangenehme Konsequenzen, ausgelöst im Elternhaus oder durch Kameraden, wenn bestimmte Erwartungen nicht erfüllt werden. Tritt dies häufiger auf, dann verstärken sich Unsicherheiten, die weitere Missgeschicke sogar prädestinieren können. Hier gilt es frühzeitig vorzubeugen, z.B. durch ein Umpolen des negativen Denkens (Angst vor der Angst): Durch Üben des Innehaltens, neu Denkens, Durchatmens oder auch Entspannungsübungen, z.B. progressive Muskelentspannung, Hatha-Yoga Stellungen, kann es zunehmend besser gelingen, die innere Balance wieder zu gewinnen und damit aufkommendem Stress entgegen-zuwirken. Solches Verhalten, individuell passend praktiziert, kann zu einem sinnvollen Ritual werden.

Im pädagogischen Raum ließen sich solche, auch die Aufmerksamkeit und Konzentration stärkenden Elemente z.B. bereits in der Grundschule vor Leistungsmessungen einführen und einüben: Erfahrungsgemäß sinken damit Angstgefühle, der Kopf wird freier, Gelerntes wird besser zugänglich und die Erfolgswahrscheinlichkeit steigt.

Frustrationstoleranz hat nach Träbert viel mit der Fähigkeit zum Umgang mit Enttäuschungen zu tun. Auch die Erfahrung von Gelingen durch das beharrliche Dranbleiben, des genauen Nachdenkens, wenn etwas nicht gleich funktioniert, sowie eines geduldigen, erneuten Probierens verstärkt die Frustrationstoleranz und zugleich die Fähigkeit zu reflektiertem, angemessenem Verhalten. Die individuelle Frustrationstoleranz ließe sich bei Kindern vor allem durch entsprechende, eher spielerische Aktivitäten erhöhen, die zum einen Erfahrungen des Angenommenseins und eines respektvollen Umgangs ermöglichen und zum anderen durch ein Eingebundensein in die Gruppe / Klasse ein Gefühl der Geborgenheit vermitteln. Solche spielerischen Aktivitäten, in denen die Wahrscheinlichkeit für Erfolg oder Misserfolg etwa gleich ist, jedoch im Spielverlauf den Spielenden verschiedenste Chancen gegeben sind, durch entsprechende Spielzüge den Spielausgang beeinflussen zu können, begünstigen ein Auseinandersetzen mit dem Misserfolg, um diesen dann leichter verkraften oder bewältigen zu können: „Beim nächsten Mal bin ich vorne!“ Konkret finden sich solche Spielansätze z.B. bei Spielen der Kategorien: Geschicklichkeitsspiele, Gesellschaftsspiele, Ratespiele, Strategiespiele und sportliche Spiele.

Lern- und Arbeitsverhalten fördern:
Soll die Autonomie jeweiliger Kinder / Jugendlicher sich individuell passend erhöhen, so muss insbesondere das „Wie“ des Lernens und Arbeitens Thema in Vermittlungs- und Trainingsprozessen sein. Gemeint ist das Lehren des Lernens und Arbeitens. Eigentlich sollte dies ein in jedes Unterrichtfach implementiertes Thema sein, das sogar über fachlichen Inhalten steht. Gerade in einer Zeit, die von schnellen Veränderungen in der Umwelt, so auch der Berufswelt geprägt ist, wird die mentale Fähigkeit wichtig, die ein rasches Einarbeiten in neue, noch unbekannte Themen und Fachgebiete ermöglicht und dies aufgrund von fachunabhängigem ´know how´, z.B. von weitgehend inhaltsunabhängigen Strukturierungs-, Aufbereitungs-, Visualisierungs-, Bewertungs- und Merktechniken und -hilfen.
Es mag banal klingen, jedoch sollten insbesondere Kinder aus eher bildungsfernen Elternhäusern z.B. anhand von grundlegend bedeutsamen Inhalten in erster Linie solche Lern- und Arbeitstechniken eintrainieren. Über die Inhalte, die in einfacher Sprache verfasst sein sollten, ließe sich sowohl eine intensive Sprachförderung, als auch das jeweilige Lern- und Arbeitsverhalten aufbauen und üben.
In Phasen des Förderns und Trainierens des Lern- und Arbeitsverhaltens sollte aus inhaltlicher Sicht ein individuell passendes Niveaudifferenzieren erfolgen, um allen Beteiligten Erfolgserlebnisse zu ermöglichen.

Lernen und Arbeiten refektieren:
Soll selbstgesteuertes, autonomes Lernen gelingen, dann ist dazu die Fähigkeit eines gezielten, nach entsprechenden Lernprozessen regelmäßig vorgenommenes Reflektieren erforderlich: „Was habe ich wie eingesetzt / unternommen, um das angestrebte Ziel bzw. Ergebnis zu

erreichen?" Im Projektmanagement wird diese essentielle Phase als „Markstein" bezeichnet. Sie ist dort in jeden korrekten Projektverlauf fest eingeplant und dient sowohl dem Durchdenken und Würdigen der bisherigen Entscheidungen und des bisherigen Tuns und Handelns (Rückblick), als auch dem in den Blick nehmen der als Nächstes anstehenden Entscheidungen und einzuleitenden Maßnahmen (zukünftige Ziele).
Für Kinder / Jugendliche ist ein solches Verfahren zunächst ungewohnt. Einige haken das Bisherige einfach ab, z.B. bei rechnerischen Aufgaben mit „Das habe ich mit dem Taschenrechner berechnet, also muss es stimmen!", dass Denk- oder Eingabefehler möglich sind, kommt nicht in den Blick. Andere verstehen unter Lernen z.B. in Sachfächern ein reines Auswendiglernen, bewältigen dies oft bis zu einem gewissen Grad auch recht gut. Sie sind auch fest davon überzeugt, dass sie ´gut´ gelernt haben. Sie übersehen jedoch, weil für sie ungewohnt, dass gerade in Sachfächern z.B. das Durchdenken, Strukturieren, einprägendes Veranschaulichen und Sachzusammenhänge Herstellen erforderlich und zielführend sind. Daher ist es unabdingbar, dass zum jeweiligen aktuellen Arbeits- und Lernstand passend immer wieder lernbegleitend Prozesse der Reflexion, des Selbstüberprüfens deutlich erkennbar einbezogen werden.

Beraten und Feedback:

Bei Kleinkindern und Kindern ist es für Erwachsene zunächst ungewohnt, wie oft diese nur durch einen zugeworfenen Blick, eine ´fragende´ Geste oder ein kurzes Unterbrechen ihres Tuns mit Anschauen der Bezugsperson eine Rückmeldung von dieser ´einfordern´. Es ist in ihrem Gesichtsausdruck anzusehen, wie sie diese Rückmeldung emotional berührt und was das echte Signal des Erwachsenen: „Das war prima!" oder „Toll, es ist dir gelungen!" an Selbstmotivation bewirkt. Formal wissen Kleinkinder und Kinder noch nicht, was Feedback bedeutet, jedoch sind sie z.B. bei einem Teilerfolg, z.B. durch eine Äußerung: „Prima, bis hierhin hat es geklappt, jetzt versuch einmal ..., dann gelingt dir ... !" hoch motiviert im entsprechenden Tun gezielter fortzufahren. Ein Hinweisgeben zum weiteren, gezielten Erproben, einer Hilfe zur Selbsthilfe, wird i.d.R. auch später sogar im Erwachsenenalter meist gerne aufgegriffen.
Bei schulischen Lernprozessen ist oft z.B. das ´laute Denken´ der Lehrerin / des Lehrers in für Schülerinnen / Schüler noch unüberschaubaren sachlichen oder sozialen Situationen hilfreich, um je eigene Denkprozesse

anzuregen und zu einem weitergehenden, selbständigen Erproben zu ermutigen. Je selbständiger Kinder / Jugendliche z.B. nach einem mit ihnen besprochenen und individuell gemeinsam abgestimmten Arbeits- und Lernplan arbeiten, um so wichtiger werden darin gezielt eingeplante Momente bzw. Zeiträume der Beratung. Einer Beratungsweise, in der sich das Kind / der Jugendliche grundlegend angenommen und respektiert fühlen kann. Während der Beratung stehen die Sicht auf die Gedanken, die Denkweise und die daraus getroffenen Entscheidungen und Handlungen im Mittelpunkt und werden gemeinsam mit Blick auf die bis dato anzustrebenden Ziele reflektiert. Wesentliches, nachfolgendes Moment ist das gemeinsame Beraten über die jetzt anstehenden Ziele und was zu deren Erreichen erforderlich ist. Was heißt, dass konkret benannte, ggf. hierarchisch gegliederte oder aufbereitete Ziele bis hin zu einem Zwischen- oder Gesamtziel sowie der nächste, zwischen-geschaltete Beratungstermin besprochen und vereinbart werden.

Leistungen würdigen:
Innerhalb aller Schul- und Ausbildungsphasen werden Feststellungen und Rückmeldungen über bis zu einem bestimmten Zeitpunkt erreichte Leistungen erwartet bzw. vorgegeben. Mit Blick auf die Selbstmotivation, die Selbstwirksamkeit und das Selbstvertrauen kommt es entscheidend auf die jeweilige Art und Weise sowohl der Leistungsmessung, als auch der nachfolgenden Rückmeldung an. Je jünger ein Kind oder ein Jugendlicher ist, um so refektierter muss der Leistungsbegriff definiert sein: „Was ist Leistung und wie ließe sie sich ermitteln!?" Selbst im Erwachsenenalter gilt eine ähnliche Frage; zumal ein Mensch mehr ist als z.B. eine aus mechanistischer Sicht definierte Leistung. Das ist zugegeben derzeit provokant, da oft ein Leistungsbegriff vorliegt, der sich vorwiegend in einer von technisch-physikalischen, an Newton oder Einstein orientierten Sichtweise orientiert.
Mittlerweile verändert sich die Sichtweise hin zu einem „Sowohl-als-auch-Denken", das Unschärfen einschließt, und die provokante, jedoch quantenphysikalisch nachgewiesene Erkenntnis beinhaltet, dass reale Wirklichkeit erst durch die Beobachtung entsteht: „Der Beobachter erschafft die Wirklichkeit z.B. durch ein Messen!" (Heisenberg, u.A.), was nachweisbar umfassend für alle Gegebenheiten dieses Planenten Erde und sogar fürs gesamte Universum gilt (vgl. Haisch).
Was hat dies mit in pädagogischen Institutionen handelnden Personen und dortigen Leistungsmessungen oder gar „Disziplin" zu tun? Nun, wir

kennen zum einen eine ganze Liste von Fehlinformationsquellen beim Beobachten, die sich auf jeweiliges Handeln maßgeblich auswirken und dies, obwohl mehrere Beobachter in einer Situation gleichzeitig tätig sind (unbewusste Rückkopplungseffekte). Zum andern bilden selbst statistisch korrekt angelegte Überprüfungsverfahren mit vor einem der Überprüfung vorgeschalteten Pilotverfahren, bei dem z.B. entsprechende Aufgaben ausgesondert werden, nach der dann vorgenommenden Überprüfung und den aufgrund der Statistik vorgebenen Auswertungsrichtlinien die tatsächliche Gegebenheiten nur ungenau und ggf. sogar die örtliche Realität verfälschend ab. Ein Dilemma und für jede Person, die Leistungen z.B. in einer Schulklasse messen und bewerten muss, ein durchaus mit belastenden Momenten versehenes, nicht aufzulösendes Paradoxon. Hier kommt nun „Disziplin" bzw. Selbstdisziplin ins ´Spiel´ indem durchdachte Fragen gestellt werden, indem an einer Sache / einem Problem drangeblieben wird, z.B.: Was kann dessen eingedenk getan werden, um zwar immer noch subjektiv, jedoch jeweiligen Kindern / Jugendlichem am ehesten gerechtwerdend zu handeln, d.h. deren Leistung objektivierbar, d.h. in ihren Facetten transparent, bewerten und dokumentieren zu können?

Will eine Lehrerin / ein Lehrer bei Kindern / Jugendlichen Selbstdisziplin fördern, kommt automatisch der Leistungsbereich in den Blick. Die nachfolgenden Hinweise sollen dazu anregen, den Blick bei allen Leistungselementen auf das zu richten, was die Schülerinnen / Schüler alles können:

- Die Leistungsbewertung am Ende eines bestimmten Zeitraums, z.B. eines Jahres, sollte als pädagogische Gesamtbewertung alle im vorangegangenen Zeitraum erbrachten Leistungen umfassen.
- Leistungsfeststellungen sollten alle Facetten der qualitativen Leistungserbringung umfassen, d.h. sowohl schriftliche und mündliche, als auch praktische Leistungen, sowie z.B. Ausdauer und Bemühen (Anstrengungsbereitschaft) einbeziehen: So z.B. auch Referate, schriftliche Ausarbeitungen, Arbeits- und Heftgestaltung (Portfolios), inhaltlich selbst ausgearbeitete Rechercheergebnisse, sachbezogen qualitatives Einbringen in Kooperationen. Entsprechende Kriterien könnten in Fachkonferenzen beraten und empfehlend beschlossen werden.
- Erbrachte Leistungen sollten nach einem sich aus der Sache bzw. dem erbrachten Bearbeitungsumfang bzw. dessen Qualität ergeben. Jeder

Einzelaufgabe werden entsprechende Punkte zugeordnet. Wobei die Summe der erreichten Teilpunkte die Gesamtpunktzahl ergibt.

- Die Grundlagen und Kriterien sowohl für das Erstellen einer Leistungskontrolle, als auch für die Leistungsbewertung sollten bereits zu Anfang transsparent und nachvollziehbar bekanntgemacht und ggf. auch erläutert werden. Hierzu gehört auch z.B. die Umrechnungsweise von erreichten Punkten zur Note.
- Maßnahmen der Leistungsfeststellung sollten eine differenzierende Form aufweisen und mindestens Aufgabenstellungen in drei Niveaustufen aufweisen: Zu Anfang stehen die Aufgaben, die das Grundlegende, d.h. die Mindestanforderung an Wissen und Fähigkeiten abrufen (ca. Notenstufe ausreichend). Dann folgen die Aufgaben, welche einem mittleren bis gehobenen Niveau entsprechen (ca. Notenstufe befriedigend). Den Abschluss bilden Aufgaben, die höhere Anfordungen an Wissen und Fähigkeiten stellen (ca. Notenstufe gut bzw. sehr gut)

▶ Alle Leistungsbewertungen sollen Auskunft darüber geben, wie der aktuelle Stand hinsichtlich der Qualität im Wissensbereich und den aktivierbaren Fähigkeiten ist. Dies beinhaltet nach entsprechenden Lerngesprächen mit jeder Schülerin / jedem Schüler auch, wie weiter oben bereits angesprochen, das Vergleichen mit dem angestrebten Ziel. Erkannte, gemachte sachliche Fehler sind ebenso wie Fehlleistungen im kooperativen Bereich dann als Ansatzpunkte in und während der regulären Lernzeit für entsprechende Lernprozesse zu sehen und einzuplanen.

Sind jedoch grundlegende, essentielle Teile noch nicht oder nur eingeschränkt verstanden, erarbeitet bzw. erreicht, müssen Zeiten für deren Nacharbeiten vorhanden und organisatorisch vorgesehen sein, was z.B. durch spezielle ´Crashkurse´ fachbezogen auch jahrgangsüber-greifend möglich wäre. Entscheidend ist, dass einer sonst oft sich entwickelnden Misserfolgsängstlichkeit bei jeweils betroffenen Schülerinnen / Schülern durch entsprechende, unterstützende Maßnahmen vorgebeugt wird.

Solche Phasen individuellen, intensiven Lernens und Arbeitens können, insbesondere bei Kindern / Jugendlichen aus eher bildungsfernem sozialen Hintergrund, nur in den häuslichen Bereich verlagert werden, wenn das Vorhandensein der Fähigkeit zu selbstverantwortlichem und selbständigem Lernen und Arbeiten tatsächlich gegeben ist! Der eben genannte Ansatz will es ermöglichen, dass jedes Kind / jeder Jugendliche seine vorhandenen, jedoch noch unvollkommen aktivierbaren Fähigkeiten oder Kompetenzen entwickeln kann und dies unabhängig vom sozialen Hintergrund. Zugleich bringt dieser Ansatz z.B. für eine Schule Raum- und Schall- bzw. Lärmprobleme mit sich; denn nicht jedes Kind bzw. jeder Jugendliche ist in der Lage in einer Art ′Großraumbüro′ mit seiner im Hintergrund vorhandenen Geräuschkulisse oder sonstigen Ablenkungsmomenten konzentriert zu arbeiten.

Mitwirken ermöglichen:
In pädagogischen Institutionen und bei allen Interaktionen von z.B. Erzieherinnen bzw. Lehrerinnen / Lehrern und Kindern bzw. Schülerinnen / Schülern sollte wohldurchdacht und zu den jeweiligen Gegebenheiten passend ein wo immer mögliches Mitwirken und Mitgestalten aller Beteiligten fest implementiert sein. Dies erfordert ggf. ein Umdenken bei der einen oder anderen Person hin nämlich zur Erkenntnis, dass alle selbst Verantwortung dafür tragen, dass zum einen das Miteinander gelingt und zum anderen, dass vorgegebene oder vereinbarte Ziele auch erreicht werden können, Eingeschlossen sind dabei auch alle außerhalb der pädagogischen Institution, die Verantwortung oder Fürsorge für jeweilige Kinder / Jugendliche tragen.

Die Mitwirkungsmöglichkeiten sind für die außerhalb der pädagogischen Instititition befindlichen Personen i.d.R. durch Satzungen oder gesetzliche Verordnungen geregelt. Entscheidend ist, dass diese auch wahrgenommen und entsprechende Aktivitäten sach- und zielangemessen durchgeführt werden.

Innerhalb einer pädagogischen Institution bietet der dort fürs Kerngeschäft bestehende Bildungs- und Erziehungsauftrag Ansatzpunkte für ein konkretes Ausgestalten jeweiliger Mitwirkungsmöglichkeiten. Dies betrifft zum einen die Mitwirkung der hauptberuflich dort Beschäftigten und zum anderen diejenige der dort betreuten / zu erziehenden bzw. zu unterrichtenden Kinder und Jugendlichen.

Für Erstere ist i.d.R. die Leitung der jeweiligen Institution bzw. die entscheidungsbefugten Gremien, z.B. Konferenzen verantwortlich. Hilfreich wäre z.B. eine Organisationsstruktur, die teamorientiert aufgebaut ist mit klaren Absprachen, Aufgabenbeschreibungen und Rückmeldestrukturen (siehe de Jong).

Mitwirkungsmöglichkeiten von Jugendlichen sind i.d.R. ab Klassenstufe 7 durch den an jeder Schule einzurichtenden Schülerrat gegeben. Dort gewählte Vertreter (Schülerspecherin / Schülersprecher) haben das Recht, unmittelbar um Gespräche mit der Institutionsleitung zu ersuchen. Dort lassen sich alle Themen ansprechen, die von Schülerseite konkret anstehen oder relevant sind. Entscheidend sind jedoch die Mitwirkungsmöglichkeiten in den jeweiligen Gruppen bzw. Klassen, die konkret von dortigen Kindern / Jugendlichen erfahren und mitgestaltet werden können. Die Art und Weise dieses, möglichen Mitwirkens hat auch wesentlichen Einfluss auf das jeweilig gezeigte bzw. anzutreffende Verhalten („Disziplin"). Beispiele für mögliche Ansätze wären:

- Gemeinsames Planen und Durchführen von kleineren Projekten, z.B. Pausenverkauf für die Klassenkasse (Schullandheimaufenthalt), Verschönern einer Wand im Klassenzimmer (Poster), eines Ausflugs, einer Spielestunde im Grundschulhof in der Großen Pause.
- Mitwirken beim Gestalten inhaltlicher Vorhaben, z.B. Einarbeiten, Diskutieren und Aufbereiten eines Themas für eine schulinterne Ausstellung (Geographie, Geschichte, usw), Entwerfen eines Drehbuchs für einer Videosequenz z.B. zu Wünschen von Jugendlichen zum Freizeitaufenthalt in der Gemeinde oder dem Stadtteil (Vorführen und Diskutieren der Videosequenz im Schülerrat).
- Einrichten eines Klassenrats in Absprache und unter Mitwirkung der Klassenlehrkraft: Vorbringen und Begründen von Wünschen und Themen.
- Organisieren des Sammelns von unterrichtsbezogenem Anschauungsmaterial, z.B. Baumzapfen, Blätter, Warenettiketten oder -verpackungen (Gruppeneinteilung durch Lehrkraft).
- Mitwirken beim Einteilen von Gruppen für Phasen des freien Arbeitens gemäß bestimmter Regeln.
- Mitwirken beim Erstellen der Klassenregeln und deren Festhalten z.B. auf Plakaten.
- Planen von Teilen eines Schullandheimaufenthalts, z.B. Aktivitäten (Spiele im Haus bei Regen, Spiele draußen), Helferplan für die Küche, die Reinigung.

5.4.5 Disziplin - Regeln und Rituale

In diesem Teilkapitel sollen grundlegende Aspekte der Thematik angesprochen werden. Im Band 2 wird es dann konkret beim Thema Klassenführung.

In jeder menschlichen Gemeinschaft werden von deren Mitgliedern bzw. von diesen autorisierten Personen gemäß der in dieser Gemeinschaft geltenden Werte entsprechende Normen entweder nur durch Weitersagen oder schriftlich, jedoch in beiden Fällen verbindlich, festgelegt. Solche Normen sollen grundlegend wichtige Dinge des Zusammenlebens regeln, was bedeutet, dass sie bei sich ändernden Situationen ggf. angepasst oder grundlegend verändert werden können, um den dann ggf. auch angepassten Werten zu entsprechen. Hierbei sind meist zum einen konkrete Regeln für bestimmte Verhaltensweisen in jeweiligen Situationen gültig, zum andern werden für das Gemeinschaftsleben grundlegend bedeutsame Dinge durch situationspezifisch, bewusst durchgeführte Rituale bis zu deren Automatisierung meist durch besonders herausgehobene Personen ausgeübt.

Für eine große Menschengruppe sind solche Normen z.B. in Satzungen, Ordnungsvorgaben oder auch Gesetzen festgehalten. Auch in pädagogischen Institutionen gibt es solche ordnungsgebenden Schriftsätze, so z.B. in Schulen eine je ortsbezogene Schulordnung, die unter Mitwirken aller am dortigen ´Leben´ Beteiligten erstellt wird. Auch in verschiedensten Gremien, wie Gemeinde- oder Kirchengemeinderäten bestehen Satzungen oder zumindest Geschäftsordnungen, die die Zusammenarbeit ihrer Mitglieder regeln. Der oder die Vorsitzende eines solchen Gremiums hat i.d.R. auch ein Instrument, das eingesetzt wird, um bei z.B. heftigen Diskursen zur Ordnung zu rufen. Bei öfterem, Ordnungsrufe überhörenden, oder unpassenden, z.B. beleidigenden Äußerungen, kann dann auch ein Sitzungsverbot für eine entsprechende Person angekündigt und bei weiterem despektierlichen Verhalten auch durchgesetzt werden, ggf. unter Entfernung durch die Polizei. Soweit zu Regelungen im öffentlichen Raum.

Das Agieren des pädagogischen Fachpersonals sowie der Kinder oder Schülerinnen / Schülern im pädagogischen Raum erfolgt, ergänzend zum oben Gesagten, unter besonderen Vorzeichen. Im pädagogischen Raum, z.B. einer Schule, sollen ja in erster Linie Lern- und Denkprozesse angeregt, ermöglicht und beispielhaft erprobt werden können. In ihm gelten dennoch grundlegende Normen, die z.B. durch das Grundgesetz, das Schulgesetz und die jeweilige Schulordnung vorgegeben und einzuhalten sind. Dies alles unter der Prämisse, dass Kinder und Jugendliche in einer pädagogischen Institution einen Erfahrungsraum geboten bekommen sollen, der erprobendes Handeln ermöglicht, das durchaus auch ´Ernstcharakter´ aufweist. Richtig kritisch wird es erst, wenn sie bewusst und nach Erreichen des Alters von 14 Jahren, gegen Gesetze verstoßen, z.B. durch körperliche Gewalt oder mentale Gewalt (z.B. Mobbing).

Auch in pädagogischen Lebens- und Handlungsfeldern sind zur Orientierung bzw. wachsender Verhaltenssicherheit für alle in einer jeweiligen Institution ´Tätigen´, sei dies ein Kindergarten, ein Hort oder eine Schule, entsprechend passende Regeln sinnvoll. Für ein Vereinfachen sozialen Handelns, dessen Routinen immer wieder erforderlich sind, bieten sich durchdacht eingesetzte Rituale an, da diese soziale Prozesse strukturieren helfen und bei den betreuten Kinder / Jugendlichen sowohl Orientierung, als auch ein Zugehörigkeitsgefühl vermitteln. Sollen Regeln oder Rituale in einer pädagogischen Institution insgesamt eine verhaltens- und lernförderliche Wirkung erzielen, so bedeutet dies, dass die Personen, die professionell dort tätig sind, also Erzieherinnen / Lehrerinnen / Lehrer, gut beraten sind, sich untereinander abzustimmen und zu einigen. Die so gefundenen, im Kernbereich für alle gültigen Regelungen müssen dann nach außen, in allen Gruppen und Klassen vertreten und durchgeführt werden. Verhaltenssicherheit bei Kindern / Jugendlichen beruht auch in einer pädagogisch arbeitenden Institution auf dem erlebten und erfahrbaren Vorbild der dortigen Erwachsenen.

Erfahren Kinder / Jugendliche in den Interaktionen mit ihren jeweiligen Bezugspersonen gelebte Regelungen, so bildet sich ein entsprechendes Klassen- und Schulklima. Ein selbst erlebtes Beispiel mag dies verdeutlichen: Ein Kind kommt in die für es neue Schule und dort in die Klasse 3c. Es zeigt Verhaltensweisen, die es an seiner bisherigen Klasse gewohnt war. Ein anderes Kind geht daraufhin selbstbewusst auf ´den Neuen´ zu und weist ihn ernst und deutlich darauf hin, dass das gezeigte Verhalten hier nicht erwünscht ist. - Das Kind veränderte daraufhin rasch sein Verhalten, es wollte ja in seiner neuen Klasse akzeptiert werden. - Die mit der Klasse arbeitende Kollegin hat zusammen mit den dortigen Kindern ein bestimmtes ´Klassenklima´ wachsen lassen.

5.5 Respekt - eine gegenseitige Anforderung

Respekt bzw. respektvolles Verhalten bzw. Handeln gründet zum einen auf einer gewachsenen Haltung und zum andern, was besonders für pädagogische Institutionen mit Blick auf deren Erziehungsauftrag wichtig ist, auf wiederholt in Interaktionen erfahrenem Verhalten, insbesondere dasjenige zwischen Erwachsenen und Kindern bzw. Jugendlichen. In pädagogischen Institutionen treffen Menschen aufeinander, die in verschiedensten Interaktionen in ihrer bisherigen Lebenswelt jeweils situativ unterschiedliche Erfahrungen gemacht und im Langzeitgedächtnis abgespeichert haben. Beim Zusammentreffen von solcherart unterschiedlich geprägten Personen, sei dies im Kindergarten, einem Hort oder einer Schule beruhen die dann gezeigten Denk- und Handlungsweisen auf diesen individuellen Vorerfahrungen, was i.d.R. zu Differenzen und Konflikten führt. Merkmale respektvoll-anerkennender Beziehungen sind beispielsweise ein tolerantes und auf grundlegendem Vertrauen beruhendes Miteinander in Verbindung mit Aufrichtigkeit und Wertschätzung sowie Tendenzen von Gleichwertigkeit. In dieser Beziehungsdimension werden verschiedene Aspekte einer professionellen pädagogischen Beziehung vereint, in der sowohl aufeinander bezogene anerkennende Einstellungen und Haltungen von Schülerinnen / Schülern und Lehrerinnen / Lehrern zur Geltung kommen als auch Grundtendenzen angemessener Distanz sichtbar werden (vgl. Schwerdfeger). Respekt bzw. ein respektvoll-anerkennendes Miteinander drückt sich u.a. in einer angemessenen Distanz aus. Die Qualität eines respektvollen Miteinanders in einer pädagogischen Beziehung zeigt sich z.B. am beiderseitigen Bestreben, eine für beide Seiten stimmige Balance im Spannungsfeld von Nähe und Distanz zu finden und zu halten.

Um so konfliktfrei wie möglich im täglichen Aufeinandertreffen miteinander auszukommen, ist ein gewisser Grad an Toleranz zwischen allen Beteiligten erforderlich. Bei Umfragen sowohl unter Lehrkräften, als auch Schülerinnen / Schülern wird einer gegenseitigen Toleranz hohe Bedeutung zugemessen. Dies betrifft vor allem das Anerkennen, die grundlegende Akzeptanz im Anderssein als Person bzw. Mitmensch unabhängig von differierenden Haltungen, Einstellungen und Lebensstilen. So ist es für Kinder / Jugendliche wichtig, so oft als möglich die professionelle Zuwendung und Aufmerksamkeit ihrer Bezugspersonen zu erhalten. - Anmerkung: Professionell bedeutet hier eine situative und personbezogene Balance von Nähe und Distanz (siehe Riemann /

Thomannkreuz). - Je jünger Kinder bzw. Jugendliche sind, desto mehr muss z.B. der Leistungsgedanke auch das soziale Miteinander einschließen, soll der Erziehungsauftrag umsetzbar sein. Achtung, Anerkennung und Beachtung sollten bei allen Heranwachsenden vor allem auch die jeweiligen individuellen Entwicklungsfortschritte und die Anstrengungsbereitschaft finden (siehe „Stärkenorientierung"), sodass, immer wieder erfahrbar, ein situativ eher symmetrisches Verhältnis zwischen Lehrkräften und Schülerinnen / Schülern möglich wird. Eine freundliche, für das Gegenüber (Kind / Jugendlicher) aufgeschlossene, interessierte erwachsene Person ist grundlegend für den Aufbau gegenseitigen Respekts und förderlich für selbstdiszipliniertes Verhalten. Jedoch unterscheidet sich eine pädagogische Beziehung wesentlich von z.B. familiären Beziehungen: „Grundsätzlich sind beim Lehrer-Schüler-Verhältnis die jeweiligen sozialen Rollen der schulischen Akteure bedeutsamer als die persönlichen. Somit wird auch die für pädagogische Beziehungen notwendige professionelle positive Distanz gefördert." (Schwertfeger)

Fühlt sich ein Kind / Jugendlicher in seiner Person von seiner Erzieherin / Lehrerin bzw. seinem Lehrer als Mitmensch anerkannt und angenommen, dann kann Vertrauen wachsen und dies trotz oft erforderlicher, verhaltensbezogener und angemessen konstruktiver Kritik. Gegenseitiges Vertrauen kann zwischen Erwachsenen und Kindern / Jugendlichen im pädagogischen Raum wachsen, wenn die Heranwachsenden in Verhalten und Handlungen gefühlsmäßig einen Vertauensvorschuss von Seiten eines Erwachsenen erfahren. Solches Vorvertrauen stärkt und erhöht i.d.R. auch den Respekt und ermöglicht für beide Seiten förderliche pädagogische Beziehungen.

Je jünger ein Mensch ist, desto wichtiger für ihn sind Erfahrungen des Vertrauens; denn dies wirkt sich auf seine vor allem in pädagogischen Institutionen zu leistenden Lern- und Verhaltensprozesse aus. Je älter ein Kind / Jugendlicher ist, desto differenzierter wird eine pädagogische, persönliche Beziehung gesehen. Vertrauen und Respekt werden dann pädagogischen Bezugspersonen entgegengebracht, die z.B. Worthalten, verlässlich und respektvoll handeln, die Zutrauen im Fördern und Fordern zeigen, die humorvoll auf nicht persönliche Äußerungen reagieren, die auch hin und wieder als Person in ihrer Identität erlebbar sind.

Sind grundlegend Respekt und Vertrauen zwischen den agierenden Personen im pädagogischen Raum gegeben bzw. bemühen sich beide

Seiten bewusst darum, so können zusammen mit den Kindern und Jugendlichen gemeinsam soziale Kompetenzen erarbeitet und erfahrbar gemacht werden.

5.6 Konfliktverhalten

„Ich brauche keine Bücher zu lesen, um zu wissen, dass das Grundthema unseres Lebens Konflikt ist“ (Charlie Chaplin)

Zwischen Reiz und Reaktion liegt ein Raum. In diesem Raum liegt unsere Macht zur Wahl unserer Reaktion. In unserer Reaktion liegen unsere Entwicklung und unsere Freiheit. (Viktor Frankl)

Seit frühester Kindheit bis zum aktuellen Alter eines Kindes / Jugendlichen sammelt ein Mensch Erfahrungen im Umgang mit Konflikten; seien dies Konflikte mit Bezugspersonen, älteren oder jüngeren Kindern / Jugendlichen oder Konflikte mit einer Sachlage bzw. Regelung. Dies alles sind Konflikte, bei denen andere Menschen direkt oder indirekt beteiligt sind.

Ein Konflikt tritt immer dann auf, wenn bei der Interaktion von Menschen deren individuelle Wünsche und Bedürfnisse differieren. Unterschiedliche Wünsche und Bedürfnisse zu haben ist legitim. Konflikte sind sowohl in Zweier-, als auch Gruppenbeziehungen alltägliche Vorkommnisse. Die Art und Weise des Umgangs und Bearbeitens von Konflikten ist wichtig für ein soziales Miteinander. Die zentrale Frage, die sich jedem Menschen in einer Konfliktsituation stellt ist die des Umgangs und des eigenen Verhaltens im Konflikt bzw. Konfliktverlaufs, sowie die Art und Weise einer Konfliktbearbeitung oder -lösung. Beim Konfliktverhalten greift jeder Mensch auf die bisher in solchen Situationen gemachten Erfahrungen und daraus erwachsenen Haltungen zurück, u.a. deshalb, weil jeder Konflikt mehr oder weniger starke Emotionen auslöst. Diese auf Erfahrungen gründenden Haltungen steuern das individuelle Verhalten in einer Konfliktsituation. In pädagogischen Institutionen kooperieren Kinder / Jugendliche sowohl untereinander, als auch mit Erzieherinnen bzw. Lehrerinnen / Lehrern. Beide Seiten bringen ihre bisherigen Lebenserfahrungen mit in solche Situationen ein, wobei Kinder / Jugendliche oft hoch emotional agieren, während jeweilige Erziehungspersonen sowohl ihre emotional geprägten Erfahrungen, als auch diejenigen, die sie unter rationaler Reflexion gemacht haben einbringen. Erwachsene Menschen, die umfassend pädagogisch ausgebildet sind, sollten in verschiedensten, gruppendynamischen Seminaren oder Weiterbildungen, sowie in Supervisionen erfahren haben, ihre eigenen Verhaltenspräferenzen, die auf ihren Vorerfahrungen, Einstellungen und Haltungen beruhen, zu hinterfragen.

Da alle Erfahrungen im Langzeitgedächtnis zusammen mit jeweiligen emotionalen Eindrücken gespeichert sind, werden dort neue, durch Selbstreflexion gefundene Erkenntnisse, nur dann dauerhaft gespeichert, wenn diese in all ihren verhaltensändernd wirkenden Elementen auch als intensiv vorgestellte bzw. konkret erlebte, mit positiven Emotionen besetzte Handlung erfahren wurden. Am besten gelingt dies, indem eine Erzieherin / Lehrerin / Lehrer Alternativen zum bisherigen Verhalten konkret erproben kann bzw. erprobt hat, wodurch danach zwei Erfahrungsfelder verfügbar sind. Solche regelmäßigen Weiterbildungen bzw. Seminare, mit Imaginations- und Erprobungsphasen sind für professionelle Coaches bzw. Supervisoren selbstverständlich, schon mit Blick auf die eigene Arbeitsfähigkeit.

Ein Problem insbesondere im Umgang mit Kindern / Jugendlichen ist, dass jeweilige Pädagoginnen / Pädagogen bei Konflikten als Person und oft auch geschlechtsspezifisch angesprochen werden. Jungen und mittlerweile auch Mädchen reagieren besonders im vorpupertären oder pupertären Alter oft anders, wenn beim Gegenüber Körperkraft und/oder Größe gegeben sind, später zählt dann meist mehr das Auftreten, fachliches Wissen und Können oder das verbale Argumentationsgeschick.

Da die Lösungsstrategien in den verschiedenen Lebensumwelten der Kinder und Jugendlichen verschieden sind, ist es für jede menschliche Gemeinschaft wichtig, dass die dort geltenden Werte und Normen in den dortigen pädagogischen Institutionen erlebbar werden. Gesellschaftlich geltende Normen und Werte gilt es, für die Heranwachsenden vorbildhaft zumindest als deutliche Anforderung erfahrbar zu machen. Das bedeutet für pädagogische Institionen mit Erziehungs- und Bildungsauftrag, dass dort, beginnend bei den Eingangsklassen, neben dem Vermitteln von Wissen über Sachverhalte und inhaltliche Themen, auch soziale Themen sowie Themen des Konfliktverhaltens und von Konfliktlösungsstrategien aufgegriffen und ggf. Inhalte und Abläufe trainierend zu festigen sind.

Da jedwede Störungen sich immer die volle Aufmerksamkeit aller Beteiligten in Beschlag nehmen, ist das Bearbeiten, Bewältigen oder deutliches Eingrenzen unabdingbar. Störungen erzeugen emotionalen

Stress, der evolutionär automaisierte, tiefsitzende Muster auslöst, die sich auf die Qualität aller anderen Prozesse auswirken. In solchen Situationen sind alle unsere Fähigkeiten zu Selbstwahrnehmung, Selbstreflexion, Mitgefühl und Selbstregulation gefordert, was heißt sowohl sich selbst und aufkommende / bestehende Gefühle wahrzunehmen, als auch beim Gegenüber dessen Person und ihre Gefühle antizipierend wahrzunehmen.

Dies ermöglicht es, in achtsamem und bewusstem Kontakt mit anderen Menschen bleiben zu können: Entscheidend ist das Unterbrechen der aufkommenden Gefühlskaskade. Neurobiologisch gesehen gilt es intrapersonell zwei Systeme unseres Gehirns miteinander in Kontakt zu bringen. Dies ist zum einen das in Angst- oder Stressituationen aktiv werdende Triebsystem (Notprogramme) und zum anderen das im Präfrontalen Cortex befindliche Stirnhirn, in dem das Bewusstsein lokalisiert ist. Wie im Modell des Inneren Teams benannt, ist das Stirnhirn in der Lage, sofern ihm etwas Zeit gelassen wird, aufkommende Emotionen bzw. Gefühle zu steuern. Dies geschieht i.d.R. in folgenden Schritten:

- Ich konzentriere die volle Aufmerksamkeit auf das Thema sowie den situativen Kontext (Wahrnehmen, was um mich herum geschieht.).
- Ich nehme die Perspektive meines Gegenübers ein: " *... scheint wütend zu sein, weil ....*"
- Ich erkenne Regeln und Muster in dem Ganzen: *„Wir schaukeln uns schon wieder hoch.*"
- Ich wechsle flexibel zwischen Mustern: *„Ich will das nicht. Stopp!*"; *„Ich sehe .... Ich schließe daraus .... Ich könnte mir vorstellen, dass ... .*" (Respektvolle ´Ich´-Meldungen)

Damit wird deutlich, dass in einem Konfliktfall entscheidend ist, dass ich meinem Bewusstsein eine Chance gebe zu agieren, d.h. willendlich, selbstdiszipliniert steuernd einzugreifen:

- Ich **halte inne** (inneres Stopp; mehrfaches Ein- und Ausatmen);
- Ich **kläre für mich** die Situation (Wie ist die Situation (z.B. Vier Seiten einer Nachricht!)? Was geschieht in mir (z.B. Inneres Team; Transaktionsanalyse)? Welche inneren ´Teammitglieder melden sich lautstark?).

- Ich **entscheide bewusst** zwischen Alternativen (Was ist für mich ein sinnvolles Verhalten? Welche Reaktion ist beim Gegenüber zu erwarten?).

Entscheidend ist, wie im pädagogischen Kontext an den Konflikt herangegangen wird, d.h. die Art und Weise des Aufgreifens und ersten Agierens, sowie die darin sichtbare Haltung. Hanke umschreibt die für eine Erzieherin / Lehrerin / einen Lehrer sinnvolle Grundhaltung in Konfliktsituationen im pädagogischen Arbeitsfeld:

- Es gilt, dass Kinder bzw. die Schülerinnen / Schüler klar den Standpunkt, die Sichtweise und die Meinung jeweiliger Bezugspersonen erfahren. Jeweilige Einstellungen und Haltungen wirken beim Umsetzen in Konfliktsituationen, wodurch in der Auseinandersetzung die Persönlichkeit mit all ihren Stärken und Schwächen sichtbar werden kann.
- Wichtig ist, dass pädagogische Bezugspersonen beim Bearbeiten von Konfliktsituationen sowohl die kognitiv-rationale, als auch die emotionale Ebene einbeziehen: „Was ist tatsächlich geschehen? Wie hat/haben ... sich gefühlt?" Nur unter Einbezug der bei einem konfliktträchtigen Thema auftretenden Emotionen lässt sich eine dauerhafte Konfliktbewältigung erreichen.
- Wird ein Projekt zum Training von Konfliktbearbeitungsmöglichkeiten geplant und durchgeführt, so sollten zum einen die Kinder / Jugendlichen schon im Vorfeld informiert und so weit als möglich einbezogen sein, um eine Relevanz bzw. einen Sinn für sich darin sehen zu können. Bei diesen Vorbereitungen und beim Durchführen müssen die Kinder / Jugendlichen die Motivation bzw. das Engagement und das Interesse der Erzieherin / Lehrerin / des Lehrers an diesem Projekt erkennen können; denn nur dann bestehen Chancen für eine Übernahme wesentlicher Elemente in das je eigene Verhaltensrepertoire. Wichtig ist auch, dass im Training zur Konfliktbearbeitung erfahrene Elemente immer wieder z.B. im Klassenrat thematisiert und ins Gedächtnis gerufen werden, z.B. in einer Vereinbarung in den kommenden Wochen auf das eine oder andere Element besonders zu achten.
- Ein Projekt zum Training von Bearbeitungs- und Verhaltensmöglichkeiten in Konflikten z.B. an einer Schule sollte immer modulartig

aufgebaut sein. Zum einen erfordern verschiedene Lehrkräfte und Klassen eine je passende Thematik und Herangehensweise und zum anderen ist es sinnvoll z.B. in jedem Schuljahr ein spezifisches Projekt durchzuführen; denn ein verteiltes Training wirkt nachhaltiger.

- Konflikte sind unter Menschen schon aufgrund der verschiedenen Erfahrungen und Lebensumständen etwas völlig Normales. Entscheidend ist es, wie bei allen Beteiligten damit umgegangen wird bzw. wie die gegenseitigen Verhaltensweisen sind. Zu unterscheiden sind Konflikte von Gewaltausübung. Gewalt ist hier als massivste Art eines Konflikts zu verstehen. Was bedeutet, dass ein Training zur Konfliktbearbeitung immer auch eine präventive Maßnahme ist, um zu verhindern, dass ein Konfkikt eskalliert und zu Gewaltausübung führt (siehe Konfliktspirale) (vgl. Hanke).

In Band 2 werden verschiedene Facetten der Klassenführung und damit zusammenhängender Themen angesprochen, so z.B. konkrete Ansätze für Selbstregulation bzw. Selbstdisziplin, Unterrichtsführung und Zusammenhänge von Lernschwierigkeiten und Verhalten.

Im nachfolgenden Anhang finden Sie beispielhafte Anregungen und Hinweise zu Themen von Band 1.

6 Anhang

„Big Five" - Persönlichkeitsmerkmale

1. Neurotizismus (N)	
Geringe Ausprägung: Ausgeglichen, beständig, emotional stabil, robust, entspannt, locker, selbstscher, sorglos, zufrieden, empfindlich, ruhig	Hohe Ausprägung: ängstlich, deprimiert, verlegen, emotional, leich verärgert, besorgt, unsicher, nervös, erregbar, empfindlich, angespannt, selbstzweiflerisch, unruhig, verletzlich, verwundbar, wehleidig, launisch, reizbar, mutlos
2. Extraversion (E)	
Geringe Ausprägung: introvertiert, reserviert, ernst, schüchtern, distanziert, still, schweigsam, zurückhaltend, verschlossen, nach Innen gekehrt, unzulänglich, ruhig, zurückgezogen, scheu	Hohe Ausprägung: gesellig, gesprächig, großzügig, bestimmt, dominant, aktiv, impulsiv, mitteilsam, lebhaft, abenteuerlustig, dynamisch, heiter, herzlich, kontaktfreudig, personenorientiert, spontan, witzig, energiegeladen, offen, sozial
3. Offenheit für Erfahrung (O)	
Geringe Ausprägung: sachlich, praktisch, traditionell, festgelegt, erdverbunden, fantasielos, nüchtern, unflexibel, unaufgeschlossen, dogmatisch, konservativ, einfach, seicht, gewöhnlich	Hohe Ausprägung: einfallsreich, kultiviert, originell, vielseitig, intellektuell, aufgeschlossen, ästhetikbetont, aktiv, gebildet, kreativ, neugierig, geistreich, breit interessiert, wissbegierig, nonkonformisstisch, weise, gescheit.
4. Verträglichkeit (V)	
Geringe Ausprägung: starrköpfig, skeptisch, stolz, kompetitiv, angeberisch, arglistig, roh, rüde, narzisstisch, manipulierend, unaufrichtig, kalt, dickköüfig, eingebildet, arrogant,sarkastisch, selbstgefällig, streitsüchtig, undankbar, knickrig, unfreundlich, grausam	Hohe Ausprägung: freundlich, höflich, flexibel, vertrauensvoll, kooperativ, tolerant, versöhnlich, weichherzig, warmherzig, hilfsbereit, mitfühlend, gutmütig, Konflikt vermeidend, altruistisch, naiv, offenherzig, sanft, entgegenkommend, direkt
5. Gewissenhaftigkeit (G)	
Geringen Ausprägung: nachlässig, unsystematisch, unsorgfältig, flatterhaft, unpünktlich, ziellos,	Hohe Ausprägung: verlässlich, sorgfältig, verantwortungsbewusst, planvoll, organisiert,

hedonistisch, leichtfertig, schlampig, sprunghaft, unbesonnen, unbeständig, unbedacht, chaotisch, bequem, ehrgeizlos, faul, inkonsequent, unorganisiert, sorglos, unverantwortlich, unzuverlässig, vergesslich	leistungsorientiert, ausdauernd, beharrlich, zuverlässig, systematisch, arbeitsam, prinzipientreu, planvoll, unermüdlich, tüchtig, selbstdiszipliniert, effizient, praktisch, vorsichtig, überlegt

(vgl. Bipp)

Konfliktspirale

Erste Ebene

Stufe 1: Verhärtung

Erste Spannungen sind spürbar und werden bewusst, verschiedene Meinungen prallen aufeinander, die Fronten können sich verhärten und verkrampfen. Noch ist die Situation harmlos, Meinungsverschiedenheiten sind alltäglich und können durch Gespräche gelöst werden. Noch keine Lager- oder Parteienbildung.

Stufe 2: Polarisation & Debatte

Die Meinungsverschiedenheit wird fundamentaler, die Kontrahenten versuchen den anderen durch rationale Argumente zu überzeugen und unter Druck zu setzen. Jeder beharrt auf seinem Standpunkt, kompromissloses Schwarz-Weiß-Denken und verbale Gewalt setzen ein.

Stufe 3: Taten statt Worte!

Der Druck auf den Konfliktpartner wird erhöht, reden hilft nicht mehr, Taten sind nötig! Die verbale Kommunikation tritt in den Hintergrund, mögliche Gespräche werden frustriert und ergebnislos abgebrochen. Der Kontrahent wird vor vollendete Tatsachen gestellt. Das Einfühlungsvermögen für den jeweils anderen weicht Misstrauen und negativen Erwartungen, was den Konflikt noch mehr verschärft.

Zweite Ebene

Stufe 4: Sorge um Image und Koalition

Die erste Stufe, auf der es nur noch einen Gewinner geben kann. Die Kontrahenten suchen nach Anhängern und Verbündeten, Parteien werden gebildet und gegeneinander manövriert. Imagekampagnen werden losgelassen und böse Gerüchte über die andere Partei verbreitet. Es geht nicht mehr um die ursprüngliche Sache, sondern darum, den Konflikt zu gewinnen.

Stufe 5: Gesichtsverlust

Die gegenseitigen Angriffe werden direkt und persönlich, unmoralische „Schläge unter die Gürtellinie“ beginnen. Wo man nur kann möchte man den Gegner bloßstellen. Der Verlust der Moral und des gegenseitigen

Vertrauens gehen mit dem Gesichtsverlust einher. Alleine der Anblick des Kontrahenten erzeugt negative Gefühle bis hin zu Ekel.

Stufe 6: Drohstrategien

Durch Drohung und Gegendrohung versuchen die Konfliktparteien jeweils Oberwasser zu gewinnen. Eine Forderung wird mit einer Bestrafung verschärft und mit dem Beweis der Strafmöglichkeit untermauert (Beispiel: Ein Entführer fordert Geld und droht mit der Ermordung der Tochter, als Beweis schickt er eine Videobotschaft, dass er sie tatsächlich in seiner Gewalt hat). Je glaubwürdiger die Strafmöglichkeit, desto wirksamer die Drohung und desto eher wird der Forderung nachgekommen. Hier geht es darum, wer mehr Macht besitzt und somit die schlimmsten Bestrafungen durchsetzen kann. Die widerlichen Drohungen auf beiden Seiten klaffen wie eine Schere auseinander, der Konflikt wird weiterhin immer schlimmer.

Dritte Ebene

Stufe 7: Begrenzte Vernichtungsschläge

Die erste Stufe, wo der eigene Schaden in Kauf genommen wird, wenn nur der Schaden des anderen größer ist. Mit der Menschlichkeit ist es jetzt vorbei, alle Tricks werden angewendet, um dem Kontrahenten zu schaden. Der Gegner wird nicht mehr als Mensch, sondern als Ding ohne Gefühle wahrgenommen. Werte und Tugenden treten in den Hintergrund.

Stufe 8: Zersplitterung

Oberstes Ziel ist der Zusammenbruch des feindlichen Systems. Die Frontkämpfer werden von ihren Verbündeten und der Versorgung abgeschnürt, lebenswichtige Funktionen werden attackiert bis zur physisch-materiellen, seelisch-sozialen oder geistigen Zerstörung.

Stufe 9: Gemeinsam in den Abgrund

Es führt kein Weg mehr zurück, es kommt zur totalen Konfrontation der beiden Parteien. Wenn man den Gegner mit in den Abgrund reißen kann, dann springt man. Die Selbstvernichtung wird in Kauf genommen. Schäden an der Umgebung bzw. an Nachkommen halten die Kontrahenten nicht mehr von ihrer gegenseitigen Vernichtung ab.

Die Konflikte der **Stufen 1-3** sind noch friedlich untereinander zu lösen, eventuell greift jemand vermittelnd ein (z.B.: Kolleginnen / Kollegen bieten sich als Vermittelnde an; die Eltern ersuchen ihre Kinder, sich wieder zu versöhnen).

Ab **Stufe 4** benötigen die betroffenen Parteien Hilfe von außen, um ihren Konflikt lösen zu können. Glasl sieht folgendes Modell vor, um den Konflikt zu deeskalieren:

- Stufe 1-3: Selbsthilfe ist noch möglich.
- Stufe 2-3: Hilfe durch Freunde, Familie oder professionelle Moderation;
- Stufe 3-5: Hilfe durch externe professionelle Prozessbegleitung;
- Stufe 4-6: Hilfe durch externe sozio-therapeutische Prozessbegleitung;
- Stufe 5-7: Hilfe durch externe professionelle Mediation;
- Stufe 6-8: Hilfe durch ein freiwilliges oder verpflichtendes Schiedsgerichtsverfahren;
- Stufe 7-9: Hilfe nur noch durch einen Machteingriff von oben möglich.

(Quelle: https://dieprojektmanager.com/konflikteskalation-nach-friedrich-glasl/)

Reflexion in der Gruppe / Klasse

Wie es mir gerade geht!

„Was der Gegenstand über mich sagt“

Zeitbedarf:

5 Minuten im Durchschnitt zur Gegenstandswahl,

dann pro Teilnehmende(m) ca. 5 min; d.h. 10 Min. pro Durchgang.

Material:

Diverse Gegenstände aus der Natur oder dem Gruppen. oder Klassenraum.

Durchführung:

Die Gegenstände werden in der Mitte des Sitzkreises ausgebreitet.

Jede/r TN sucht sich unter dem Gesichtspunkt: „Was sagt der Gegenstand

über mich / meine Stimmung und meine Erwartungen an diesem Tag aus?“ zwei Gegenstände aus.

Dann findet sich jede/r mit einer Person aus der Gruppe zusammen, und tauscht sich darüber mit ihrer/seiner PartnerIn aus.

Jede/r hat 5 Minuten Zeit, über sich und seine Erwartungen zu sprechen.

Danach suchen diejenigen, die fertig sind ein anderes „Paar“ und die jeweiligen Personen berichten den „Neuen“, was sie gehört haben.

(Bei einer neuen Gruppe / Klasse (Jugendliche) kann dieses ´Spiel´ leicht variiiert zum Kennenlernen dienen.)

Aktiv werden - munter werden

Begrüßungsritual z.B. am Montag Morgen oder nach einem Ferienabschnitt.

Material: Drei oder mehr Softbälle.

Anleitung:

Ich werde jetzt gleich eine Teilnehmerin mit Namen anrufen und ihr dann einen Ball zuwerfen. Diese Person ruft ihrerseits einen Teilnehmer und wirft diesem den Ball zu.

So ´geht´ der Ball langsam durch die gesamte Gruppe. Die Personen, die den Ball bereits hatten, legen ihre Hände bitte auf den Rücken, damit sichtbar ist, wer noch nicht dran war.

Es ist wichtig, die Person erst bei ihrem Namen zu rufen und dann zu werfen. Am Ende der Runde muss der Ball dann wieder bei mir landen.

Erste Runde:

Wenn die erste Runde nicht glatt gelaufen ist, wird die Runde als Übungsrunde wiederholt.

Weitere Runden:

Ich werde nun nach und nach noch mehr Bälle ins Spiel bringen, die alle in derselben Reihenfolge ihren Weg durch die Gruppe machen sollen.

Wenn die Bälle ihren Weg durch die Gruppe genommen haben, gibt es noch die Variante:

Ich werde jetzt zwei Bälle vorwärts durch die Gruppe starten und zwei Bälle sollen den Weg rückwärts nehmen.

Abschluss: Anhalten, wenn alle Runden durch sind.

Gruppengespräch

Klären der Dynamik in der Gruppe / Klasse: „ZUHÖR-ZIRKEL“

- Die Teilnehmenden bilden Fünfergruppen.
- Person A stellt ein eigene Situation vor, z.B.: Eine Situation, den sie erlebt hat, eine schwierige Situation, die zu bestehen war. Das Problem sollte überschaubar sein; evtl. können so die Rollen während der Übung einmal gewechselt werden.
- Person B gibt den sachlichen Inhalt des Problems wie aus einem Spiegel zurück.
- A bestätigt oder korrigiert.
- Person C beschreibt den nicht-sprachlichen Ausdruck von A: Körperhaltung, Mimik, Stimme, Betonung, Lautstärke, Blickkontakt, Körpersprache.
- Person D spiegelt die Gefühle von A.
- Person E versucht, die (unbefriedigten) Bedürfnisse, Wünsche oder Erwartungen, die hinter den Gefühlen von A stehen, aufzuspüren und zubenennen.
- Die Gruppe sucht nicht nach Lösungsmöglichkeiten für das Problem!
- Person A sagt, ob sie sich verstanden fühlt, wie die Beschreibung von C auf sie gewirkt hat, wie es ihr bei der Spiegelung ihrer Gefühle ergangen ist und ob E ihre Bedürfnisse richtig erkannt hat.
- Die Gruppe tauscht sich darüber aus, wie es gelungen ist, bei der jeweiligen Aufgabe zu bleiben. Haben sich Projektionen eingeschlichen? Hatten die verschiedenen Spiegelungen unterschiedliche Wirkungen auf Person A (z.B. die Beschreibung des nicht-sprachlichen Ausdrucks und die Spiegelung der Gefühle oder das Benennen der Bedürfnisse)? Gab es für A einen neuen Zugang zu ihren Bedürfnissen? Wodurch?

Eichhörnchen

Findet Euch bitte zu dritt zusammen, zwei von Euch bilden jetzt mit ihren Armen ein Haus, die dritte Person stellt sich in das Haus. Die beiden „Haus-Personen"sind die erste und die zweite Wand, die Person in der Mitte ist das Eichhörnchen. Einigt Euch bitte, wer welche Wand ist.

Eine Person muss übrig bleiben. Diese steht in der Mitte und gibt Anweisungen.
Sagt sie: „Eichhörnchen", so tauschen die Eichhörnchen die Häuser.
Sagt sie: „1. Wand", so tauschen die ersten Wände die Plätze.
Sagt sie: „2. Wand", so tauschen die zweiten Wände.
Bei „Waldbrand"lösen sich alle Häuser auf und bilden sich neu.

Die Person ohne Rolle hat das Ziel, bei den Platztauschungen selbst einen Platz zu besetzen. Es bleibt dann wieder eine Person übrig, die ihrerseits eine der oben beschriebenen Anweisungen gibt, woraufhin erneut Plätze getauscht werden, und es wieder die Möglichkeit gibt, einen „zu ergattern".

Das Spiel endet, wenn die Gruppe genug hat, wenn die Zeit um ist oder, oder, oder ....

Erwartungen und Befürchtungen

„Kugellager"

Ich bitte euch in einem Innen- und einen Außenkreis aufzustellen (zu setzen), sodass je zwei Personen sich gegenüber von einander befinden. Die Personen des Innenkreisessagen nun der jeweiligen Person im Außenkreis, was sie sich von den Mitschülerinnen / Mitschülern in dieser Woche erhoffen, was sie sich wünschen.

Die Außenkreisleute haben die Aufgabe, das was gesagt wurde, inhaltlich - wenn möglich mit eigenen Worten - kurz wiederzugeben. Es können Verständnisfragen gestellt werden. Immer wenn etwas zusammengefasst wurde, sollen bitte die Personen des Innenkreises bestätigen oder korrigieren, was da zusammengefasst wurde.

Nach 2 Minuten unterbreche ich das Gespräch.

Verabschiedet Euch dann von Eurem Gesprächspartner. Der Außenkreis rückt jetzt eine Person weiter nach links (rechts). Nun haben alle neue PartnerInnen.

Jetzt sind die Personen des Außenkreises an der Reihe, ihrerseits Wünsche und Erwartungen vorzutragen bzw zu formulieren. Die Personen des Innenkreises machen nun das, was eben die anderen getan haben. Die Personen im Innenkreis wiederholt jetzt mit eigenen Worten, was sie gehört hat. Die Person im Außenkreis bestätigt oder korrigiert.

Auch hier breche ich nach zwei Minuten ab. -Und los gehts!

Verabschiedet Euch nun von Eurem Gesprächspartner, und der Außenkreis rückt bitte eine Person weiter nach links (rechts). Nun haben alle wieder neue Partner/-nnen.

Die Runde wiederholt sich, bis alle (kleine Gruppe) oder mindestens fünf durchläufe stattgefunden haben.

- Variation -

Gleiche Sitzweise! Gleiches Vorgehen! wie beim „Kugellager“

Die Leute im Innenkreis beginnen. Sagt bitte Euren Partner/-nnen, was Ihr hier in dieser Woche nicht erleben möchtet, welche Befürchtungen Ihr eventuell habt, bei welchem Ergebnis diese Woche für Euch kein Gewinn wäre, usw.

Die Leute im Außenkreis wiederholen wieder - genau wie in der ersten Runde.

Auch hier sage ich nach zwei Minuten stop, und der Außenkreis dreht wiederum eine Person weiter.

Beginnen!

Nun haben wir noch die letzte Runde vor Augen. Sie geht genau so wie die eben durchgeführte, nur dass jetzt die Personen in Außenkreis ihre Befürchtungen nennen und diejendigen im Innenkreis ihre Wünsche.

Beginnen!

So, nun setzt Euch bitte wieder, und ich möchte jetzt sammeln, welche Erwartungen und Befürchtungen es hier in der Runde gibt. Dazu schreibe ich die Stichworte auf, die Ihr jetzt aus Euren Einzelgesprächen benennen könnt. Jede(r) sollte mindestens ein Stichwort liefern, möglichst eines vom jeweiligen Gesprächspartner. könnte, das

Literatur liegt beim Autor, bzw. ist in Band 2 aufgeführt!

Zielpersonen des Buches sind:

- Sie haben bereits Führungserfahrungen in einer Organisation mit einem Bildungs- und Erziehungs- oder Betreuungsauftrag und Sie wollen Ihre Erfahrungen auf fundierten Aussagen reflektieren, verändern oder ausbauen.
- Sie sind neu in einer Führungsfunktion und wollen wichtige Handlungsfelder im Führungs- und Leitungsbereich durchdenken, Ideen und Ansätze sammeln und sicher gestalten.

Sie streben eine Führungsfunktion an und wollen wichtige Führungs- und Leitungsaufgaben kennenlernen bzw. sich auf diese vorbereiten? Dann eröffnet Ihnen das Buch eine breite Sicht auf wichtige Themenfeldern des Führens und Leitens einer im Bildungs-, Erziehungs- oder Betreuungsbereich angesiedelten sozialen Organisation, sei dies eine Schule, ein Hort oder ein Kindergarten sowie eine ähnliche Einrichtung. Sie erhalten für Ihr Führungs- und Leitunghandeln gründliche, kurze Informationen mit praxisbezogenen Ansätzen, zahlreiche kon-krete Anregungen und in den beigefügten Anlagen praktische Handreichungen zu den im Buch angesprochenen Themen.

Das Buch ist aus der Praxis für die Praxis geschrieben und will Sie in Ihrer Leitungsfunktion unterstützen. Sie leiten eine im Bildungs- , Erziehungs- oder Betreuungsbereich tätige Organisation oder eine Abteilung darin mit weitgehend selbstverantwortlich arbeitenden und qualifiziert ausgebildeten Mitarbeitenden z.B. eine Schule, ein Heim für Kinder/Jugendliche, einen Kindergarten oder Hort. Sie erfahren sowohl für Sie selbst wie für konkrete Leitungsaufgaben theoretisch fundierte, praktische Anregungen und konkrete Instrumente , wie Sie Ihre Leitungsweise verbessern und Abläufe passend optimieren können. Zugleich steigern Sie durch die vorgestellten strukturellen Maßnahmen / Methoden sicht- und erfahrbar für Ihre Mitarbeitenden Ihre Leitungskompetenz, z.B. in Felder wie: Konferenzen, Besprechungen, Beratungen leiten; Gespräche mit Erziehungsberechtigten oder Verhandlungen mit z.B. dem Träger führen; Fördern von Mitarbeitenden durch Coaching; Beurteilungen von Mitarbeitenden verfassen, usw.

ISBN 9789463676557

Das Buch stellt Ansätze für das Gestalten aktiver, erfahrungsbezogener und eher gehirngerechter Lernprozesse mit zahlreichen konkreten Anregungen vor. Damit will es sowohl Studierende eines Lehramtes, Referendare als auch junge und junggebliebene Lehrkräfte ansprechen und über eine effiziente Vorbereitung zum Anregen aktiver, nachhaltiger Lehr- und Lernprozesse ermuntern. - Die Texte des Buches stellen zahlreiche Themen vor, die gehirngerechte Lernprozesse ermöglichen können. Sie erfahren, was beim Lernen im Gehirn geschieht. Die Kapitel sprechen u.A. an: Lerncoaching, Kompetenzen entwickeln, selbstgesteuertes, erfahrungsbezogenes Lernen, Sichern von Lernergebnissen, handlungsorientiertes, problemorientiertes, individualisiertes, projektartiges, spielerisches und methodisches Lernen, Lernen mit digitalen Medien, Lernen und Aufmerksamkeit, Lernprozesse strategisch vorbereiten.

ISBN: 9789463671521

Im Buch erfahren Sie sowohl wichtige Grundlagen, als auch beispielhaft konkrete Handlungsansätze zum Aufbau und Gewinnen von persönlicher innerer Stärke. Achtsamsein bewirkt mittels gezielter, bewusst praktizierter Verfahrensweisen sowohl erhöhte Konzentrationsfähigkeit, als auch ein tiefes Entspannen. Sie bekommen Anregungen, die Ihnen ein sowohl inneres, mentales, als auch körperlich muskuläres Entspannen bzw. ´zur Ruhe kommen´ ermöglichen, bei gleichzeitig nachhaltigem Stärken der mentalen wie physischen Vitalität. Entscheidend ist das entsprechende ´Dranbleiben´. Dies bedeutet, dass Sie schon nach kurzer Zeit mit den entsprechenden Übungen aktuell anstehende Herausforderungen gelassener annehmen und mit innerer Stärke stimmiger bearbeiten können. Dazu vermeiden Sie aus eigenem Achtsamsein, sich noch mehr als erforderlich aufzuladen im Sinne von ´so viel als nötig und so wenig wie möglich´.